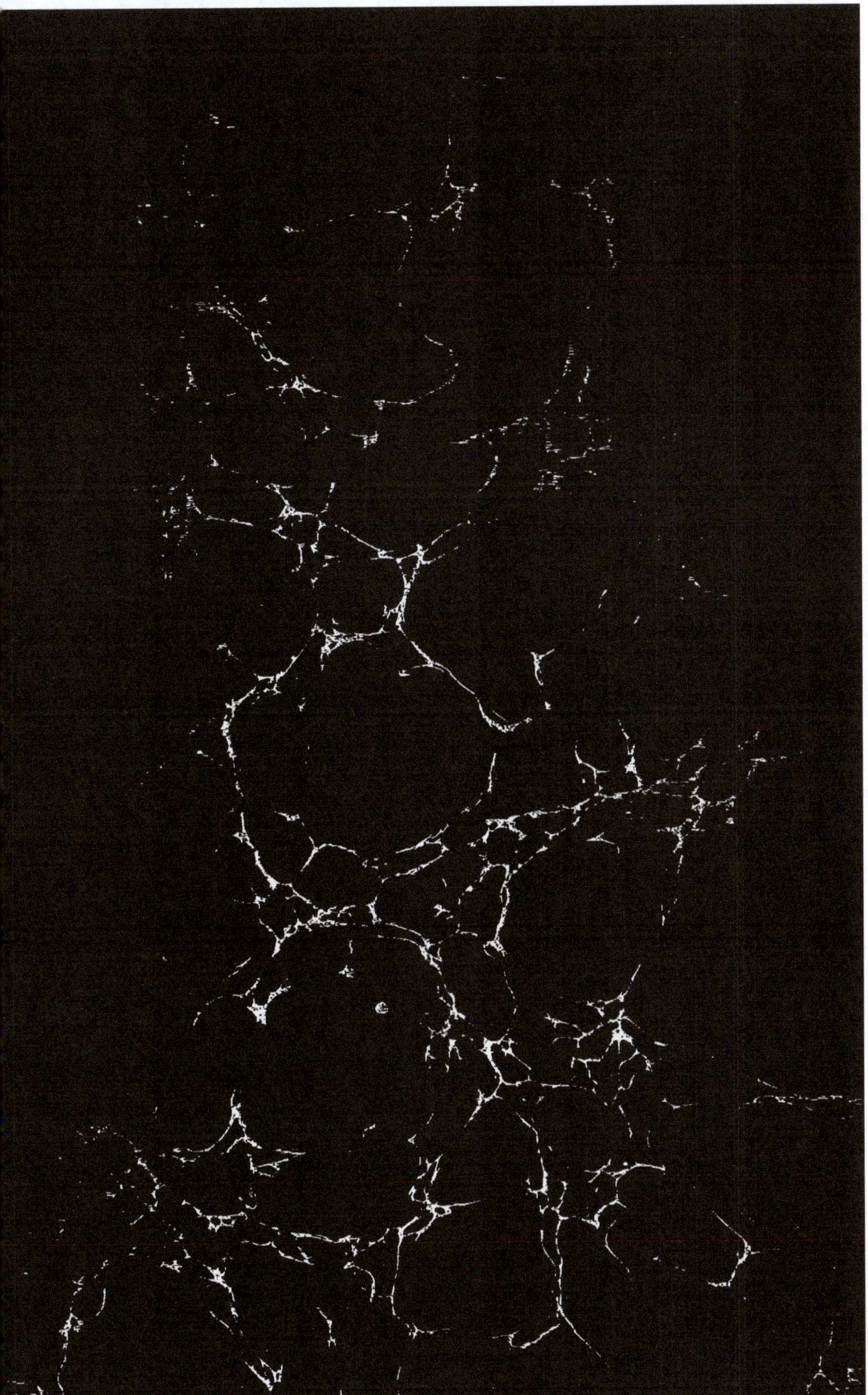

CORPORATIONS

DES

ARTS ET MÉTIERS

DE CHAMBÉRY

ET

DE QUELQUES AUTRES LOCALITÉS DE SAVOIE

Par L. MORAND

Secrétaire perpétuel de l'Académie de Savoie,
Chevalier de l'Ordre des Saints Maurice et Lazare.

ÉDITION PRINCEPS

Prix de l'Ouvrage : **5 Francs**

au profit des pauvres et des œuvres paroissiales
de Saint-Pierre de Maché.

CHAMBÉRY

IMPRIMERIE SAVOISIENNE, RUE DU CHATEAU

—

1892

LES ANCIENNES

CORPORATIONS

DES ARTS ET MÉTIERS

DE CHAMBÉRY

ET DE QUELQUES LOCALITÉS DE SAVOIE

LES ANCIENNES

CORPORATIONS

DES

ARTS ET MÉTIERS

DE CHAMBÉRY

ET

DE QUELQUES AUTRES LOCALITÉS DE SAVOIE

Par L. MORAND

Secrétaire perpétuel de l'Académie de Savoie,
Chevalier de l'Ordre des Saints Maurice et Lazare.

ÉDITION PRINCEPS

PRIX DE L'OUVRAGE : 5 FRANCS

au profit des pauvres et des œuvres paroissiales
de Saint-Pierre de Maché.

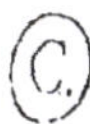

CHAMBÉRY

IMPRIMERIE SAVOISIENNE, RUE DU CHATEAU

1892

Cet ouvrage se trouve reproduit, partie dans le tome IV de la IVe série des *Mémoires*, et partie dans le tome VII des *Documents* de l'Académie des Sciences, Belles-Lettres et Arts de Savoie.

AUX OUVRIERS DE CHAMBÉRY
ET DE SAVOIE

MES CHERS AMIS,

C'est à vous que je dédie ce modeste volume.

Sorti, par mon origine, de vos rangs, et vivant encore, par mon ministère, au milieu de vous, je connais vos pénibles labeurs, vos angoisses et vos légitimes aspirations.

En ce temps, où l'on vous présente diverses panacées, plus ou moins efficaces, pour adoucir les rigueurs de votre condition, j'ai cru utile de mettre sous vos yeux des exemples qui vous sont chers et qu'assurément vous ne récuserez pas.

C'est l'histoire de vos ancêtres, ou plutôt le tableau simple et substantiel qu'ils ont tracé eux-mêmes de leur manière de vivre et d'agir, en des temps qui ne furent point sans grandeur pour notre petite patrie.

Je n'ai ajouté presqu'aucune réflexion personnelle à leurs paroles suffisamment éloquentes.

Mes chers amis, entendez ces voix et lisez ces paroles d'outre-tombe avec le respect et l'amour qui conviennent à des fils dignes de tels pères.

Pour moi, aimant à penser que mon travail pourra vous être agréable, je me plais à vous affirmer, dans toute sa sincérité, mon entier dévouement.

Votre affectueux serviteur,

L. MORAND,
Secrétaire perpétuel de l'Académie de Savoie,
Chevalier de l'Ordre des Saints Maurice et Lazare.

TABLE DES MATIÈRES

ANCIENNES CORPORATIONS
DES ARTS ET MÉTIERS D'ANNECY

ANCIENNES CORPORATIONS
DES ARTS ET MÉTIERS DE MOUTIERS

INTRODUCTION

I

ORIGINE, NATURE, MULTIPLICITÉ ET ORGANISATION INTÉRIEURE DES ANCIENNES CORPORATIONS D'ARTS ET DE MÉTIERS

Les associations de certaines classes d'hommes pour la défense et la protection de leurs intérêts ont une origine très ancienne. On les trouve déjà parfaitement organisées et jouissant d'importants privilèges, soit à Rome, dès les premiers moments de sa fondation, soit chez les peuples qui, vers le commencement de l'ère chrétienne, habitaient les rives septentrionales et les îles de la mer du Nord. Depuis la chute du célèbre empire romain sous les assauts répétés des barbares, jusque vers la fin du dix-huitième siècle, elles n'ont aussi cessé de s'affirmer, et même de tenir en un certain temps, sous des modifications accessoires plus ou moins profondes, une place marquante au sein des populations urbaines.

Avant d'entrer dans le sujet de ce livre, je crois donc utile, pour l'intelligence des lecteurs à qui ces sortes de questions ne sont pas familières, de donner quelques détails sur l'origine, la nature, la multiplicité, l'organisation intérieure et la vie sociale de ces anciennes associations, aujourd'hui malheureusement disparues [1].

*
* *

A Rome, cette superbe reine du monde, on ne s'adonna jamais aux sciences que nous nommons économiques. Le travail mercenaire y était réputé indigne de la qualité de fils de Romulus. Tout citoyen romain, quelque pauvre qu'il fût, dédaignait l'exercice d'aucun art. Il préférait n'avoir pour vêtement qu'un manteau en haillons, vivre avec deux as par jour, passer son temps au Forum, dormir sous un portique aux environs de la porte de Trigemina ou coucher sur la paille au pied d'un arbre de la forêt d'Aricie. En général, ce qui se rapportait au commerce, à l'industrie, aux ouvrages manuels, était laissé aux plébéiens.

Cependant, pour obvier, autant que possible, à l'antagonisme qui menaçait d'éclater entre ces deux classes de la population, les hommes de la cité et les hommes de la plèbe, Numa, dont l'histoire a célébré le génie législateur, employa un moyen aussi heureux dans ses résultats qu'habile

[1] Je me suis servi, pour ce court aperçu, des travaux de plusieurs écrivains renommés, dont on reconnaîtra même, bien qu'elles ne soient pas chaque fois indiquées, les propres paroles. Tels sont, entre autres : Louis CIBRARIO, *Économie politique du Moyen-Age* ; FUSTEL DE COULANGES, *La Cité antique;* Albert BABEAU, *Les Artisans et les Domestiques d'autrefois ;* Hippolyte BLANC, *Les Corporations de métiers,* etc. — Je dois aussi plusieurs renseignements à MM. Fr. Mugnier, conseiller-doyen à la Cour d'appel de Chambéry, Marie Girod, agent technique des Hospices de Chambéry, Claudius Blanchard, avocat, greffier de la Cour d'appel de Chambéry, A. Perrin, libraire, De Jussieu, ancien archiviste du département de la Savoie, Jules Vernier, archiviste actuel du même département, le chanoine Ducis, archiviste du département de la Haute-Savoie, Édouard de Buttet. Je leur en adresse ici toute ma reconnaissance.

dans sa conception. Comprenant l'avantage de rompre sa force et de rendre ainsi plus faciles ses rapports avec la première de ces classes, il fractionna la seconde en autant de groupes indépendants et distincts qu'elle renfermait de professions diverses.

Suivant Plutarque, son biographe, ce roi sage s'acquit par là une très grande admiration. La répartition qu'il fit d'abord des artisans comprit, entre autres, les *musiciens,* les *orfèvres,* les *architectes,* les *teinturiers,* les *cordonniers,* les *tanneurs,* les *chaudronniers,* les *potiers* [1].

Plus tard, à ces premières sociétés vinrent s'en joindre de nouvelles du même genre, qu'on trouve également mentionnées dans d'autres auteurs. Tels furent les *capitolins* [2], qui avaient pour fonctions de présider les jeux en l'honneur du Jupiter de ce nom, les *mercuriaux* [3], ainsi appelés du dieu Mercure qu'ils s'appliquaient à honorer d'une manière

---

[1] « Inter reliqua ejus statuta, distributio multitudinis secundum artificia meruit summam admirationem. Cum enim Urbs ex duabus gentibus constare videretur, re autem ipsâ dissideret ac in unum coalescere nullo modo vellet, ne diversitatem et differentiam liceret abolere, sed essent perpetuæ inter partes offensæ atque contentiones ; cum animo suo reputans ea corpora, quæ suapte natura difficulter aliis ob duritiem misceri possent, contracta in particulas, propter harum exiguitatem inter se demum coire atque commisceri posse, statuit universam multitudinem in plures portiones partiri atque ita primum illud et magnum discriminem in minora tributum e medio tollere. Divisit autem secundum artificia, ut suum peculiare corpus haberent tibicines suum, aurifices, architecti, tinctores, sutores, coriarii, fabri ærarii, figuli : reliquas artes etiam singulas omnes in unum suum quoque corpus redegit. Porro unicuique generi suos peculiares conventus et religiones prescribens, tum primum, ita ex Urbe sustulit eam diversitatem qua alii Romani, alii Sabini, hi Romuli, illi Tatii, cives censebantur, suaque divisione id consecutus est, ut omnibus cum omnibus convenire commercia intercederent. » — PLUTARQUE, *Vie des Hommes illustres.*

[2] CICÉRON, lib. II, *Epist. ad Quintum fratrem.*

[3] P. SERVILIUS Coss. LIVIUS, lib. II.

toute particulière, les *voyageurs*[1], les *boulangers,* les *nau-
toniers,* les *armuriers*[2].

Chacune de ces diverses corporations portait le nom
générique de collège, *collegium,* et ses membres celui de
compagnons, *sodales.* Les unes et les autres jouissaient de
certains privilèges qui en faisaient, pour ainsi dire, autant
de républiques dans la République. Outre la faculté de tenir
librement leurs assemblées et de s'imposer à elles-mêmes
des règlements, pourvu qu'ils ne fussent point en opposition avec les lois d'ordre public, elles pouvaient recevoir
des legs, posséder des biens et avoir un trésor commun,
en même temps que se faire représenter, dans la gestion de
leurs intérêts, par des agents ou syndics de leur choix[3].

Pourtant leurs membres ne furent point relevés entièrement de la condition inférieure qu'ils tenaient de leur
origine. L'opinion publique et les lois elles-mêmes ne
cessèrent de les considérer comme des êtres au-dessous des
membres de la cité proprement dite, et de donner à leur
mariage le nom méprisant de *contubernium,* qui était celui
de l'union des individus sans dieux domestiques[4], au lieu

---

[1] Agellius, lib. XII, cap. iii.

[2] *Pandectes* et *Code Justinien.*

[3] « Collegia Romæ certa sunt, quorum corpus senatus consulto
et constitutionibus principalibus confirmatum est, veluti pisto-
rum, et quorumdam aliorum, et naviculariorum, qui et in pro-
vinciis sunt. Quibus autem permissum est corpus habere collegii
vel societatis, vel cujuscumque *etasreias* nomine, eorum pro-
prium est, ad exemplar Reipublicæ, habere res communes,
arcam communem, et actorem sive syndicum, per quem tanquam
in Republica, quod communiter agi, fieri oporteat, agatur, fiat,
etc. » — Caius, in lib. I ff : *Quod cujusque universitatis nomine.*
—Scævola, lib. III ff : *Pater filium, de legatis.*

[4] *Contubernia promiscua habent more ferarum.* — « A Rome
(du moins dans les premiers temps), la différence originelle
entre les deux populations est frappante..... Le mariage sacré
n'existe pas pour eux ; ils n'en connaissent pas les rites. N'ayant
pas de foyer, l'union que le foyer établit leur est interdite. » —
Fustel de Coulanges, *La Cité antique,* pp. 28 et suiv.

de celui de *matrimonium* qui était réservé exclusivement à
l'union des patriciens.

De plus, il n'était permis en aucun cas aux artisans, sous
les peines les plus graves, de quitter leurs collèges respectifs et de changer d'état. Chacun devait vivre et mourir
dans sa profession primitive. Par exemple, un forgeron
était tenu de rester toujours forgeron, un monnayeur toujours monnayeur, un corroyeur toujours corroyeur, un
teinturier toujours teinturier, un pêcheur de murènes
toujours pêcheur de murènes. Dans les derniers temps de
l'empire romain, une loi d'Arcade et Honorius alla même
jusqu'à faire une obligation de marquer les armuriers au
bras, afin qu'on put les reconnaître à ce signe.

Chez les anciens Scandinaves, les associations que for-
mèrent un certain nombre d'hommes pour la sauvegarde
de leurs intérêts portaient généralement le nom de *gildes,*
mot qui, à proprement parler, signifie *banquets à frais
communs.* Elles se recrutaient dans toutes les classes, et
elles n'étaient, pour ainsi dire, que des sociétés d'assurance
mutuelle contre les pertes de biens, entre des individus
d'une même cité ou d'une même région. Chacune d'elles
était sous le patronage d'un dieu ou d'un héros. Du reste,
elles avaient, semblablement à ce qui se voyait à Rome,
des statuts particuliers, un trésor commun et des chefs élus.

Toutefois, il existait, à ce sujet, une différence entre ce
qui avait lieu sur les rives de la mer du Nord et ce qui se
passait sur les bords du Tibre. La gilde comprenait indis-
tinctement des membres de tout état et de toute condition,
tandis que le collège romain, visant exclusivement le point

de vue professionnel, n'admettait que des personnes du même art ou du même métier.

*
* *

Le résultat de l'invasion des provinces romaines par les barbares fut, en quelque sorte, d'amalgamer les deux principes des sociétés que l'on vient de voir. La première inspira l'esprit, la seconde fournit la matière aux corporations ouvrières qui se créèrent dans la suite.

Il est prouvé d'ailleurs que, sous les conquérants germains, depuis l'instant où l'Europe longtemps divisée en provinces romaines échappa au gouvernement de Rome, sans cependant se soustraire à ses lois et à ses usages, les sociétés d'artisans ne cessèrent en aucun temps d'exister. Il suffira que j'en cite quelques exemples.

Au cinquième siècle, l'histoire de l'ermite Ampelius, dans la Légende des Saints, mentionne des consuls ou chefs des serruriers. La corporation des orfévres apparaît déjà sous la première race des rois de France. Les boulangers sont nommés collectivement, en 630, dans les ordonnances de Dagobert. Nous voyons de même Charlemagne, dans plusieurs de ses capitulaires, prendre des mesures pour que le nombre de ses artisans fût partout conforme aux besoins de la consommation.

Au delà des Alpes, en Lombardie, on remarque aussi de bonne heure des collèges de travailleurs, qui ne sont qu'une imitation des anciens collèges romains. En 943, Ravenne possédait une corporation de pêcheurs, et, dix ans après cette date, les annales de cette ville citent un chef de la corporation des négociants.

Enfin, dès le règne de Louis VII, vers 1162, on trouve

encore en vigueur d'anciennes coutumes des bouchers de
France, et l'on voit que ce roi accorda à la femme d'un
nommé Laccobre et à ses héritiers les perceptions fiscales,
auxquelles étaient soumis les métiers de mégissier, de
boursier, de corroyeur, de savetier et de cordonnier.

*
* *

Cependant, il faut l'avouer, durant les six ou sept siècles
qui s'étendirent de la chute de l'empire romain à l'établissement définitif de la féodalité, ces sortes de sociétés furent
loin de présenter un état florissant. En réalité, les quelques exemples que je viens de rappeler attestent plus leur
persistance que leur vitalité. Ce ne fut guère qu'à partir de
la création des communes libres, au douzième et au trei-
zième siècles, qu'elles prirent, sous un souffle puissant qui
en éleva le caractère, une extension considérable et une
importance incontestée dans la société.

Leur forme constitutionnelle s'écarta dès lors presque entièrement de celle de la gilde, pour imiter plus fidèlement
celle des collèges romains. Elles représentèrent à peu près
la même classification des ouvriers qu'on avait vu jadis sur
les rives du Tibre. C'est ainsi que, suivant les genres de
commerce qui prévalaient dans telle ou telle province, on
distingua les lainiers, les mouliniers, les drapiers, les tailleurs, les cordonniers, les forgerons et autres semblables
corps d'artisans.

Quant au nombre de ces associations, il atteignait souvent, dans certaines villes, un chiffre considérable. Au trei-
zième siècle, sous le roi saint Louis, on en comptait, suivant
Etienne Boileau, plus de cent cinquante à Paris. Six cents
ans plus tard, les annales de Troyes en Champagne, ville
de vingt mille âmes, en énuméraient soixante-neuf existant

dans son sein, et dont plusieurs, comme celles des marchands et des tisserands, comprenaient de deux cents à trois cents membres.

Au delà des Monts, le même spectacle se reproduisait. Bologne, dans les Romagnes, renfermait, en **1228**, vingt-une corporations d'arts et de métiers, sans compter plus de vingt-deux autres compagnies formées d'étrangers et de gens d'armes, qui ne participaient point aux charges publiques. A Parme, ce nombre était, en **1331**, de dix-huit, dont les quatre premières se composaient des juges ou avocats, des marchands, des notaires et des taverniers.

En présence de ce qui se passait ainsi chez les autres nations, il est aussi bon de remarquer, dès à présent, que les États des princes de Savoie, tant au delà qu'en deçà des Alpes, n'étaient pas moins favorisés sous ce rapport. Turin, pour me borner à ce seul exemple en Piémont, contenait, en **1375**, si l'on en croit les registres des conseils de la cité, les vingt-cinq confréries suivantes : Des dames et demoiselles, des scribes, des marchands, des tailleurs, des bêcheurs, des taverniers, des vignerons, des scieurs, des serruriers , des cardeurs, des charpentiers, des lainiers, des laboureurs, des pêcheurs, des boulangers, des épiciers, des mégissiers , des cordonniers, des ânes *(société burlesque appelée ailleurs des fous, des désespérés de la mère folle)*, des fourniers, des potiers, des meuniers, des bergers, des bûcherons, des barbiers [1].

[1] — 1. Dominarum et domicellarum. — 2. Scribarum. — 3. Mercatorum. — 4. Sartorum. — 5. Bechariorum. — 6. Tabernariorum. — 7. Vignolandorum. — 8. Sechatorum. — 9. Serariorum. — 10. Magistrorum cardarum. — 11. Carpentariorum. — 12. Lanateriorum. — 13. Laboratorum. — 14. Piscatorum. — 15. Panatarie. — 16. Speciarium. — 17. Pellipariorum. — 18. Scholarium. — 19. Asinorum. — 20. Fornariorum. — 21. Testorum. — 22. Molandinorum. — 23. Bergeriorum. — 24. Bebulchorum. — 25. Barbitonsorum. (CIBRARIO, *Economie politique du moyen âge.*)

*
**

Le principe essentiel qui distinguait surtout ces diverses sociétés, tant dans la première partie du moyen âge, que dans la seconde et dans les temps postérieurs, résidait dans le double caractère religieux et professionnel qu'elles revêtaient généralement. Sous l'influence des idées chrétiennes, les saints de l'Église avaient été substitués depuis longtemps, comme protecteurs des diverses associations, aux héros ou aux faux dieux du paganisme. Cette union de la religion à la profession des arts et métiers était même devenue si intime et tellement conforme à l'esprit public, que, depuis lors, la corporation fut le plus communément appelée confrérie.

Déjà Charlemagne, dans ses lois *De Geldoniis vel Confratriis*, consacrait cet état, lorsqu'il disait : « Pour tout devoir religieux, à savoir, pour l'oblation du saint sacrifice, pour le luminaire, pour les offrandes mutuelles, pour les funérailles des défunts, pour les aumônes et autres offices de piété, que l'assemblée des confréries se réunisse. Qu'il soit surtout fait de même, lorsque la présence du prêtre et des autres membres sera absolument nécessaire pour éteindre l'inimitié persistante de deux confrères. Alors le prêtre, après avoir honoré Dieu et accompli les offices religieux qui conviennent, fera les admonitions qui sont dues et donnera la bénédiction à ceux qui la voudront [1]. »

[1] In omni obsequio religionis conjungantur, videlicet in oblatione, in luminaribus, in oblationibus mutuis, in exequiis defunctorum, in eleemosynis et cœteris pietatis officiis, conventus talium confratrum, si necesse fuerit, ut simul conveniant, ut si forte aliquis contra parem suum discordiam habuerit, quem reconciliari necesse sit, et sine conventu presbyteri et cœterorum esse non possit, post peracta illa quæ Dei sunt, et christianæ religioni conveniunt, et post debitas admonitiones, qui voluerint eulogias a presbytero accipiant.

Par le double élément qui concourait ainsi à les animer, les associations ouvrières contribuèrent, d'un côté, au progrès des arts, et d'un autre côté, ce qui n'était pas moins précieux, à l'entretien et au développement des sentiments de piété, de charité et de fraternité parmi leurs membres. Les unes et les autres se dirigèrent, sous le rapport professionnel, suivant des principes universellement les mêmes. On remarqua chez toutes :

La hiérarchie déterminée dans le métier, véritable garantie du savoir professionnel et du gouvernement pacifique de l'atelier.

L'avancement proportionné à la capacité, qui stimulait le travailleur et prouvait au consommateur sa science technique.

L'hérédité facultative en faveur des enfants, parce qu'on supposait avec raison que ce serait assurer la conservation et les traditions du métier, le père ayant intérêt à donner à son fils une instruction technique aussi complète que possible.

Les institutions de prévoyance en faveur des membres de l'atelier et de leurs familles, qui, en leur donnant la sécurité aux jours mauvais, excitaient le dévouement.

Enfin, la stabilité du travail, qui, en maintenant la modération dans la fabrication, se refusait à la coalition des capitaux, source de superproduction et par conséquent de chômage, de même qu'elle prévenait l'âpreté au gain, source de fraude et de déloyauté dans le travail [1].

A raison de leur caractère religieux, les corporations d'artisans avaient aussi inscrit dans leurs statuts des articles spéciaux fixant leurs devoirs envers Dieu. Élever de la terre vers le ciel le cœur de leurs membres, en même

---

[1] H. BLANC, *Les Corporations de métiers.*

temps que leur représenter le travail sous un aspect de grandeur, telle était le noble but qu'elles poursuivaient. Leur réunion principale, qu'annonçait à l'avance un crieur spécial ou le carillon des églises, avait lieu le jour de la fête de leur saint patron. Ordinairement, dès la veille au soir, les maîtres, avec leurs femmes, leurs compagnons et leurs apprentis, s'en allaient solenniser les premières vêpres dans leur chapelle. La fête elle-même était célébrée avec une pompe extraordinaire. Tous les ateliers demeuraient fermés. Le matin, les confrères, vêtus de leurs plus beaux habits, successivement faisaient une procession en grand apparat, assistaient à une messe en musique, avec diacre et sous-diacre, et entendaient le panégyrique du saint ; le soir, ils revenaient aux vêpres et procédaient à l'installation de leur nouveau prieur. Le plus souvent ces cérémonies étaient suivies d'un banquet, auquel les veuves des maîtres étaient admises gratuitement.

Mais là ne se bornait point la piété des artisans. Outre celui qui avait lieu au décès de chaque membre en particulier, les corps de métiers faisaient célébrer, le lendemain de la fête patronale, un service funèbre commémoratif pour tous leurs membres défunts en général.

Du reste, ce qui n'est pas moins digne d'être noté, c'est la place honorable qui était attribuée aux corporations dans les cérémonies publiques, tant civiles que religieuses. On les voyait surtout figurer avec fierté, soit à la procession annuelle de la Fête-Dieu, soit aux réceptions solennelles faites, en certaines circonstances, au souverain ou à quelques hauts dignitaires de l'Etat.

Quant à l'organisation intérieure de ces sociétés, les principaux points peuvent s'en résumer ainsi :

1° D'ordinaire, pour rendre plus faciles leurs rapports mutuels, ainsi que la surveillance du métier, les artisans d'une même profession habitaient un même quartier, sinon une même rue de la ville.

2° Toutes les corporations de cette sorte avaient leurs privilèges et leurs règlements. Outre le droit de discuter librement leurs intérêts généraux et celui de modifier même leurs statuts, elles avaient la faculté de posséder, d'administrer leurs biens, et d'avoir pour leurs besoins une caisse commune alimentée de legs, de donations, ainsi que par les amendes et les cotisations périodiques. De plus, elles exerçaient, par leurs jurés, une juridiction de police sur tous leurs membres ; elles constataient les contraventions et intervenaient, non seulement dans les discussions de maîtres à ouvriers, mais encore dans les querelles où les parties adverses avaient recours à la violence.

3° Le bureau de ces mêmes communautés se composait d'officiers désignés sous les noms de *rois,* de *surintendants,* de *doyens,* de *prieurs,* de *jurés,* de *procureurs* ou *syndics.* Il représentait en quelque sorte, dans la corporation, ce que nous nommons aujourd'hui dans l'État le pouvoir exécutif. Toutefois il était plus ou moins nombreux suivant l'importance des sociétés ; on voyait même, dans beaucoup d'entre elles, l'un de ses membres remplir à lui seul plusieurs fonctions.

4° Naturellement, comme il en avait été chez les Romains et chez les Barbares, les gouvernements chrétiens postérieurs ne manquèrent pas de s'intéresser aux associations d'artisans qui s'établirent dans les pays de leur domination. On sait déjà les lois qu'après quelques rois mérovingiens, Charlemagne porta à cet égard. Dans la suite, saint Louis édicta en France des règlements spéciaux sur le même sujet, et statua que toute corporation d'arts ou de métiers serait désormais approuvée par le souverain.

Il en fut de même de l'autorité religieuse, qui, à raison des pratiques du culte divin et des œuvres de charité en usage dans les confréries de cette sorte, leur accorda, avec son appui, de nombreuses et importantes faveurs spirituelles.

Mais, pour ne parler que du pouvoir civil, son ingérence dans la direction des corps ouvriers ne se borna pas à une simple approbation. Dans ce même royaume de France, le souverain ne tarda pas à les considérer, sinon tous, du moins les plus importants, comme autant de sources fécondes de revenus, et à les inféoder, suivant la coutume du temps, aux grands de la cour qui les affermèrent, à leur tour, à d'autres personnages plus ou moins élevés. C'est ainsi, par exemple, que le grand chambrier reçut sous sa juridiction les drapiers, les merciers, les pelletiers, les fripiers, les tapissiers ; le grand panetier, les boulangers ; le mareschal de la Cour, les charrons, les forgerons, les serruriers ; l'échanson, les marchands de vin, etc.

Le *roi* et le *surintendant,* indiqués plus haut en tête des personnes qui composaient le bureau des corporations, n'étaient qu'un seul et même officier, appelé de l'un ou de l'autre nom suivant les temps ou les pays. Ils n'étaient, non plus, autres que les individus subalternes à qui les grands feudataires cités précédemment, et, en certains cas, le souverain lui-même, avaient transmis leurs droits.

Leur juridiction s'étendait sur toutes les sociétés d'arts et de métiers du même genre répandues, si ce n'est dans le royaume entier, du moins dans une province ou région déterminée. Elle comprenait, en général, la charge de les représenter auprès des dépositaires de l'autorité publique, en même temps que de veiller à la garde de leurs privilèges et de leurs règlements.

D'ailleurs, pour citer un exemple des attributions des officiers de cette classe, aucun négociant, lisons-nous dans le livre de M. Hippolyte Blanc, ne pouvait, en France, mettre ses marchandises en vente sans que le roi des merciers ou ses lieutenants n'en eussent vérifié la qualité et la provenance ; il administrait la caisse commune ; il siégeait en qualité de juge dans les procès concernant le commerce de la mercerie et même dans les actions intentées à tout particulier pour atteinte à l'honneur de la corporation ; il percevait un droit sur les foires et marchés nouvellement établis ; il avait seul autorité pour recevoir les nouveaux confrères, et l'acte public, qui leur conférait le titre pompeux de *chevaliers* ou *chevalières de la milice militaire de la mercerie,* était revêtu de son sceau.

En Savoie, où l'on se servit successivement des dénominations de *rois* et de *surintendants* pour désigner les chefs des divers corps de métiers, on ne voit pas non plus qu'il y eut, au sujet de leurs attributions, une grande différence avec ce qui précède. Je citerai plus loin, à propos des sociétés d'arts et de métiers de Chambéry, les noms et les attributions de plusieurs surintendants pour la partie des États de Savoie dépendant du souverain.

M. le conseiller Fr. Mugnier, dans une communication faite au congrès des sociétés savantes de Savoie en 1890, a déjà révélé lui-même l'existence de deux autres personnages de cette sorte, Antoine Quiblat, roi des merciers en 1498, et Loys Quex, roi des cordonniers en 1560.

Le premier, « après avoir indiqué l'origine de ses pouvoirs, déclare qu'il enrôle, dans le corps du métier de mercier, Jean Greffi, bourgeois de Rumilly, qui accepte avec actions de grâces. Le *roi* lui donne la faculté d'acheter et vendre dans toute la patrie savoisienne et autres domaines du duc de Savoie ; il prie *en droit* et requiert les autres rois des corporations de regarder Greffi comme associé et de le traiter comme ils voudraient l'être eux-mêmes par le *roi des merciers*. A son tour, Greffi jure sur les Saints Évangiles, et sous l'obligation de tous ses biens, qu'il observera loyalement les statuts de la corporation et ne se livrera jamais à des actes malhonnêtes. » Quiblat tenait lui-même sa nomination du duc Philibert II de Savoie.

Loys Quex était d'Annecy. Il reçut son privilège de Jacques de Savoie-Nemours, et ne l'exerça que sur le seul territoire du Genevois, dont ce seigneur était alors l'apanagiste [1].

5° Le *prieur* ou *doyen* était le chef particulier de la corporation. Il était chargé de prévenir les abus qui pourraient se commettre et de veiller à l'observation du règlement, tant en ce qui concernait les marchandises et les travaux, qu'en ce qui regardait la réception des candidats à la maîtrise et la comptabilité financière. On le nommait ordinairement à l'élection huit ou quinze jours avant la fête patronale de la confrérie, et on l'installait à sa charge pendant les secondes vêpres de cette solennité. Au verset *Deposuit potentes de sede* du *Magnificat*, l'ancien prieur ou doyen déposait les insignes de son autorité et regagnait le banc commun des confrères, tandis que le nouvel élu commençait son gouvernement. Cette cérémonie portait le nom de *deposuit*.

6° Les jurés, dont le nom venait du serment qu'ils prêtaient de remplir loyalement et scrupuleusement leurs fonctions, assistaient le prieur à titre d'aides ou de con-

---

[1] Fr. Mugnier, *Patentes de mercier juré, Rumilly, janvier 1500*.

seillers. Ils avaient pour devoirs particuliers de recueillir les voix dans les élections, de visiter les boutiques .et les ateliers, de juger de la capacité des aspirants à la maîtrise et de leur assigner le chef-d'œuvre à faire. Leur nombre variait, suivant les corporations, entre deux, quatre ou six. Ils étaient aussi ordinairement nommés à l'élection, chaque année, en même temps que le prieur.

7° Comme le nom l'indique, le *procureur* ou *syndic* était l'officier spécialement chargé des intérêts matériels de la société, de faire les recettes et les dépenses qui la concernaient et de la représenter dans toutes les contestations et réclamations à ce sujet. Souvent cet office n'avait pas un titulaire distinct, et était rempli par l'un des maîtres jurés ou par le prieur lui-même.

8° Les membres de l'association se divisaient en trois classes distinctes : les *maîtres*, les *compagnons* (ouvriers gagnants) et les *apprentis*.

Les *maîtres* étaient les chefs de boutique ou d'atelier en possession du privilège d'exercer un art, un métier ou un commerce. Leur nombre en était quelquefois limité, dans certaines localités. On ne pouvait être reçu en cette qualité qu'après un certain nombre d'années d'apprentissage et un autre certain nombre d'annés de compagnonnage. L'aspirant devait, en outre, justifier de sa capacité par un examen oral et par l'exécution satisfaisante d'un travail professionnel appelé chef-d'œuvre.

L'art, le métier ou le commerce constituaient pour le maître une véritable propriété sur laquelle l'État n'avait que le droit commun de surveillance.

Toute coalition entre patrons pour l'exercice de leur profession à profits communs était interdite, sous peine de déchéance. Dans plusieurs corps de métiers, chaque chef

avait sa marque particulière, qu'il était défendu à tout autre, sous la même peine, de contrefaire. Enfin, le maitre
qui, après de mauvaises affaires, s'engageait au service d'un
autre, n'était plus considéré comme tel, ni convoqué aux
assemblées de ses anciens pairs.

9° On nommait *compagnons* les ouvriers qui, après avoir
fait leur apprentissage, étaient admis à travailler, moyennant rétribution, chez les chefs d'atelier ou maîtres. Ceux
d'entre eux qui faisaient partie de la confrérie vivaient et
étaient logés ordinairement dans les maisons des patrons.
C'est, du moins, ce que l'on remarque jusqu'au dix-huitième siècle. Ces ouvriers ne pouvaient alors être renvoyés sans
cause légitime, comme ils ne pouvaient quitter l'atelier
d'un patron et aller servir dans celui d'un autre du même
endroit, avant un intervalle de trois mois passés hors de la
localité. Lorsqu'ils étaient étrangers, ils devaient, à leur
entrée chez un maitre de la ville, se faire inscrire au greffe
de la police et prouver par un livret renfermant des certificats authentiques qu'ils étaient de bonnes vie et mœurs.
Quels qu'ils fussent, lorsqu'ils prétendaient à la maîtrise,
ils étaient aussi tenus, en outre des conditions d'examen,
de fournir de semblables attestations et de prêter serment
sur les Saints Évangiles de garder « bien et loyalement les
us et coutumes du métier. »

10° Les *apprentis*, qui formaient le premier degré des
corporations, avaient pour devoir, comme leur nom l'indique, d'apprendre dans toutes ses parties et avec la plus
grande perfection l'art ou le métier auquel ils se desti-
naient. Ils ne pouvaient être reçus, comme tels, qu'après
avoir justifié de leur naissance légitime. En débutant, ils
versaient à la boite ou caisse commune de la confrérie une
cotisation plus ou moins élevée, qui leur donnait droit,

suivant l'expression usitée, « de toucher au métier. » Les maîtres étaient, sous ce rapport, responsables de leurs élèves. Ceux-ci travaillaient gratuitement durant le temps de leur éducation professionnelle, et même souvent payaient, en outre, une somme convenue. En retour, comme il a été dit des compagnons, les apprentis étaient nourris et logés dans la maison des patrons, qui devaient « les entretenir honorablement, comme fils de preudomes. »

L'apprentissage durait au moins deux ans, et s'étendait, dans certaines corporations, beaucoup au delà de ce terme. Les fils de maîtres étaient exempts de faire la preuve de leur apprentissage et de leur compagnonnage. Par la même raison, lorsqu'ils devenaient maîtres eux-mêmes, ils n'étaient point tenus au chef-d'œuvre.

11° Cependant, il convient de faire observer que tous les compagnons, tous les apprentis, et même, si ce n'est partout, du moins dans quelques villes, tous les maîtres, ne faisaient pas partie de la confrérie. Un nombre plus ou moins grand vivait, livré à lui-même, dans des quartiers particuliers et reculés. A la vérité, cette classe d'artisans n'était pas réputée la meilleure et n'avait pas à beaucoup près, au point de vue professionnel, la valeur de celle qui composait le corps de métier. Si une partie se conduisait honnêtement, l'autre menait très souvent une vie irrégulière. On y remarquait particulièrement des compagnons et des apprentis incapables et qu'on appellerait aujourd'hui fruits secs de la corporation, des compagnons et des apprentis qui, par caprice, s'étaient séparés de leurs patrons et avaient déserté la communauté, enfin des compagnons et des apprentis débauchés que l'association avait elle-même rejetés de son sein. Une certaine fraction de cette population trouvait, malgré cela, un travail suivi dans les ateliers où elle était admise ; mais le reste se rendait chaque matin à différentes places assignées pour la « louée, » et ne se recommandait guère que par des actes de mutinerie en attendant l'embauchage [1].

12° Souvent les statuts des corporations jurées, après avoir fixé dans le moindre détail les conditions de la main-d'œuvre, réglaient les jours et les heures de travail, les dimensions des objets fabriqués, la qualité de leurs matières et le prix auquel ils devaient être vendus.

Le travail de nuit était généralement interdit, comme ne pouvant donner que des produits imparfaits. Dans la seconde moitié du moyen âge, les ordonnances des souverains et des municipes défendaient de travailler avant le lever et après le coucher du soleil. Dans certaines villes de France, l'heure du commencement et de la fin du travail, ainsi que celle du repas principal, était sonnée par la cloche du beffroi municipal. « Pour ceux qui obtenaient la permission de continuer leur tâche à la chandelle, ils devaient, dit Albert Babeau, éteindre leurs lumières au signal du couvre-feu. »

Au troisième coup des vêpres, la veille des fêtes et des dimanches, les compagnons cessaient leur travail, pour ne le reprendre que le matin du surlendemain. De plus, il était aussi généralement commandé aux membres des sociétés de chômer le jour du décès d'un de leurs confrères, ainsi que d'assister à ses funérailles.

Mais, à partir du seizième siècle, il faut le dire, cette sage réglementation de la durée du travail des ouvriers fut profondément modifiée par suite de l'affaiblissement des pouvoirs municipaux. Les limites de temps fixées antérieurement dans leur intérêt furent considérablement étendues.

---

[1] Albert BABEAU, *Les Artisans et les domestiques d'autrefois.*

Des statuts rédigés sous l'influence des maîtres permirent d'élever jusqu'à dix-sept heures, sauf les heures de repas, la durée du travail.

13° Enfin, dans le but de prévenir les fraudes et les falsifications, les maîtres, dans la plupart des métiers, étaient tenus d'apposer sur leurs ouvrages la marque de fabrique ou seing particulier dont j'ai déjà parlé, et qui devait être à la fois une garantie pour l'acheteur et un témoignage contre le vendeur.

———

II

VIE SOCIALE DES ANCIENNES CORPORATIONS D'ART ET DE MÉTIERS

A tous ces divers détails qu'on vient de lire sur l'origine, la nature, la multiplicité et l'organisation intérieure des jurandes, j'ajouterai maintenant quelques autres courtes remarques sur leur influence pour le progrès industriel, sur leur rôle dans la commune, enfin sur la vie intellectuelle, morale et matérielle de leurs membres.

Quelques érudits et littérateurs trouveront peut-être inutiles ou inopportunes ces nouvelles explications, comme plusieurs de celles qu'on vient de lire. Je ne suis pas de cet avis. Je crois, au contraire, que l'intérêt du lecteur, autant que le respect de l'art d'écrire, demande que, par une représentation préliminaire de la physionomie générale des anciennes corporations ouvrières, je mette le lecteur à même de saisir aussitôt et sans autres explications le véritable état de celles qui font l'objet particulier de cet ouvrage.

Quoique ces anciennes sociétés d'artisans jouissaient d'un
véritable monopole et qu'elles se laissaient souvent entraî-
ner dans les agitations de la politique, elles ne contribuèrent pas moins à faire progresser et à élever l'industrie
jusqu'à un très haut degré de perfection. Afin de combat-
tre victorieusement la double concurrence étrangère et
locale, chaque maître mettait un grand soin, non seulement
à conserver à ses produits leur ancienne réputation, mais
encore à l'augmenter par un travail plus consciencieux et
plus artistique. On a une preuve manifeste de cette sollicitude professionnelle dans les admirables objets de tout
genre qui nous ont été conservés des six derniers siècles.

D'ailleurs, il était rigoureusement prescrit par les statuts
des corporations aux maîtres de « faire bon et loyal. » Nul
ne pouvait fabriquer et vendre que des marchandises de
bonne qualité. Il y avait même délit, lorsque la perfection
du travail faisait défaut.

Une autre circonstance qui n'est pas moins remarquable
dans la réglementation des corps de métiers, c'est l'interdiction aux patrons, afin d'empêcher l'écrasement des petits
par les gros, de se coaliser pour l'exploitation de leur industrie et d'employer à leur service particulier un personnel
trop nombreux.

Il en est de même de la grande place que les diverses
corporations tenaient dans la société et des privilèges civils
qu'elles en retiraient. Chacun imagine aisément la haute
prépondérance dans la conduite des affaires municipales que
devait donner aux maîtres leur union basée sur la poursuite d'intérêts identiques. Paris et les autres grandes villes

de France ont leurs annales remplies des agissements plus ou moins réguliers, ou plus ou moins révolutionnaires de ces sortes d'associations. De même, à certains moments, leur puissance, dans certaines villes d'Italie, fut aussi formidable. Au quinzième et au seizième siècles, en particulier, les plus grands personnages, non seulement à Florence où la démocratie dominait, mais encore dans beaucoup d'autres cités également renommées, se faisaient eux-mêmes inscrire parmi les membres des confréries. C'est ainsi, par exemple, qu'on vit à Milan, sur les registres des arts de cette époque, les noms des Adda, des Archinti, des Castiglioni, des Crivelli, des Lampugnani, des Melzi, des Visconti, des Vimercati et de beaucoup d'autres familles de la plus haute noblesse [1].

Cet état tout à la fois humble et honorable des artisans, comme les services rendus à l'industrie, leur valut, si ce n'est à tous, du moins à ceux des classes inférieures, avec de hautes sympathies, de précieux privilèges. Les ouvriers proprement dits étaient généralement exemptés des charges de la commune et de l'État. Dans les villes où les tailles n'existaient pas, ils n'étaient soumis à aucune contribution directe et ne payaient qu'un droit de capitation, qui était très modique. Les taxes pour le loyer, comme pour les portes et fenêtres, le logement des soldats, l'obligation de se fournir d'armes et de monter le guet, leur étaient également épargnés.

Mais, en même temps que cet adoucissement à leur rude condition, les travailleurs trouvaient dans l'ancienne société

[1] Louis CIBRARIO, *Économie politique du moyen âge.*

des avantages encore plus importants : une éducation morale, une instruction intellectuelle et une aisance matérielle que la société d'aujourd'hui est loin de leur procurer sur beaucoup de points.

Pour se faire une idée des vertus morales et professionnelles qui rayonnaient de ces sortes d'associations, il faut non seulement se rappeler leur organisation qui en faisait des confréries religieuses en même temps que des corporations civiles ; il faut non seulement se remémorer aussi les articles des statuts qui prononçaient l'exclusion de tout membre indigne, mais encore considérer que l'atelier n'était autre que le foyer du patron où le compagnon et l'apprenti partageaient la vie de sa propre famille. Un tel intérieur était, en réalité, l'école des grandes pensées et des grands sentiments qui éclairent la vie et lui impriment sa vraie direction. Chaque jour et à chaque heure, le chef s'y montrait pour la plus grande édification de ses subalternes, avec ses attributs les plus touchants : la bonté, la douceur, la prévoyance, l'autorité qui régit sagement, le souci de former ses subordonnés à la vertu et à l'excellence du travail, le soin de donner à son atelier une haute réputation d'honneur et d'habileté.

Cependant, le compagnon et l'apprenti répondaient de leur côté à la sollicitude du patron en lui vouant une obéissance filiale et en lui témoignant à chaque occasion autant de déférence que de respect. Les uns et les autres s'appliquaient ainsi avec une égale ardeur à procurer la prospérité de leur industrie.

L'union fait la force, dit un vieux proverbe. Rien ne le prouve mieux que ce qui se voyait alors dans ce foyer d'artisans. Pratiques de la religion, travail, délassements, joies, peines, épreuves de la vie, intérêts moraux, intérêts matériels, tout y était commun, accompli et supporté vaillamment.

Ce n'est pas à dire pourtant que l'esprit frondeur naturel et bénignement toléré chez les gens de la classe inférieure contre ce qui leur est supérieur, perdit toujours de ses droits, surtout en deçà des Monts. Le goût des conversations piquantes dont les autorités fournissaient souvent la matière, régnait assez généralement parmi les ouvriers et les artisans. Un poète satirique du temps de Henri III, roi de France, disait du « populaire » de Paris, ce qui était aussi vrai du populaire de beaucoup d'autres villes :

> Il veult estre veu tout, et veult tout gouverner...
> Il parle de tous faicts et ne sçait rien du tout...
> Il corrige les grands et de son seul babil
> Il sçait tous les moyens d'éviter tout péril...
> Bref, est si raisonnable en sa diverse teste
> Qu'en tous ses jugements il se trouve une beste[1].

Ce n'est pas à dire, non plus, qu'il ne se soit produit jamais des défaillances plus répréhensibles parmi ces mêmes ouvriers. Dans le dix-huitième siècle surtout, les liens de respect et de soumission qui unissaient les compagnons aux patrons se relâchèrent considérablement, et l'on vit alors s'introduire dans les corporations, par les mutineries de leurs membres, certains désordres où ceux-ci perdirent les premiers, de leur considération et de leur habileté professionnelle.

Malgré ces quelques ombres dans le tableau des anciennes corporations ouvrières, c'est à tort que l'on représenterait

[1] V. Albert Babeau, *Les Artisans et les domestiques d'autrefois.* — Balthasar Bailly, *De l'Importunité et malheur de nos ans.*

les siècles passés, et même le dernier siècle, comme des temps de crasse ignorance pour la classe inférieure de la société en général, et pour la classe des travailleurs en particulier. Non seulement la science technique était portée à un haut degré chez ceux-ci, mais encore l'instruction utile y était instamment recommandée et largement répandue. Les ordonnances de police de certaines villes de France enjoignaient rigoureusement aux gens de métiers d'envoyer leurs enfants, dès l'âge de six ans, aux écoles, et défendaient d'admettre à la maîtrise aucun aspirant qui ne sut lire et écrire. Les nombreux travaux qui ont été publiés récemment sur ce sujet, par des auteurs consciencieux, montrent particulièrement qu'en Savoie, non seulement Chambéry et les autres villes, mais encore la plupart des paroisses rurales étaient dotées d'établissements scolaires, où la jeunesse ouvrière apprenait la lecture, l'écriture, le calcul et tout le savoir nécessaire à sa condition.

Bien plus, on voit aussi fréquemment, dans les annales des municipalités, que beaucoup de ces fils d'artisans s'adonnaient aux études secondaires et devenaient ensuite des hommes distingués.

Le nombre des personnages qui, sortis de simples ateliers, s'élevèrent de cette manière à un haut rang d'illustration dans la société, est considérable. Pour ne citer que quelques-uns des exemples les plus connus, fournis par la France, je ferai remarquer que Fléchier était fils d'un épicier ; Molière, d'un tapissier ; Quinault, d'un boulanger ; Jean-Baptiste Rousseau, d'un cordonnier ; Lamotte, d'un chapelier ; Lemierre, d'un fondeur ; Greuze, d'un maître couvreur ; le financier Paris, d'un cabaretier ; Peirenc de Moras, d'un perruquier.

Pour ce qui concerne Chambéry et la Savoie, on sait

qu'entre autres, Jean Fraczon, cardinal de Brogny, était fils d'un pauvre paysan ; Jean-Baptiste Bally, né à Grésy-sur-Aix, évêque d'Aoste et l'un des premiers membres de l'Académie de Turin, fils d'un laboureur ; François-Dominique Lange, né à Annecy, célèbre peintre de l'école de Bologne, fils d'un aubergiste ; le poète Ducis, l'un des quarante de l'Académie de Paris, fils d'un négociant.

*
* *

Ici, je ferai observer qu'en comparant les statuts des unes et des autres, en France et en Savoie, il devient manifeste que l'organisation des corporations d'arts et de métiers ne présenta pas de différence sensible dans les deux pays.

Il en fut de même, si l'on en juge par ce qui se voit encore aujourd'hui, de la manière d'être et de vivre des artisans. Les mœurs privées de cette classe du peuple, sauf quelques légères variantes en certaines localités particulières, étaient à peu près les mêmes des Alpes à l'Océan. Aussi peut-on dire avec justesse que ce que d'érudits et judicieux auteurs ont écrit, dans ces derniers temps, sur diverses contrées de cette immense région, reproduit assez exactement ce qui existait autrefois chez nous.

Les artisans résidaient pour la plupart dans les quartiers sombres et retirés des villes. Les maîtres possédaient généralement leur maison en toute propriété et avaient ordinairement chacun, avec son enseigne distincte, sa façade et son pignon sur rue.

Malgré quelques dissemblances dans l'installation suivant la nature de l'industrie, ces habitations se rapprochaient par un grand nombre de points communs. La

boutique, l'atelier, et quelquefois une petite cuisine atte-
nant à la première, composaient le rez-de-chaussée, tandis
que les chambres à coucher occupaient l'étage supérieur.
Il n'y avait ni salle à manger, ni salon de réception ; dans
ce temps, on travaillait, commerçait, conversait, vivait
beaucoup dans la rue [1].

L'ameublement des pièces habitées n'était pas assurément très riche. Des lits contre les murs, un buffet, une
armoire, quelques estampes, quelques images pieuses,
une table de moyenne grandeur, des escabelles, des chaises,
un fauteuil raide et grossier, tels en étaient ordinairement
les principaux objets.

En général, jusqu'à la fin du dix-septième siècle, le costume des gens d'arts et de métiers resta de couleur terne
et sombre, et ne s'éleva pas en richesse au-dessus de leur
logement. Comme celui-ci, il était confortable mais non
luxueux. Sous Louis XIV, le compagnon français jetait un
manteau de drap gris ou brun-marron sur son pourpoint
de serge violette, et avait également ses hauts et ses bas
de chausses en drap de Minimes.

Les vêtements des femmes étaient, à cette même époque,
en harmonie avec ceux des hommes. Les cottes se faisaient
de drap violet, de serge noire ou rose sèche ; quelques-unes
étaient de couleur blanche ou bleue.

Mais, au dix-huitième siècle, cette simplicité dans les
vêtements des deux sexes disparut. Aux jours de fête surtout, les couleurs vives remplacèrent les couleurs sombres.
Par exemple, les charpentiers étalaient, sous leur veste de

[1] Marino Giustiniano, ambassadeur de Venise, *Relation*, 1535.

droguet, un gilet de bouge blanc et une culotte de panne
rouge. Un ouvrier cordonnier se promenait en justaucorps
bleu ; un papetier en habit bouracan gris-bleu, en culottes
de panne ciselée à petits carreaux. Il semble que les compagnons cherchassent alors à se rapprocher de plus en
plus, par l'apparence, du marchand ou du bourgeois.

Il en fut de même des femmes. En 1760, on trouve, dans
la garde-robe des ouvrières, des cottes de crêpe jaspé, de
basin rayé, de velours de gueux blanc et de satin piqué. Il
n'était pas, non plus, rare de rencontrer quelques-unes
d'entre elles parées de pendants d'oreilles à faux diamants,
de roses de la même substance, de croix d'or uni ou émaillé.
C'est ce qui faisait dire au poète burlesque Vadé, en 1776 :

> On n'estime que l'apparence,
> Et c'est ce qui cause l'abus
> Des états, des rangs confondus ;
> C'est ce qui cause que Françoise
> Vient de se donner un jupon
> De satin rayé sur coton,
> Que Margot vient de faire emplette
> D'une croix d'or, d'une grisette,
> Et que Nicole, en s'endettant,
> Vient à peu près d'en faire autant[1].

*
* *

Comme on l'imagine, la nourriture des ménages ouvriers
suivit, dans sa nature et dans sa qualité, la variation du
costume. Les mets ordinaires furent d'abord peut-être plus
grossiers, mais non moins abondants que de nos jours. Bien
qu'on rencontrât chez quelques artisans des broches et des
saloirs, on consommait moins de viande autrefois, et il est
à noter que l'usage fréquent de cette dernière sorte d'ali-

[1] *La Pipe cassée.*

ment ne s'est répandu dans les classes inférieures des villes qu'au milieu du siècle actuel ; mais la quantité compensait le défaut de qualité, et l'habitude de faire quatre repas par jour fut longtemps générale[1].

Toutefois, il arrivait que cet ordinaire des ouvriers était singulièrement outrepassé, du moins en certains jours. Forcément sobre pendant la semaine, le compagnon se rattrapait, les jours de dimanche et de fête, par des repas plus copieux et plus délicats. C'était là son tort. Il dissipait de cette façon tout ce qu'il avait gagné, et recommençait, à la manière de Sysiphe, sa vie de labeur et de privation, sans jamais aboutir à l'aisance. L'ambassadeur vénitien à la Cour de Paris, Lippomano, faisait déjà remarquer à ce sujet, au seizième siècle : « Qu'on trouvait des pâtissiers même dans les simples villages de France, et que la gourmandise en ce pays était telle que tout ouvrier, tout marchand, quelque chétif qu'il fût, voulait manger, les jours gras, du mouton, du chevreuil, de la perdrix, aussi bien que les riches, et, les jours maigres, du saumon, de la morue, des harengs salés. »

*
* *

Mais il est temps de terminer ce tableau, où j'ai tâché de retracer la condition sociale et la manière de vivre des artisans d'autrefois. Quelque imparfait qu'il soit, j'ose espérer qu'il suffira à donner une idée générale d'un état de choses aujourd'hui ardemment étudié et vivement discuté.

Seulement, il me reste une réponse à faire à ceux de mes lecteurs qui pourraient demander ce qu'il faut penser, au point de vue des intérêts de l'industrie et des ouvriers, du régime ancien des corporations et du régime actuel.

[1] Albert Babeau, *Les Artisans et les domestiques d'autrefois.*

Assurément, tout ne fut pas parfait autrefois, et il serait injuste de dire que tout est mauvais aujourd'hui. Il y eut souvent des défaillances et des misères dans le corps des travailleurs des siècles passés, et on peut compter de nombreux adoucissements à la dure condition des ouvriers du temps présent. Néanmoins, après un mûr examen, il ne m'apparaît pas que la situation des artisans modernes soit supérieure ou même égale à celle de leurs devanciers. Ce sentiment, du reste, ne m'appartient pas exclusivement. Il a été exprimé par de nombreux écrivains autorisés, entre autres par M. Albert Babeau, dont j'ai déjà si souvent cité les paroles, et dont on ne saurait suspecter ni le savoir, ni l'impartialité.

« Si maintenant, dit ce dernier auteur, nous portons un regard d'ensemble sur la condition de l'ouvrier d'autrefois, nous sommes frappés par les similitudes, non moins que par les différences que présente cette condition avec celle des ouvriers d'aujourd'hui. A coup sûr, elle s'est améliorée sous le rapport matériel et social, et il serait injuste de méconnaître les efforts, suivis de succès, que les pouvoirs publics, d'accord avec l'opinion, ont fait pour la relever. La vérité historique ne consiste pas en des formules générales et absolues ; elle se compose de faits qui, dans leur ensemble, comportent des restrictions, des exceptions, et même des contradictions relatives.

« Ainsi l'ouvrier habite parfois des appartements plus sains qu'autrefois ; mais ces logements sont toujours dans des quartiers reculés, et leur mobilier ne dépasse pas le strict nécessaire. Il se rapproche davantage, les jours de fête, par son vêtement, des classes riches ; mais il s'en distingue davantage, les jours ouvrables, par la blouse, qui n'était pas plus en usage au dernier siècle dans les villes que dans les campagnes. Il a des salaires beaucoup plus élevés, il peut faire des placements plus sûrs et plus à sa portée, il trouvera dans l'assurance des moyens de garantir sa vieillesse de la misère, son âge mûr des accidents et du chômage, les sociétés de secours mutuels le soulageront dans la maladie ; mais en présence de ces concentrations industrielles que produit l'emploi des moteurs à vapeur, il lui est de plus en plus difficile de cesser d'être salarié pour devenir maître.

« Il célèbre moins de fêtes religieuses ; mais le lundi, quelquefois le mardi, sont plus que jamais observés par lui. Il est plus instruit, il sait mieux la géographie et l'arithmétique ; mais le sentiment religieux s'est affaibli dans son esprit, et avec lui s'est raréfiée une des sources les plus fécondes des sentiments moraux qui peuvent élever le cœur de l'homme au-dessus de sa condition matérielle. Le compagnonnage n'a plus la même puissance qu'à la fin du dix-huitième siècle ; mais les associations syndicales en auront bientôt davantage. L'ouvrier a obtenu de grands avantages sous le rapport de la liberté du travail et de l'égalité politique, il est devenu citoyen, et son vote pèse autant que celui d'un membre de l'Institut ; mais, même avec les privilèges dont il jouit à Paris et dans certaines villes, il paye plus d'impôts qu'autrefois, il donne trois ou cinq années de sa vie, les plus vigoureuses et les plus fécondes à coup sûr, pour le service de l'État, qui ne lui demandait rien sous ce rapport avant la fin du règne de Louis XIV, et qui, à partir de l'établissement des milices, ne réclama de lui qu'un service restreint par un tirage au sort qui levait à peine par an six mille hommes, recrutés surtout dans les campagnes.

« Si l'on veut enfin examiner la question de savoir s'il est plus heureux qu'autrefois, on pourra répondre que la

source du bonheur n'est pas dans la satisfaction de jouis-
sances matérielles plus grandes, ni dans la possession de
droits sociaux et politiques plus étendus, mais dans la réa-
lisation de désirs qui savent se modérer et dans le contente-
ment de son sort. Les sentiments que l'ouvrier d'aujour-
d'hui éprouve à l'égard des patrons sont analogues à ceux
que l'ouvrier de l'ancien régime ressentait à l'égard des
maîtres, avec cette différence que ce dernier était moins
disposé à s'élever contre une classe d'hommes à laquelle il
avait l'espérance d'appartenir un jour. L'égalité politique
n'est pas tout, elle ne saurait procurer l'égalité sociale et
pécuniaire, qu'aucune constitution humaine n'a jamais su
donner. Il n'y a qu'une seule égalité qui n'ait jamais causé
de déception ici-bas, c'est l'égalité après la mort dans une
vie supérieure, que la religion promettait à l'ouvrier d'autrefois, et dont l'espérance le soutenait dans les épreuves
de la vie[1]. »

III

CHAMBÉRY, ANNECY ET MOUTIERS AU XVIIᵉ SIÈCLE

Les diverses considérations qui précèdent ne s'appliquent,
comme on l'a remarqué, qu'aux anciennes corporations
ouvrières, indépendamment des milieux dans lesquels elles
se murent. Pour éclairer encore d'un jour plus net les
associations de cette sorte qui sont particulièrement envi-
sagées dans ce livre, il me paraît aussi utile, avant de ter-

---

[1] Albert BABEAU, *Les Artisans et les domestiques d'autrefois*,
p. 66 et suiv.

miner ces pages préliminaires, de donner une brève idée
des principales localités qui les renfermaient, Chambéry,
Annecy et Moûtiers. Dans ce but, comme la plupart de ces
sociétés se créèrent ou se réformèrent au dix-septième
siècle, je citerai simplement la description qu'a faite de
ces villes en 1655, dans sa *Couronne Royale de Savoie,*
François-Augustin della Chiesa.

Chambéry. — « Chambéry est situé dans une plaine
d'un climat très heureux, au milieu de collines charmantes,
recouvertes de vignes et de châtaigniers. Les deux torrents
de la Leysse et de l'Albanne qui y affluent, et particulièrement les eaux de ce dernier qui coulent à découvert dans
des canaux le long des rues, en font un séjour délicieux et
commode pour les habitants, en même temps qu'ils en
fécondent les terrains. Au dehors, à quelques pas de son
enceinte, se trouve un bosquet appelé Verney, qui, planté
d'arbres en lignes droites et renfermant des allées spacieu-
ses, offre un très grand agrément et sert de lieu de pro-
menade aux citadins pendant l'été.

« Bien que les murailles de cette ville n'aient pas plus d'un
mille de circuit, elle se prolonge extérieurement par trois
gros bourgs, qui lui apportent un tel accroissement d'étendue et de population qu'elle n'a rien à envier, sous ce rapport, à beaucoup d'autres cités des Etats. Quoi qu'il en soit
des allégations de certains auteurs sur son origine, il est
certain que c'est aujourd'hui une ville très importante,
peuplée de plus de quinze mille habitants, et à laquelle il
ne manque qu'un évêque.

« Tandis que ses murs, épaulés par de fortes tours et
autres fortifications, s'ouvrent par quatre portes, on remar-

que, à l'intérieur, une longue et large rue flanquée de portiques, où sont aménagées des boutiques pour les nombreux
marchands et artisans de toute sorte qui s'y trouvent.

« Chambéry possède d'ailleurs, sur un mamelon d'où il
en est dominé, un magnifique et vaste château qui n'a
jamais été armé, et qui sert plutôt de demeure commode
à ses princes et à leurs lieutenants, que de forteresse. De
fait, les sérénissimes comtes et ducs de Savoie l'ont habité
de nombreuses années, avant de fixer leur résidence à
Turin, et depuis, ils l'ont assigné pour siège à leur Chambre
des comptes.

« Pareillement, on voit dans ce manoir une chapelle royale
bâtie par ces mêmes princes, où fut conservé pendant
longtemps le très saint Suaire de Notre Seigneur Jésus-
Christ, présent de Marguerite de Charny au sérénissime duc
Louis de Savoie. D'origine française, cette noble dame,
dont Pierre de Saint-Julien dans ses Mélanges historiques,
et Samuel Guichenon dans son Histoire de la Bresse et du
Bugey, parlent de la famille en termes honorables, était
fille du chevalier bourguignon Godefroy de Charny, seigneur
de Lirieu et de Montfort, et de Marguerite de Poitiers.
Devenue veuve de Humbert de Villard-Sexel, comte de la
Roche en Montagne et chevalier de l'Ordre du Collier, elle
s'était retirée en Savoie avec la sainte relique. Pour le
service de cette chapelle, ces mêmes princes religieux
établirent un chapitre de vingt-cinq chanoines sous la
direction d'un doyen qui, après avoir rempli souvent les
fonctions de vicaire de l'évêque de Grenoble, a été ensuite
reconnu comme chef de tout le clergé de Savoie relevant
de ce diocèse.

« Il se trouve, en outre, tant dans la ville que dans ses
faubourgs, un grand nombre d'églises tenues, soit par des

Réguliers de l'un ou de l'autre sexe, soit par des prêtres séculiers. Parmi ces différentes églises, trois sont paroissiales, à savoir : *Saint-Léger,* au milieu de la ville, *Saint-Pierre* (sous le Château), l'une et l'autre desservies par des prêtres séculiers, et *Saint-Pierre* de Lémenc, jadis siège d'un prieuré de Bénédictins, et maintenant d'un prieuré de moines Bernardins réformés. Dans cette église, on honore le corps de Saint Concord, évêque d'Armagh en Angleterre, qui y mourut en se rendant à Rome ; on y voit aussi les restes du duc Philippe de Savoie.

Les autres églises sont : *Saint-Antoine,* noble commende de cette religion ; *Saint-Dominique* et *Saint-François,* la première remarquable par ses cloîtres spacieux et logeant le Sénat dans son couvent, l'une et l'autre desservies par des religieux de leurs ordres respectifs et offrant de très beaux édifices comparativement à ceux des maisons de ces religieux en France ; *Sainte-Marie-Egyptienne,* tenue par les Mineurs Franciscains de l'Observance ; les églises de *Saint-François* des Capucins, et de *Saint-Thomas* des Augustins déchaussés, celle-ci située sur le grand chemin qui conduit de Chambéry à Montmélian et illustrée par le logement qu'elle fournit en son couvent au sérénissime Thomas de Savoie, pendant que ce prince remplissait les fonctions de lieutenant de son frère au delà des Monts ; celle des *Pères du Carmel,* située à peu de distance de celle *Saint-Thomas,* et fondée par Madame Christine de France, mère de S. A. Charles-Emmanuel II, actuellement régnant, en 1639, pendant que cette princesse se trouvait en Savoie.

« D'un autre côté, le collège des Pères Jésuites, que fit construire à ses frais le duc Charles-Emmanuel Ier, d'heureuse mémoire, ne saurait rien envier, pour la beauté de son église et la magnificence de l'habitation de ses religieux, à aucun autre établissement de la même compagnie au delà des Monts.

« Les monastères de religieuses sont au nombre de sept, à savoir : deux de l'ordre de Sainte-Claire ; un de l'ordre de l'Annonciade ; un de l'ordre de Saint-Bernard, abbé, ou de Cîteaux ; un de l'ordre de Sainte-Ursule ; un de Carmélites, fondé par Madame de Ventadour ; enfin un de la Visitation, où, d'après les constitutions de Mgr François de Sales, fondateur de la congrégation, peuvent être reçues les veuves honnêtes qui désirent s'y retirer pour servir Dieu.

« Il existe, en outre, tant à l'intérieur de la ville qu'au dehors, la commende des chevaliers de Saint-Jean de Jérusalem, divers oratoires de disciplinés, divers lieux de piété et diverses chapelles de dévotion.

« Cependant, ce qui donne à Chambéry son plus grand éclat, est la résidence continuelle qu'y tiennent, non seulement le gouverneur général de Savoie et une grande partie des nobles châtelains du voisinage, mais encore le Sénat et la Chambre des comptes qui y furent établis bien longtemps avant que ceux de Turin fussent créés. Le premier de ces corps se compose de quatre présidents et de quinze conseillers ou sénateurs ; le second, d'autant de présidents, de plus de seize maîtres des comptes, d'un général des Finances, d'un trésorier général, et de tous les autres officiers qu'on remarque dans la Chambre des comptes de Piémont.

« Chacune de ces magistratures est souveraine dans ses décisions et ne reconnait pour supérieur que Son Altesse Royale à qui les causes peuvent être portées en dernier ressort. Dans les questions qui intéressent le patrimoine royal, toutes les populations de Savoie, sujettes médiates ou immédiates du souverain, peuvent recourir à son jugement. Il existe pareillement un juge mage pour la connaissance des causes en premier appel. »

*
* *

Annecy. — « Le principal bourg du Genevois est Annecy, qui a le titre de cité et se trouve situé à l'extrémité d'écoulement d'un lac du même nom. Celui-ci a six milles de longueur, deux milles de largeur, et abonde en truites, lottes, perches et carpes. Les habitants de cette ville tirent un grand avantage de quelques canaux qui donnent passage aux eaux du lac le long de ses rues. Son étendue, bien qu'assez restreinte actuellement, fut beaucoup plus grande dans les siècles passés. Les médailles, les inscriptions romaines, les fragments de chapiteaux de colonnes en marbre qu'on retire de temps en temps d'anciennes ruines enfouies dans le sol de son territoire, sont une preuve irrécusable de son état primitif.

« Toutefois, elle est en ce moment ceinte de murs et pourvue d'un très beau château. Elle est aussi le siège d'un conseil présidial composé d'un président et de deux conseillers, en même temps que d'une Chambre des comptes, d'un juge mage et d'autres officiers, que les ducs de Nemours, apanagistes du duché de Genevois et de la baronie de Faucigny, y entretiennent pour la gestion de leurs intérêts et le bien de leurs sujets.

« La ville renferme des personnes de toute condition et, par conséquent, est pleine de constructions de fort belle apparence, tant publiques que privées.

« On y remarque principalement les églises et les monastères, dont le nombre, bien que cette ville n'ait pas d'évêque particulier, est très grand, suivant ce qui a lieu dans le duché, où se trouvent une multitude d'anciens monastères et de riches abbayes, la plupart fondés et libéralement dotés par ses comtes. Ainsi, on voit à Annecy : l'église de *Notre-Dame,* desservie par un vénérable chapitre de chanoines présidé par un doyen, et dans laquelle s'ensevelissent les ducs de Nemours et de Genevois ; *Saint-Maurice,* qui est la principale église paroissiale ; *Saint-Dominique,* fondée par le cardinal d'Embrun et tenue par les Frères Prêcheurs ; *Saint-François,* où les religieux de cet ordre et les chanoines de Saint-Pierre de Genève font séparément leurs offices, depuis que ces derniers, chassés de leur siège par les hérétiques, se sont transportés en cet endroit avec leur évêque ; un *collège de Barnabites*, ou clercs réguliers de Saint-Paul ; l'église et le monastère des *Pères Capucins* de Saint-François, ainsi que l'ancienne commende ou prieuré du *Saint-Sépulchre.*

« En outre, il existe dans cette ville six monastères de religieuses : Un de *Sainte-Claire,* deux maisons sous le titre de la *Visitation de la Bienheureuse Vierge,* créées par Monseigneur François de Sales, évêque de Genève, de glorieuse mémoire, dont le corps est renfermé dans celle située à l'intérieur des murs ; un de religieuses *Cisterciennes,* émigrées de l'antique monastère de Bonlieu ; un de *Bernardines réformées,* érigé de nos temps, et un de *l'Annonciade,* dont les religieuses sont venues, il y a peu d'années, du comté de Bourgogne. »

Moûtiers. — « La capitale de la Tarentaise est Moûtiers, en latin *Musterium,* ou, suivant Josias Simler, *Monasterium,* ainsi appelé de ce que ses chanoines, en vertu des statuts de Saint Pierre, leur archevêque, vivaient comme autant de moines. Ptolémée lui donna le nom de Forum de Claude, *Forum Claudii,* mais elle fut appelée depuis Tarentaise, *Tarentasia* ou *Darentasia,* ainsi qu'on le voit dans l'itinéraire d'Antonin et dans les vieilles chroniques des provinces et des cités de la Gaule.

« Les Sarrasins, suivant un acte de donation de 996, en faveur de l'archevêque Amizon, acte qui, avec la bulle d'or, se conserve à Chambéry, ruinèrent cette ville, lorsque, de leur camp du Fraxinet, près de Nice, ils se répandirent dans les Alpes maritimes, cottiennes et graies, et y mirent tout à feu et à sang. Toutefois, devenue la métropole, non seulement des Centrons, auxquels elle donna son nom de Tarentaise, mais aussi du Valais et de la Val d'Aoste par la suprématie de ses archevêques sur les évêques de ces pays, on la vit en peu de temps, depuis qu'elle fut soumise aux comtes de Savoie, se remplir de constructions et d'habitants. D'ailleurs, elle avait reçu un grand éclat des trois saints du nom de Pierre, qui, de religieux, étaient devenus ses archevêques, mais surtout de celui d'entre eux qui fut élevé au souverain pontificat, en 1276, sous le nom d'Innocent V.

« L'Isère divise Moûtiers en deux parties, que relie un pont de pierre. A peu de distance des habitations de la rive gauche, se trouvent les salines, qui sont d'un grand avantage pour les populations de cette vallée et d'une non moindre utilité pour les intérêts du prince. Outre la cathédrale, la ville renferme un couvent de Capucins, et quelques autres églises qui attestent plus leur antiquité que la magnificence de leur construction [1]. »

---

[1] Mᵍʳ Francesco Agostino DELLA CHIESA, *Corona Reale di Savoia,* parte I. — On trouvera, en outre, insérées hors texte, dans les pages suivantes, plusieurs phototypies représentant les plans et certains points anciens de ces mêmes villes.

ANCIENNES CORPORATIONS DES ARTS ET MÉTIERS DE CHAMBÉRY

CORPORATION DES TAILLEURS

I

SOMMAIRE HISTORIQUE

Les anciennes corporations ou confréries d'arts et de métiers de la ville de Chambéry, dont j'ai pu retrouver des traces sûres et importantes, s'élèvent au nombre de quinze. Ce sont, en suivant l'ordre de date de leur institution ou de leur réforme, celles :

1° Des tailleurs. — 2° Des menuisiers. — 3° Des maçons. — 4° Des chirurgiens. — 5° Des tisserands. — 6° Des serruriers, chaudronniers, ferblantiers, lanterniers, selliers, maréchaux-ferrants, taillandiers, couteliers, armuriers, fourbisseurs, éperonniers, épingliers. — 7° Des charpentiers. — 8° Des cordonniers, tanneurs et corroyeurs. — 9° Des boulangers et pâtissiers. — 10° Des apothicaires. — 11° Des blanchisseurs, chamoiseurs, gantiers et pelletiers. — 12° Des médecins. — 13° Des meuniers. — 14° Des ciergiers, confiseurs, épiciers, droguistes. — 15° Des perruquiers.

Chacune de ces diverses corporations ou confréries avait pour patrons :

LES TAILLEURS. — *Notre-Dame de l'Assomption.*

LES MENUISIERS. — *Sainte Anne.*

— 49 —

Les Maçons. — *Les Quatre Couronnés.*

Les Chirurgiens. — *Saint Côme et saint Damien.*

Les Tisserands. — *Notre-Dame de Grâce.*

Les Serruriers, Chaudronniers, Ferblantiers, Lanterniers, Selliers, Maréchaux-ferrants, Taillandiers, Couteliers, Armuriers, Fourbisseurs, Eperonniers et Epingliers. — *Saint Eloi.*

Les Charpentiers. — *Saint Joseph.*

Les Cordonniers, Tanneurs et Corroyeurs. — *Saint Crépin et saint Crépinien.*

Les Boulangers et Patissiers. — *Saint Honoré.*

Les Apothicaires. — *Sainte Marie-Madeleine.*

Les Blanchisseurs, Chamoiseurs, Gantiers et Pelletiers. — *Saint André.*

Les Médecins. — *Saint Luc.*

Les Meuniers. — *Saint Martin.*

Les Ciergiers, Confiseurs, Epiciers et Droguistes. — *Sainte Geneviève.*

Les Perruquiers. — *Le Bienheureux Amédée de Savoie.*

D'après ce qui m'a été rapporté par MM. le chanoine Truchet, de Saint-Jean de Maurienne, et le notaire Croisollet, de Rumilly, il ne paraît pas qu'il ait existé de semblables sociétés dans ces deux villes de Savoie.

Au contraire, on en comptait sept à Annecy, et quatre à Moûtiers, vers le même temps. Tels furent, ainsi que leurs patrons, dans la première de ces localités :

Les Mouliniers en soie. — *Notre-Dame de Pitié.*

Les Serruriers, Couteliers, Arquebusiers, Maréchaux, Taillandiers, Ferblantiers, Fourbisseurs, Selliers, Bourreliers, Eperonniers, Cloutiers, Aiguiseurs, Horlogers, Vitriers, Chaudronniers. — *Saint Eloi.*

Les Cordonniers. — *Saint Crépin et saint Crépinien.*

Les Tailleurs d'habits et Chaussetiers. — *Sainte Marie Madeleine.*

Les Merciers-Drapiers. — ....

Les Mineurs de carrières de pierre. — *Sainte Barbe.*

Les Charpentiers et Menuisiers. — ....

Les principales sociétés du même genre que renfermait Moûtiers, étaient et avaient pour patrons :

Les Maréchaux-Ferrants. — *Saint Eloi.*

Les Cordonniers. — *Saint Crépin.*

Les Boulangers. — *Saint Honoré.*

Les Avocats, Procureurs, Notaires et Praticiens. — *Saint Yves.*

De même, on voit dans les registres du Sénat de Chambéry, que la ville de Bourg, en Bresse, au temps où elle faisait encore partie des Etats des princes de Savoie, possédait, entre autres, une corporation de tailleurs.

La plupart de ces associations, tant celles de Chambéry, que celles d'Annecy, de Moûtiers et de Bourg, avaient une origine très ancienne, dont la date certaine ne nous est malheureusement pas toujours connue, mais qui est expressément mentionnée dans les actes de réformation survenus dans la suite.

La corporation des tailleurs de la première de ces villes existait elle-même depuis longtemps, quand le 20 octobre 1569, en présence de nombreux abus commis et sur les plaintes répétées du public, le duc de Savoie Emmanuel-Philibert créa, pour réprimer plus efficacement les uns et faire droit aux autres, l'office de surintendant, ou plutôt plaça sous ce nom un maître juré à la tête des gens de cette profession.

Le premier, qui fut investi de cette charge, se nommait Pierre Janin, de Chambéry. Ses deux successeurs immédiats furent Blaise Pontelly, bourgeois de la même ville, et François Cartier, institués, l'un le 1er novembre 1589, et l'autre le 20 juillet 1641.

Suivant les lettres-patentes du duc Emmanuel-Philibert, du 20 octobre 1569, et l'arrêt du Sénat du 14 février 1578, les droits et les devoirs de ces officiers étaient de connaître des abus et des délits commis par les tailleurs dans l'exercice de leur profession, d'exécuter les réformes jugées nécessaires dans la corporation, d'autoriser à ouvrir boutique de maître ceux qui seraient reconnus instruits de leur art, de repousser et même d'empêcher de travailler secrètement en chambre ceux qui ne seraient pas suffisamment appris, enfin de visiter le travail de chaque atelier et de dresser procès-verbal contre tout contrevenant [1].

Pourtant, vingt-un ans après les lettres ducales et douze ans après leur entérinement par le Sénat, le 16 août 1590, les maîtres tailleurs entreprirent de réformer la corporation. Réunis au nombre de dix-huit, sous la présidence du surintendant Blaise Pontelly, ils firent rédiger par le notaire requis à cet effet, Guillaume Rondet, les nouveaux statuts dont ils étaient convenus.

Dans ce règlement, comme il en est de tous ceux des autres sociétés qu'on verra ci-après, une partie des articles est consacrée aux devoirs religieux des sociétaires.

La patronne de la confrérie sera *Notre-Dame de l'Assomption*, et sa chapelle, celle de ce vocable dans l'église de Saint-Léger.

Chaque année, le dimanche qui précédera le quinze août,

[1] *Archives du Sénat,* vol. XIX *bis*, fol. 8, 1577-1579 ; — vol. XXVII, fol. 87 v°, 1589-1597.

jour de la fête patronale, il sera élu, après la messe, au même lieu, deux prieurs à la majorité des voix.

Le jour de la fête de Notre-Dame de l'Assomption sera célébré par une procession, une prédication et une messe solennelle avec diacre, sous-diacre et musique. Tous les confrères, quels qu'ils soient, devront assister à ces offices, sauf le cas de légitime empêchement. Les prieurs nouvellement nommés auront l'obligation de veiller à ce que, pendant ce même jour, une lampe demeure constamment ardente devant l'image de la Sainte Vierge. Ils seront également tenus d'offrir un « beau » pain bénit, comprenant la farine d'environ un demi-vaissel de bon froment. Le pain, après avoir été apporté en procession et exposé devant la chapelle pendant la messe, sera distribué aux confrères assistants. En outre, il sera remis aux pauvres, en aumône, un demi-vaissel de semblable froment, ou sa valeur vénale.

Le lendemain de la fête patronale, la confrérie fera célébrer aussi un service funèbre, avec diacre et sous-diacre, pour tous ses membres défunts, avec obligation rigoureuse à tous les membres vivants d'y assister.

Chaque dimanche de l'année, le recteur dira, dans la chapelle de la confrérie, une messe basse à l'usage des sociétaires. A cette occasion, chacun de ceux-ci aura le devoir d'offrir, à tour de rôle, un pain bénit, avec une ou deux chandelles de bonne cire pour le luminaire des offices du culte.

Les honoraires à payer pour la célébration des services religieux seront : au célébrant de la fête patronale, six florins, aux musiciens également six florins, au recteur, pour la messe du dimanche, quinze florins, en outre des droits qui pourront lui revenir d'ailleurs.

Quant aux prieurs sortants, ils seront tenus de représenter et remettre à leurs successeurs, trois torches et deux chandelles de cire blanche, pour servir dans les grandes cérémonies religieuses où ceux-ci auront à figurer pendant l'année.

Enfin, pour subvenir aux frais nécessités, tant par la célébration des offices divins, que par l'entretien de la chapelle, chaque maître tailleur, tenant boutique dans la ville ou ses faubourgs, devra payer annuellement, entre les mains des prieurs, un florin de Savoie.

Les prescriptions qui, dans ce même règlement, concernent l'exercice purement professionnel, peuvent également se résumer ainsi :

Tout maître qui se trouve déjà, ou qui entrera désormais en boutique, sera tenu de payer, à titre de droit d'entrée, deux écus d'or ou leur valeur en monnaie de Savoie, sauf les fils de maîtres, qui seront exempts d'une telle redevance et qui auront la liberté d'offrir seulement ce que bon leur semblera.

Chaque apprenti, en commençant son apprentissage, aura, sous la responsabilité de son patron, à remettre, une fois pour toutes, aux prieurs, une livre de cire « bonne et pure » ou sa vraie valeur en argent [1].

D'ailleurs, pour obvier aux abus du défaut de capacité chez les tailleurs, aucun d'eux ne pourra ouvrir boutique de maître, s'il n'a été examiné auparavant par un maître juré assisté des prieurs ou de maîtres anciens, et s'il n'a subi aussi avec succès l'épreuve du chef-d'œuvre [2].

---

[1] Généralement, dans les statuts des corporations de Chambéry, la livre de cire à offrir est estimée trente sous.

[2] *Archives de la Société* (Livre des marchands tailleurs d'habits de Chambéry, 1633). — Au frontispice de ce livre, on lit, en grandes capitales : *Notre-Dame de l'Assomption, intercédez votre*

L'Église ne laissa pas, de son côté, d'entourer la nouvelle confrérie de sa sollicitude maternelle. Le 20 mars 1646, le pape Innocent X lui donna une bulle d'approbation par laquelle il accordait en même temps plusieurs indulgences, entre autres : une indulgence plénière à tous les confrères confessés et communiés, à leur entrée dans la confrérie, et une autre à tous les membres qui, repentis de leurs péchés, invoqueraient, à l'article de la mort, le nom de Jésus.

Les divers prieurs qui régirent la corporation de 1578 à 1593 inclusivement, furent : Pierre Jacquier et Anselme Blanchet. — Louis Ruffier et Jean Tressard. — Humbert Baston et Henri Vulliet dit Girit. — Antoine Brun dit Berrut et Philippe Jotty. — Claude Prentet et Claude Capitan. — Hugues Monselin et Pierre Dagand.

Le nombre des confrères, dès l'origine de la confrérie jusqu'en 1590, s'éleva à cent quarante-cinq, et de l'an 1591 à l'an 1633, à deux cent quarante-six, ainsi qu'on le voit par les noms suivants :

1578-1590. — Honneste Pierre Jacquier, prieur. — Honneste Claude Bonjean dit Pain-Blanc. — Claude Le More. — D^{me} Mongella. — Anthoine Brun dict Berrut. — Sire Claude Picollet. — Sire Hugues Combe. — Sire François Clairet. — Sire Benoist Gihlan. — Sire Jacques François Pillaret. — Jehan Meunier dit Thavas. — Sire Claude Bize, le fils. — Gabriel Pallatin. — Laurent Bellon. — Humbert Challard. — Louys Ruffier. — Jehan Jenand. — Henry Perre. — Gabriel Gallet. — Michaud Louvat. — Humbert Grosjean. — Pierre du Pinier. — Jacques Durant.

---

fils Jésus en faveur des membres de l'association. — Maria: O nomen sub quo nemini desperandum. (S. Augustin.) — Sur le troisième feuillet se trouve une vieille image de l'Assomption de la Sainte Vierge, éditée par Crépy le fils, à Paris.

Claude Davied. — Le sire Jehan Mourier. — François, son fils, et Jean Anthoine et Jehan François, ses fils. — Urbain Perret. — Guillaume Pioget. — Jehan Descostes. — Le sire Claude Lefevre. — Honneste André de Bruxelles. — Le sire Gervais Dupart. — Le sire Jean Pierre Michel. — François Bertet. — Le sire Jacques François Masson. — Le sire François Laplanche. — Le sire Asoy Bonnevie. — Jehan Lavassot. — Le sire Claude Merlin. — Pierre de Lafontaine. — Arnault Severat. — Claude Brondel. — Pierre Ancerme. — François Barrier. — Georges Favier. — Michel de Fernex. — Jacques Durant. — Claude Juris. — Jehan Guy. — Morice Blardet Latuille. — Jehan Tressart. — Barthelemy Baudin la Goathe. — Humbert Guillet. — Le sire Jehan Guibart dit Goillet. — Loys Buodinet.

Anthoine Favier. — Hugues Pille. — Le sire Pillière. — Le sire Jacques Latard. — Hugues Pullat. — Louis Lastard. — François Miége. — Laurent Couppe. — Le sire Jerosme Pitit. — Odde Triguet. — Le sire Jehan Cattel. — Jehan Janon. — Pierre Brunet. — Estienne Monsellin. — Le sire Jehan Lombart. — Jacques Compaigny. — Anthoine Lagoane. — Gaboul Balmont. — Guillaume Fallet. — Phellippes Jouttier. — Magio Pelligrini. — Louis Button. — Jehan Bourdon. — Henry Perillart. — Claude Courrier. — François Maistre. — Cherdord Chambon. — Michel de Pernex. — Pierre de la Maison et son fils. — Pierre Chabod. — Jehan Rey. — Estienne Merlingervais. — Jehan Cornu. — Guillaume Perrot. — Pierre Guiget. — Le sire Jacques Pajet. — Claude Poncier. — Pierre Dullant. — Claude Marienne. — Jehan de Constance.

Jehan Michellier. — André Sonnet. — Le sire Gouyin

Carron. — Jacquemotz Gaul. — Domenge Micat. — Le sire Jacques Duret. — Le sire Marin Pic dit Marin, son frère. — Aymé Jacquier. — Le sire Claude Moujon. — Jacquemos Demeurs. — Jacques Querras. — Pierre Dufour. — Jehan Còste. — Sire Claude Jacob. — Jacques Michel. — Aymé Michel. — Léonnard Michel. — Claude Michel. — Jehan Lois Poypon. — Pierre Cartier. — Sire Benedict Gisland.

Le sire Angelin Genest. — Sire Jehan de Monbel. — Gabriel Curte. — François Apoin. — Nicolas Apoin. — Bonnas Bergier. — Jehan de la Ruelle. — Anthoine de Mellye. — Le sire Jacques Cortilla. — Georges Pollier. — Guillaume Rondet. — François Quinard. — Ascagne Dupuis. — Philibert Gachet. — Claude Phelibert. — Claude Fontaine. — François Thomassin. — Le sire François Nicolas Noyray. — Le sire Claude Desoz. — Le sire Claude Laurens. — Bastien Dupuys. — Jehan Anthoine Bonaud. — Jacques Avoy. — Benoist Varinard. — Pierre Chappuy. — Benoist Pasquier. — Pierre Rambert.

1591. — Honneste André Cartier. — Messire Fascioz Capitan, recteur. — Claude Gallay. — Amed Mongella. — Antoine Blanchet. — Michel Priete. — Gabriel Charpene. — Pierre Paris. — Guillaume Fallat. — Laurence de Basset. — Gaboul Coste — Humbert Charton. — Louis Charton. — Jehan Tressard. — Claude Cappitan. — Jehan Tressart Bourget. — Eustache Favier. — Humbert Girod dict Baston. — Henry Villien du Gay. — Jehan Coste du Bourdon. — Jehan Vincent Langeville.

1593. — Hugues Brochet. — Pierre Duc. — Blaise Ponterly, tailleur de S. A., maître juré deçà les Monts audit art. — Jehan Cartier. — Hugues Montallin. — François Tallabart l'aisné. — Jehan Michellier. — Claude Buysson. — Blaise Dagan. — Pierre Giffart.

1594. — André Defresne. — Pierre Bally. — Jehan Buysson.

1595. — Benedict Ruffier. — François Vichet.

1596. — Anthoine Martin. — Jacques Brun.

1597. — Claude Besson. — Claude Missat. — Oddé Catini. — Jullien Morier.

1598. — Jehan Genody. — François Roux. — Surpis Curtet.

1599. — Barthollomé Revil. — Gaspard Billion. — Martin Geignier. — Claude Brun.

1600. — Claude Lanternier. — Claude de Meurs. — Pierre Berthollier. — Pierre de Lisle.

1601. — Claude Grand dit Grellier. — Jehan Vergain. — Bon Pierre Capris.

1602. — Mathieu Chamoux. — Bertrand Derivo. — Guigue Ambron. — Anthoine Plantin.

1603. — Pierre Rey. — Bernard Genin. — Pierre Morel. — Humbert Laussart. — Gabriel Morel. — François Genet. — Eustache Bollart.

1604. — Luppient Sanset dit Champagne. — Laurent Pugin. — Pierre Picollet. — Huchissier Morant. — Laurent Lafont. — Humbert Pollant.

1605. — Jean Bollart. — Amé Gaignon dit Laborde. — François Jouvenseau dit Daruaz.

1606. — Pierre Moncelin dict Dargan. — Pierre Dagan. — André Pissenin Cordelier. — François Roux.

1607. — Nicolas Moujon. — Claude Moudurat. — Anthoine Charpeine. — Guillaume Corbet.

1608. — Benoist Rebouton. — Claude Monet. — Noël Charpène. — François Tallabart. — Claude Chappuis. — Jehan Anthoine Fontaine.

1609. — Jehan François Pagnaux. — Jehan Ramel. — Jehan Dunant. — Claude Cuidex. — Jehan Monichon. —

Claude More dit Fleuvoy. — Louis Buquet. — Bernard Jehan. — Jacques Chouda.

1610. — Esnable de Léaval. — Jacques Vilherme. — Gonin Corbet. — Hugues Bouvier. — Jacques Pamoz. — Augustin Guillon. — Jehan Claude Suavet. — Claude Gonnet. — Claude Moyron dit L'Amour. — Jacques Bataillard. — Georges Peyssel. — Geoffroy Granet.

1611. — Jacques Granet. — Claude Bovier. — Urbin Saint Marcel. — François Miège. — Pierre Fargat. — Mathieu Mentet. — Nicolas Nicod. — Jehan Sabatier. — Pierre Gistari dit Goz. — Thomas Galley. — Jehan Tressart Boquet le fils. — Humbert Tressart son frère. — Bernard Viollet. — Estienne Jacquemin. — Bernard Cartivat. — Louis Tressier dit Vogue. — Hugues Chabert. — Jehan Peruclant. — Pierre Clergeot. — Pierre Juillart. — Estienne Pullioz. — Pierre Chesse. — Jacques Philbert. — Michel Besluard. — Claude Jolly. — Anthoine Rey.

1617. — Jehan Dominique Duport. — Baltazar Decor. — Claude Brunet. — Claude Nicollet. — François Challet.

1618. — Estienne Challet. — Louis Brunet. — Humbert Cartier. — Jehan Boquet. — Mauris Vallet. — Pierre Buquier. — Louis Raymodat. — Jehan Rollet.

1619. — Noël Chozeland. — Laurent Muzel. — Pierre Chargoct. — Humbert Dunant.

1620. — Claude Petit. — Jehan Bergera. — Claude Leguin. — Jehan Claude Lapiagua. — Claude Pierre. — Odde Girard dit Baron. — Jehan Genevois. — Claude Grilliet. — Dominique Gaguy. — Jacques Montfrain. — Pierre Phillippon. — Pierre Naty. — Baptiste Dreyton. — Pierre Jeorges. — Jehan Barton.

1633. — François Cartier, maistre juré et superintendant en l'art des tailleurs établi par S. A. en l'année mil six cent trente trois. — Laurent Gagnier. — Ascagne Traysart dit Boquet. — Claude Amblart. — Baptiste Bastardin. — Anthoine Callod. — Pierre Rebotton. — Michel Moran. — Claude Martin. — Gragne Lutrin. — Anthoine Rey dit Gillet. — Guillaume Guillet. — Jacques Montcin.

1627. — Claude, fils de François Golliet. — Gilles Lefaure du Vuallon. — Bertrand Petit dit le Dauphiné. — Pierre Gobert. — Noël Besluard. — Claude Charvet. — Jehan Claude Jacquin. — Christophle Brianson. — Jehan Drevet. — Gabriel Crisan. — Jacques Montgella. — Anthoine Monin. — Guillaume Legier. — François Caillat. — Hugues Bontemps. — André Alsias, du comté de Nice. — Pierre Real. — Jehan Claude Rullier. — Claude Ropic. — Pierre Revillon. — Benoist Gardin. — Mavoix Pollet. — Louys Ynrard. — Jacques Court. — André Berru. — François Bovier. — Pierre Poncet. — Joachim Rey. — Guillaume Peuillet. — Guillaume Guillet. — Guillaume Droge. — Jehan Baptiste Janet.

Claude Ducat. — Claude Petit. — Claude Vallier. — Jean Gillet. — Humbert Chaboud. — Anthoine Odin. — Nycolas Baud. — Jacques Mullet. — Estienne Puthod. — Pierre Alliod. — Claude Rolin. — Jean Gay. — Hugue Berlion. — Anthoine Gachet. — Philibert Pugin. — Jean Georges. — Michel Dagan. — Claude Chambet. — Estienne Vichard. — Philibert Choselland. — Charles Villard. — Girard Vaginet. — Guillaume Morel. — André Vigneron. — Estienne Cavoret. — Michel Veycolle. — Pierre Pernon. — Jean Roppio. — Humbert Pernet. — Jacques Pecheraud. — Aymé Petit. — Pierre Maillet. — Claude Connecy. — Jean Louis Marchandon. — Humbert Courtois. — Estienne Brunet. — Jacques Mantel. — Pierre Martin [1].

---

[1] *Archives de la Société* (Registre des tailleurs de Chambéry).

Pendant les quatre-vingt-treize ans qui suivirent cette dernière date, la corporation passa, au sujet de ses élections et de son régime intérieur, plusieurs autres actes qui nous sont aussi parvenus.

En 1646, comme il s'agissait de remplacer François Cartier, maître juré décédé, et de prévenir en même temps certains abus qui s'étaient introduits, les maîtres tailleurs, réunis en assemblée générale au nombre de cinquante-neuf, à la Grenette, lieu ordinaire de leurs séances, élurent les quatre jurés qui suivent : Jean Genevois et Thomas Gallet pour les hommes, Philibert Pugin et Odde Girard pour les femmes. Il est à remarquer que les suffrages furent ici exprimés successivement de vive voix par chaque électeur, sur l'appel nominal qu'en fit le notaire ducal Claude Vachier, commis pour présider l'élection.

Le 1er avril 1671, une assemblée du même genre eut lieu dans l'endroit accoutumé de la Grenette. Composée de quarante-trois membres, parmi lesquels se trouvaient le prieur Claude Raffin, les procureurs François Charpenne et François Bouvier, elle procéda d'abord à l'élection d'un maître juré pour les hommes et de deux maîtres jurés pour les femmes, nommant ainsi, d'un côté, François Charpenne, de l'autre, Jean-Pierre Dunant et Annibal Machet. Elle prit ensuite les décisions suivantes :

1º Qu'à l'avenir les aspirants à la maîtrise seraient examinés, en présence de leurs parrains, par les quatre maîtres jurés, le prieur, le procureur et huit autres maîtres, les plus capables de la corporation ;

2º Que les parrains, en cas d'insuccès de leurs protégés, seraient passibles d'amende à merci des examinateurs ;

3º Que, dans le cas contraire, les aspirants reçus paieraient vingt-deux florins, valeur de deux écus d'or, pour la chapelle, quatre ducatons pour les maîtres jurés, une messe pour les défunts de la confrérie et cinq florins pour les lettres d'admission ;

4° Que le garçon, ou compagnon tailleur, qui épouserait la fille d'un maître serait de même soumis aux formalités ordinaires de l'examen oral et du chef-d'œuvre, mais qu'il ne serait tenu qu'aux droits accoutumés de la chapelle ;

5° Que les maîtres jurés seraient remplacés tous les trois ans ;

6° Qu'il serait interdit à tout tailleur, qui n'aurait pas été reçu maître en la forme expliquée précédemment, de travailler de sa profession, non seulement en boutique, mais encore secrètement en chambre [1].

En 1682 et en 1698 eurent lieu, avec le même cérémonial, les élections du maître Valentin Raffin, comme juré pour les femmes, en subrogation de son père Jean-Claude Raffin, et du maître Jean Lambert, comme juré pour les hommes. Je n'ai besoin de rappeler que les maîtres appelés jurés tiraient ce qualificatif du serment qu'ils prêtaient d'accomplir loyalement et fidèlement leurs offices. Les uns et les autres des officiers de cette sorte, dont il vient d'être parlé, remplirent, aussitôt après leur nomination, cette formalité par-devant le souverain Sénat de Savoie [2].

*
* *

Cependant, une certaine modification fut apportée, en 1726, à ce régime de la société par l'autorité civile, qui,

---

[1] *Archives du Sénat,* vol. XLV, fol. 203, 1672-1684.

[2] *Archives du Sénat,* vol. XLVIII, fol. 72, 1680-1688 ; — vol. LIII, fol. 45, 1698-1701.

l'année précédente, avait ordonné de réviser les statuts de tous les corps de métiers des États de Savoie [1].

Déjà, comme on l'a remarqué, les femmes pouvaient faire partie de la corporation des tailleurs ; elles continuèrent dès lors à jouir de cette faculté. En même temps les chaussetiers furent compris dans l'association [2].

Au fond, il ne fut guère ici question que de la société au point de vue professionnel. Sous l'empire du nouveau règlement, tous les maîtres tailleurs devaient s'assembler, le dimanche précédant la fête de l'Assomption, et nommer comme précédemment un prieur, deux jurés pour les hommes et deux jurés pour les femmes. Les élus ne pouvaient, sous peine de deux livres d'or d'amende en faveur de la confrérie, refuser la charge qui leur avait été imposée, si ce n'est dans le cas où ils l'auraient déjà remplie l'année précédente.

Quiconque, homme ou femme, voulait exercer l'art de tailleur, devait auparavant avoir travaillé pendant cinq ans, comme apprenti et comme compagnon, subir présentement avec succès un examen de capacité devant les deux jurés, et posséder, en outre, au moins cent livres de biens stables. Le droit d'entrée du nouveau maître, outre trois

---

[1] Lettres-Patentes du roi Victor-Amédée II, du 9 novembre 1725.

[2] Les chaussetiers étaient des ouvriers fabriquant des chausses, vêtements qui enveloppaient les jambes et représentaient ce que l'on nomme aujourd'hui bas et culottes ou caleçons. La partie inférieure s'appelait bas de chausses, et la supérieure haut de chausses. Ces deux parties varièrent souvent de grandeur et de forme. Dans tous les cas, au lieu d'être en mailles, comme maintenant nos bas, elles étaient alors confectionnées entièrement en serge, en toile, en feutre, en soie, en drap, en laine, etc. Toutefois, il était interdit aux simples chaussetiers, du moins à Chambéry, de faire des habits de drap fin, et même de drap grossier du pays.

livres payées à chacun des jurés, s'élevait à dix livres, s'il était du pays, et seulement à une livre de cire ou à sa valeur vénale, s'il était fils de maître. Celui qui réunissait, dans sa profession, le travail pour les femmes au travail pour les hommes, payait le double des sommes précédentes.

Le maître était responsable des gens de sa famille, de son compagnon et de son apprenti.

Tout tailleur qui gâtait l'étoffe qui lui avait été confiée, ou qui manquait la taille d'un vêtement, était tenu à des dommages-intérêts envers le client. Les jurés, juges du différend, tout en condamnant le malhabile à refaire l'habit ou à payer sa valeur, lui infligeaient ensuite une amende du quart de celle-ci en faveur de la confrérie. Une telle sentence entraînait de droit la suspension de tout exercice de la profession, jusqu'à ce qu'elle fut entièrement purgée. Bien plus, celui qui était convaincu trois fois d'une pareille faute ne pouvait plus pratiquer son art comme maître, ni dans la ville, ni dans ses faubourgs, sous peine de cinquante livres d'amende pour chaque contravention.

Toute plainte par un client, contre un tailleur, devait être présentée dans les cinq jours qui suivaient la remise des habillements, si l'inculpé habitait la ville, et dans les huit jours, s'il était étranger. Passé ce délai, elle n'était plus recevable.

Il était même infligé une correction à celui qui aurait exigé plus d'étoffe qu'il n'en fallait pour un vêtement, ou qui, chargé lui-même de choisir cette étoffe, l'aurait prise de qualité inférieure, sans en avoir averti le client. Dans le premier cas, le contrevenant devait payer tout à la fois, et la valeur de ce qu'il avait pris de trop à la personne lésée, et une amende d'égale somme à la confrérie. Dans le second cas, il gardait à sa charge le prix de l'étoffe. Le litige était aussi porté devant les jurés et réglé par eux.

Tout tailleur qui, sans un empêchement légitime et dûment justifié, n'avait point remis, dans le délai convenu, l'habit qu'il s'était engagé à faire, était passible de cinq livres d'amende, en outre des dommages-intérêts que pourrait lui réclamer la partie frustrée.

Le *sarron*[1], ou autrement dit le compagnon, qui avait commencé à travailler chez un maître, après s'être engagé pour un temps déterminé, ne pouvait se retirer avant l'expiration de ce terme. Dans le cas où il n'y aurait aucun engagement semblable, il était néanmoins tenu de prévenir de son départ, au moins huit jours à l'avance. A défaut d'un tel avertissement, aucun patron ne pouvait le recevoir à son arrivée, sous peine de vingt livres d'amende.

Tout apprenti, dans les quinze jours qui suivaient son entrée en apprentissage, devait, sous la responsabilité de son patron, se faire inscrire chez le prieur et payer une livre.

Enfin, il était dit, dans ce même règlement de 1726, que tous ceux qui, quinze jours après sa publication, exerceraient la profession de tailleurs, soit en boutique, soit en chambre, sans avoir reçu l'approbation, juré d'observer les statuts et fourni une caution, payeraient vingt livres, pour être employées, ainsi que les autres amendes de l'année, tant aux réparations de la chapelle qu'à la célébration des offices religieux de la confrérie[2].

Cependant, malgré la netteté et la rigueur de toutes les prescriptions qu'on vient de lire, il ne manqua pas de s'élever de temps à autre, dans la société, des contestations au

---

[1] Locution locale.
[2] *Archives municipales de Chambéry*, n° 988.

sujet de quelques-unes d'entre elles. Par exemple, le 6 juillet d'une année dont le millésime a disparu dans le document original, par suite de l'usure du papier, mais qui n'exprime pas assurément une date antérieure à **1726**, les maîtres tailleurs adressèrent au roi de Sardaigne une supplique pour se plaindre d'un nommé Broissan qui, à son métier de chaussetier, avait joint indûment celui de tailleur d'habits.

La peinture qu'ils commencent à faire de cet artisan n'est pas flatteuse. C'est un homme, disent-ils, « qui n'a jamais travaillé de la profession de tailleur, ni fait apprentissage, et qui est notoirement reconnu pour savoir à peine enfiler une aiguille. » Après cela, comme l'accusé prétendait avoir le droit, sinon de confectionner des habits de drap fin, au moins de faire des habits de drap grossier ou drap du pays, ils répondent que jamais, à Chambéry, cette distinction n'a été faite, et que de tout temps les tailleurs proprement dits ont eu le monopole exclusif de ces deux sortes de travaux.

La conclusion des suppliants est que, pour éviter à l'avenir toute fausse interprétation du règlement, il plaise à Sa Majesté d'approuver les deux articles suivants à insérer, l'un après l'article dixième, et l'autre après l'article douzième de ce même règlement :

« Art. 11. — Nul ne pourra être admis à l'examen dans la ville et les franchises de Chambéry, qu'il ne conste, par l'exhibition de son contrat ou d'une autre manière légitime, d'avoir fait trois années d'apprentissage chez un maître, et qu'il n'en rapporte les contentes.

« Art. 13. — Il est inhibé à tous ceux qui ne sont pas reçus maîtres tailleurs et chaussetiers de fabriquer, vendre, exposer en vente des habits, surtouts, pelisses et autres vêtements neufs, sous peine de confiscation et de trente livres d'amende applicables, un tiers à la caisse du consulat, un tiers à la boîte de la confrérie des maîtres tailleurs, et un tiers au dénonciateur [1]. »

Tels sont les grands traits de l'existence de cette corporation, pendant deux cent vingt-trois ans, depuis 1569 jusqu'en 1792, où la Révolution importée de France vint proclamer sa dissolution et s'emparer de ses revenus [2].

Néanmoins, treize ans après ce terrible orage, qui sema tant de ruines sur notre pays, l'ancienne société des tailleurs de Chambéry entreprit de rejeter la pierre du tombeau dont on l'avait recouverte et de reprendre sa vie au soleil. Le 18 août 1805, les maîtres de cette profession se réunirent chez l'un d'eux et élaborèrent un nouveau règlement, où se remarque encore le même esprit religieux des temps passés, mais où certaines dispositions se ressentent aussi d'un esprit nouveau.

Le métier, est-il dit, sera libre désormais. Chacun pourra s'établir maître à sa volonté, sans caution comme sans examen et sans approbation. De même, tout patron pourra avoir le nombre d'ouvriers et d'apprentis qu'il lui plaira, convenir amiablement du salaire avec les premiers et des conditions d'apprentissage avec les seconds.

[1] *Archives départementales de la Savoie,* série C, n° 718.

[2] Outre le produit annuel des cotisations des membres et des amendes, la corporation avait, entre autres, par obligation de 1733, André Marquet notaire, sur Pierre Beyvin, de Raget, une créance de 129 l. 18 s. 9 d., qui, en 1756, sous Etienne Beyvin, fils du précédent, s'était élevée au capital de 200 l. 9. d. (*Archives,* A. PERRIN.)

La fête patronale de la corporation restera la même qu'autrefois, et sera célébrée solennellement, le 15 août, dans l'une des églises paroissiales de la ville, suivant l'ancienne coutume, par une procession et par une grand'messe à diacre et sous-diacre. Le lendemain, il sera également chanté une messe de *Requiem* pour le repos de l'âme des membres défunts.

La société sera présidée par un prieur et un sous-prieur. Ce dernier, nommé chaque année à l'élection, succédera de plein droit au prieur, dont la charge sera aussi annuelle. La veuve d'un maître tailleur pourra elle-même présider la corporation. La femme d'un prieur portera le nom de prieure. Dans le cas où le chef de l'association, homme ou femme, ne serait pas marié, il sera tenu de se choisir un prieur ou une prieure parmi les membres de la Société.

Le prieur ou la prieure, conjointement avec le sous-prieur, devra faire parer l'autel où sera solennisée la fête de l'Assomption, recueillir chaque année auprès des tailleurs et des tailleuses les rétributions et les offrandes nécessaires pour cette ornementation, et rendre, le premier dimanche qui suivra le 15 août, compte de toutes les recettes et dépenses de l'année.

D'ailleurs, quatre conseillers experts, nommés aussi à l'élection pour quatre ans, seront adjoints aux prieurs et aux sous-prieurs, afin de mieux assurer les intérêts de la confrérie. Leur signature sera nécessaire pour rendre valable toute délibération et tout acte de la corporation. Ils devront spécialement, en outre, visiter les confrères malades.

Lorsqu'un des sociétaires de l'un ou de l'autre sexe sera décédé, tous les autres seront rigoureusement tenus d'assister à sa sépulture. Quatre d'entre eux serviront de porteurs de la maison mortuaire au lieu d'inhumation.

Chaque année, le jour du rendement de compte des recettes et des dépenses de la confrérie par le prieur, il y aura un banquet à frais communs entre les confrères, auquel chacun pourra amener sa femme ou une personne du sexe jouissant de son estime.

La corporation avait pris pour devise : *Adhùc stat lux.*

En cette année 1805, le chef élu fut une dame veuve Rebotton, qui choisit de son côté, pour son prieur, son fils François Rebotton. Après lui se rangeaient le sous-prieur Philibert Guiguet, les conseillers experts Joseph Burdet, George Vernaz, Jean-Jacques Geniaz, Hyacinthe Perrin, le clerc Étienne Labouret dit Clermont. Le nombre des autres membres se composait alors de dix, et, de l'année 1806 à 1846, il s'éleva à environ cinquante-six.

*
* *

A cette dernière date, la confrérie subit une nouvelle éclipse et ne s'affirma guère d'une manière marquante qu'en 1871, où, après une tentative de reconstitution restée infructueuse en 1869, elle se convertit purement et simplement en une société de secours mutuels. Les statuts de la nouvelle association furent approuvés par le préfet de la Savoie, le 20 janvier 1872. Ses chefs furent Philibert Hortoland, président, Antoine Brison, vice-président, Jean Curtet, secrétaire, Marie Bessolaz, secrétaire-adjoint, Claude Menoud, Jean Mantel, Jean Ambrois, commissaires de sections.

En dehors de ces officiers, la société comprenait vingt-huit membres : Cavallero père. — Auguste Ferrier. — Viviand dit Neuville. — Benoît Besson. — Charles Madelon. — Pierre Mennetan. — Angèle Gavioli. — Jacques

Kuntz. — Claude George. — Pierre Blondin. — Dionnet.
— Pierre Carron. — Joseph Aval. — Antoine Perrier. —
François Dejay. — Louis Bauer. — Félix Cavallero. —
— Joseph Cavallero. — Barbier. — Caviglia. — Palatier.
— François Trouillet. — Barberis. — Gressaud. — Mathil.
— Corneglia. — Fleuret. — Jean Catelin.

Mais cet essai de restauration n'eut qu'un succès éphémère, et une nouvelle désagrégation, qui n'a point encore été réparée, s'ensuivit bientôt.

Aujourd'hui, le nombre des chefs d'atelier, qui se livrent individuellement au travail des vêtements, est de soixante-quinze, dont je crois utile de citer ici les noms dans l'intérêt de l'histoire future :

Tailleurs.

Barberis, place Saint-Léger. — Bauer, place Saint-Léger. — Beauregard, place Saint-Léger. — Bessolaz, faubourg Montmélian. — Bibolet, rue Basse-du-Château. — Blanc, rue Saint-Antoine. — Brison, place Saint-Léger. — Casto, place Saint-Léger. — Catelin, faubourg Montmélian. — Cavallero, rue de Boigne. — Chavasse, rue de Boigne. — Choulet, place Saint-Léger. — Corbet, faubourg Maché. — Cuidet, place de l'Hôtel-de-Ville. — Delorme, rue de Boigne. — Déjay, rue Croix-d'Or. — Fenestraz, faubourg Reclus. — Ferrier, place Saint-Léger. — Hortoland, rue Favre. — Liennard, place de l'Hôtel-de-Ville. — Martinet, rue d'Italie. — Mathil, place Saint-Léger. — Mennetan, place Maché. — Perrier, Boulevards. — Roulet,

Boulevards. — Savoye, rue de Boigne. — Tardy, place de l'Hôtel-de-Ville. — Vachez, place de l'Hôtel-de-Ville.

Couturières.

Mlle Astesan, rue du Verger. — Mlle Avril, rue Sommeiller. — Mme Babet, rue Saint-Antoine. — Mlle Barbesino, rue de la Trésorerie. — Mme Barrier, place Saint-Léger. — Mme Bernard, rue d'Italie. — Mme Bollon, place Saint-Léger. Mlles Bunélion, rue Freizier. — Mlle Cavallero, rue de Boigne. — Mlle Chabert, rue de la Trésorerie. — Mlle Cas, rue du Théâtre. — Mme Chambon, rue Croix-d'Or. — Mlle Dagand, place Saint-Léger. — Mlle Dévieux, rue de Boigne. — Mme Dumaz, place Saint-Léger. — Mme Gualino, rue de la République. — Mlle Héritier, rue de Boigne. — Mlle Labey, rue Croix-d'Or. — Mlle Martin, rue Saint-Antoine. — Mme Mathiez, rue Favre. — Mme Mermet, rue Dessaix. — Mme Mermet, rue Croix-d'Or. — Mme Mistelli, place Saint-Léger. — Mme Mollard, place Saint-Léger. — Mme Million, rue Croix-d'Or. — Mme Nouvellement, Portiques. — Mme Perret, rue Favre. — Mme Barral, place Saint-Léger. — Mlle Piccot, place Saint-Léger. — Mme Pirenet, rue de Lans. — Mme Pollingue, rue Juiverie. — Mlle Rey, rue Saint-Antoine. — Mme Richard, avenue du Champ-de-Mars. — Mme Roche, rue Juiverie. — Mme Rolland, place Saint-Léger. — Mme Rouiller, faubourg Montmélian. — Mme Trouillet, rue Berthollet. — Mme Vallin, Portiques.

Lingères et modistes.

Mlles Avenier, rue Juiverie. — Mme Bassat, Portiques. — Mme Brandardi, faubourg Reclus. — Mme Bresse, Portiques.

— Mme Christin, rue Croix-d'Or. — Mme Claveau, place du Marché-Couvert. — Mlle Favre, place Saint-Léger. — Mlle Gagnère, rue Saint-Antoine. — Mme Gallet, rue Croix-d'Or. — Mme Girod, rue d'Italie. — Mme Hesse, rue de Boigne. — Mme Marmonier, rue Juiverie. — Mlle Million, Préfecture. — Mlle Mongenet, rue d'Italie. — Mlle Chollat, rue Juiverie. — Mme Péronnet, rue Berthollet. — Mme Perret, place de l'Hôtel-de-Ville. — Mlles Perrot, rue Saint-Réal. — Mme Riader, place Saint-Léger. — Mlle Salomon, rue de Boigne. — Mlle Sigaud, Portiques. — Mlle Trenca, rue Croix-d'Or. — Mlle Velluz, rue Croix-d'Or.

II

DOCUMENTS

On n'est plus au temps où l'histoire n'était autre qu'un récit écrit avec plus ou moins de talent, avec plus ou moins de sincérité, et accepté sans contrôle. D'un côté, l'historien, pour mettre sa véracité à l'abri de tout soupçon d'erreur ou de partialité, s'applique aujourd'hui à mettre en regard de ses paroles les documents où sont contenus les faits qu'il rapporte ; d'un autre côté, le lecteur veut avoir la satisfaction de connaître, avec toutes leurs circonstances, et de juger, sur leur forme originale, ces mêmes faits. Cette méthode d'apprendre soi-même et de faire connaître aux autres les institutions et les événements des temps passés est la meilleure et celle qui ne laisse plus de porte ouverte à la duperie des méchants et à la crédulité des simples. C'est aussi celle que j'ai adoptée dans cet aperçu de la corporation des tailleurs, comme celle qui sera suivie pour les autres sociétés dont j'ai à parler.

*
* *

Patentes de maistre et surintendant des tailleurs de Savoie de Jean Janin, de Chambéry.

Emmanuel Philibert par la grâce de Dieu duc de Savoye, prince de Piedmont, à tous ceux qui ces présentes verront salut.

Comme, tant pour la malice que défaut de prieurs, de plusieurs tailleurs et confrairies de notre ville de Chambéry, sont commis journellement abus et malversations, au grand préjudice et dommaige du public, pour à quoi obvier et remédier cy après, Nous a semblé bon y pourvoir par provision et constituer personnage suffisant et cappable, en tittre de maistre et surintendant dudict métier de tailleur et confrairie, aux fins d'avoir socil et soing de réformer tels abus et reléguer les compagnons dudict métier qu'il cognoistra pas estre cappables, le tout en attendant que, après une réformation par quatre de maistres jurés, Nous y ayons aultrement ordonné,

Sçavoir faisons que, Nous confiant en la personne de Pierre Janin, tailleur et natif de nostre ville de Chambéry, pour le bon et louable rapport, qui faict Nous en a esté, et de ses forces, suffisance, loyauté, prudhomie, expérience et bonne diligence, iceluy, pour ces causes consultées, à ce Nous mouvant, avons créé, constitué et estably, créons, constituons et establissons, par esdites présentes, maistre surintendant dudict métier de tailleur, cousturier, et réformateur des abus qui se commettent en icelluy dans nostre ville de Chambéry, et, pour les office et surintendance, créons aux honneurs, autorités, prérogatives, prééminence, libertés et droicts accoustumés et qui y appartiennent, et pour avoir force et superintendance de réformer ceulx qui commettent abus et fraudes audit métier de tailleur, et de réléguer ceulx qu'il cognoistra n'estre suffisants de telle charge, à la charge toutefois qu'il ne s'y commette aucun abus, et le tout par provision comme dessus et jusques à ce que, après une réformation générale des maistres jurés, aultrement y soit esté par Nous prononcé,

Mandons, commandons et enjoignons à tous les maistres tailleurs et compagnons dudit métier, que Pierre Janin le recognaissent pour maistre, superintendant et réformateur des abus, et luy, ces choses touchant et concernant ladite charge et superintendance, obeissent et entendent diligemment, car tel est nostre vouloir.

En témoignage de quoy, nous avons signé ces présentes de nostre main et sceller faict icelles de nostre scel accoustumé. Donné à Chambery le vingtième octobre mil cinq cent soixante neuf. — Signé E. PHRT. — MILLIET[1].

Ordonnance de Me Pierre Janin, surintendant
des tailleurs de Chambéry.

Me Pierre Janin, maistre tailleur et superintendant audit art, remonstre qu'il lui est venu à notice que plusieurs, s'entremettant dudit art et profession, commettent infinité d'abus, malversations, et indeues exactions, au préjudice du public et de la charge et aucthorité audict Janin octroyées, en l'assistance de Jean Claude Le More, aussy tail-

---

[1] *Archives du Sénat*, vol. XIX *bis*, fol. 9, 1579.

leur, nommé et convenu par les aultres tailleurs et couturiers, suyvant l'arrest du dernier aoùt 1570 et estat par les sieurs scindiques de la présente ville, notamment ès poincts et choses cy après déclarées :

En premier lieu, aulcungs s'entremettent de leurs boutique et font profession dudict art sans licence et congé dudict Janin, maistre tailleur, et dudit More, son assistant, auxquels préalablement ils se doibvent addresser pour estre créés et pour cognoistre de leur cappacité à la forme de ses lettres et du présent arrest, de quoy s'ensuyvent plusieurs inconvénients ; car aulcungs, par ignorance dudict art et pour ne l'avoir bien appris, gastent l'étoffe des accoustrements, et aultres qui sont forains et incogneus, soubs pretexte de telle licence qu'ils s'attribuent de leur propre authorité, font amas d'accoustrements, et en après remuent mesnage, vendent, engagent et empochent, ce qui est digne d'animadversation et correction pour obvier audicts abus et inconvénients.

Aulcungs aussy, en plus grande fraulde de l'authorité et pouvoir concédés audict Janin par Son Altesse, travaillent secrettement en chambre, sans estre receus, ny avoir faict essays et chefs d'œuvre pour estre passés maistres audict art comme dessus, et par le moyen de quoy, ledit maistre tailleur, sondict assistant et aultres, qui sont cappables et receus, deviendront inutiles de leurdit art et profession, et d'ailleurs le public y est grandement intéressé pour les causes sus-dites.

Il y a encore à considérer que, si tels apprentis non receus sont recogneus en leur faulte et qu'ils ayent commis quelque fraulde et larcin, ou autre acte illicite, craignant d'en estre punis et corrigés, ils tachent entre eulx de se prester la main et se supporter en leurs faultes pour les couvrir, tellement que l'apprenti cognoit des faultes de l'aultre et les aultres aussy, sans le congé dudit Janin et de sondit assistant, s'entremettent de visiter les acoustrements, au préjudice des pouvoir et authorité octroyés à icelluy Janin et de l'arrest sur ce ensuivy, et, oultre ce, font plusieurs indeues actions.

De quoy advertys lesdicts Janin et assistant, et afin qu'il ne semblast de convenir avec eulx pour le debvoir de sa charge, suyvant les lettres de premission qu'il a sur ce obtenues de Son Altesse et enterinées par le Sénat, il est pourveu par requeste, le huitiesme aoust dernier, par laquelle il a remonstré sommayrement ce que dessus, et a esté dit quelle sera monstrée à monsieur le procureur général.

Je concluds donques, suyvant les fins de ladite requeste, et, ce faisant, pour obvier aux abus, fraudes et malversations qui se commettent, à faulte de tenir main et regarder sur les cas susdits, il soyt inhibé à toutes personnes vollant faire profession dudit art, de lever boutique sans le congé et licence dudict Janin, comme superintendant, et dudict Claude Le More, tallieur, esleu et nommé pour cognoistre de la cappacité, preudhomie et suffisance de telle personne.

Semblablement inhibé à tous n'estans receus pour maistres dudict art de travailler en lieux secrets, sans advis de maistre cogneu, par le commandement et sallaire duquel ils travaillent.

En outre, inhibé de s'entremettre de faire aulcune visitation de besogne dudit art et pour rayson de laquelle y aura peine pour le dol, fraude et malversation qui y peuvent estre commis, attendu que telle visitation et cognoissance appartient directement audit maistre Pierre Janin, surintendant, en l'assistance dudit Jean-Claude Le More, à la forme de ses lettres et arrest d'intherinement d'icelles.

Et que lesdites inhibitions seront publiées, à son de trompe, par les carreffours de ceste ville et aultres lieux en dépendans, afin que nul n'en prétende cause d'ignorance en après, qu'il sera par ledit Janin superintendant procédé a sommayre apprise et inquisition contre ceulx qui se treuveront avoyr contrevenu auxdites inhibitions, et pour, sur le proces verbal qui en sera faict et rapporté par ledit Janin, en l'assistance dudit Jean-Claude Le More, et aultres qu'il pourra appeler, estre prononcé comme de rayson. — Signé DUROBIN, procureur.

Veu les lettres de maistrise obtenues par maistre Pierre Janin, suppléant, — l'arrest du Sénat par lequel est dict que ledict Janin jouyr de sadite maistrise et fère tout acte d'icelle à l'assistance d'ung qui sera choisy et nommé par les aultres tallieurs et cousturiers, en la présence des scindiques de la présente ville, — la nomination et eslection dudict assistant, faicte comme dessus, de la personne de maistre Claude Le More, — les capitulations, les règlements nommés en advant que Pierre Janin et More assistant, contenus au placet sus escript sommayrement par maistre Pierre Janin et Durobin le procureur général, informé des grands abbus, fraudes et tromperies que commettent plusieurs des cousturiers nouveaulx, ignares et mal aprins au mestier, et par lesquels plusieurs accoustrements de gens de bien sont mal faicts et gastés, puys s'absentent et se retirent hors de ce pays, au grand dommage et perte de ceulx qui ont à faire avec eulx, dict qu'il n'empesche que ledit Janin procède à la correction, représentation et chastiment desdits abbus, et aultres fins contenues audict plaid, fasse ses inhibitions et deffenses y contenues, en l'assistance toutesfoys dudict Mouroz et, où il escherroit cognoissance de coust, que les parties soient renvoyées par devant le juge mage de Savoye, pour régler

les parties sommairement sur les différentes oppositions,
ou appellations, qui pourroient rehussir, et donner main
forte stricte d'après règlements. Faict à Chambéry le 4
février 1578 [1].

*Teneur de lettres patentes de maître surintendant
des tailleurs en faveur de François Cartier.*

Victor Amé par la grace de Dieu, duc de Savoye, Chablais, Aouste et Genevois, prince de Piémond, etc.

Estant nécessaire de pourvoir à la charge de maistre
juré et intendant sur les tailleurs d'habits, en nostre ville
de Chambéry, vaquante long temps y a par le déceds de
feu maistre Blaise Pontelly, et de la commettre à personne
qui sache congnoistre les manquements, et intelligences de
ceulx qui veulent entreprendre ledit art, pour éviter les
abbus et corriger les fautes d'où ils procèdent principalement, bien informé que maistre François Cartier, à l'imitation de feu son père et de ses frères, mesme de celluy qui
sert à Madame, est fort expérimenté audit art, et que nous
ne pourrions faire meilleure ellection pour la charge susdite,

A ceste cause, Nous avons icelluy, maistre François Cartier, constitué et depputé, et, par ces présentes, de nostre
certaine science, pleine puissance souveraine, et pour l'advis de nostre Conseil, constituons et députons maitre juré et
intendant en l'art des tailleurs d'habits en nostre ville de
Chambéry, avec auctorité de congnoistre sur la capacité de
ceulx quy voudront entreprendre ledit art, sur les différends
qui pouroient arriver entre lesdicts tailleurs, et entre iceulx

<hr>

[1] *Archives du Sénat,* vol. XIX *bis,* fol. 9, 1579.

et particuliers, et ordonner sur les abbus et manquemans quy seront commis, et à la satisfaction des intéressés, par l'advis des plus intelligens dudit art, tant ainsy que faisoit ledit Pontelly, et aux autres honneurs, auctorités, prérogatives, privilèges, droicts et advantages, qui en dépendent et dont jouissoit son prédécesseur, à la charge qu'il prestera le serment en tel cas accoustumé.

Si donnons en mandement à nos très chers biens amés et féaulx Conseillers, les gens tenants nostre Sénat en Savoye, et tous autres nos Magistrats, Ministres, Officiers, Vassaulx et Juges qu'il appartiendra, d'observer les présentes et estimer, tenir et réputer ledit maistre François Cartier pour maistre juré et intendant comme dessus, le faisant et laissant user lesdits honneurs, auctoritez, prérogatives, prééminences, privilèges, advantages et droicts susdicts, sans difficulté. Car ainsy nous plaist.

Donné à Quérasque, ce 20 juillet 1631. — Signé V. Amédée [1].

Lettres de jussion du duc Victor-Amédée Ier au Sénat de Savoie pour l'entérinement des lettres-patentes en faveur du maître surintendant des tailleurs, François Cartier.

Victor Amé par la grâce de Dieu duc de Savoye, Chablais, Aouste, Genevois, prince de Piedmond,

A nos très chers bien aimez et féaulx Conseillers, les gens tenans nostre Sénat audit Savoye, salut.

Receu avons l'humble supplication de maistre François

---

[1] *Archives des tailleurs* (Livre des marchands tailleurs de Chambéry).

Cartier contenant qu'il auroit obtenu de nos Lettres cy attachées, soubs le contrescel de nostre Chancellerie, lesquelles il n'auroit peu présenter et poursuivre l'homologation, entérinement et vériffication, dans le temps à ce faire préfix, pour plusieurs empeschemans à luy survenus, ce qu'à present il désireroit faire. Mais, d'autant que ne les vous ayant présentées dans le temps à ce introduict par le stil, vous ne fassiez difficulté de passer oultre à la vérification et entérinement d'icelles, il désireroit, sur ce, luy estre pourveu de remède convenable, humblement requérant iceluy,

Pour ce est il que Nous, ces choses considérées, désirant subvenir à nos subjects selon l'exigence des cas, Nous mandons et ordonnons par ces présentes qu'ayez à procedder à l'entérinement et vériffication desdictes lettres, selon leur forme et teneur, nonobstant qu'il ne les aye présentées dans le temps ; que ne luy voulons nuire ny préjudicier en aucune manière que ce soit, ains en tant que de ce soin l'en avons relevé et relevons par ces présentes de nostre grâce spécialle, pleine puissance et auctorité souveraine, stil, rigueurs de droit et autres choses à ce contraires nonobstant.

Donné à Chambéry le premier de juin mil six cens trente trois. — Signé par le conseiller Perrin. Scellée [1].

Statuts de la Confrérie des tailleurs.

AU NOM DE DIEU soit notoire et à chacun manifeste que l'an prins à la nativité de Nostre Seigneur Jésus Christ

---

[1] *Archives des tailleurs* (Livre des marchands tailleurs de Chambéry).

courant mil cinq cent nonante quatre, et le mardy seiziesme jour du mois d'aoust, lendemain du jour et feste de l'Asumption de Nostre Dame, dans l'église paroissiale de Sainct Légier, à Chambéry, au devant la chapelle sous le vocable de l'Asumption Nostre Dame, après la célébration de la messe et autres divins services accoutumés faire par semblable jour que ce jourdhui, en ladicte chapelle à l'honneur de Dieu et de la glorieure Vierge Marie, sa mère, et prière pour les deffuncts tailleurs et autres confrères trespassez, à ce assemblez en la manière accoutumée, se sont comparus et présentés pardevant moy, notaire et commissaire ducal audict Chambéry soubsigné, et en présence des tesmoings soubsnommés :

Honorable Blaise Pontelly, maistre juré et superintendant en l'art des tailleurs d'habits, esleu pour Son Altesse en ce pays de Savoye, et bourgeois dudict Chambéry, honorable Hugues Moncellin, Pierre Dagand, modernes prieurs, André Cartier, Anthoine Brun dit Tallabard, Anthoine Blanchet, Jehan Cornus, Gabriel Palatin, Humbert et Loys Baston, frères, Jehan Treyssard, François Gevaud, Henry Rivollier, Claude Cappitan, Mauris Blardet, Claude Pointet, Jehan Michellier, Blais Dagand et Laurent Coppier, tous tailleurs et confrères de la confrérie accoustumée estre s'observer en l'honneur de la glorieuse Vierge Marie, audict Chambéry, ledict jour de l'Asumption,

Lesquels de leurs bon grez et franche volonté, pour eux et les leurs audict art de tailleur et confrairie susnommés, tant en leurs noms propres que des autres tailleurs et confrères, pour lesquels ils se sont faict fortz, affirmant estre les deux tiers, voire plus des trois faisant le tout, ayant au préalable chacun d'eux donné sa voix et conféré ensemble, et, suyvant ce, nommé et esleu pour nouveaux prieurs,

ainsy que de tout temps immémorial a esté observé, sçavoir :
ledict hon. Lois Baston, premier, et ledict Jehan Michellier,
second, aux charges et honneurs accoustumés et qu'appartiennent à tel office de prieur en ladicte confrairie, et, en
signe de vraie élection et nomination, leur avoir esté ravisé
par lesdicts Moncellin et Dagand, cy devant prieurs, les
charges accoustumées, portées pour marques de prieur,
qu'iceulx Loys Baston et Michellier, prieurs nommés comme
dit estre, auroient acceptées, avec promesses de rendre
leur devoir, selon leur possibilité, audict office, suyvant ce
qu'ils se trouveront estre tenus, tant d'ancienne coustume
qu'institution de ladicte confrairie,

Ont iceux maistres jurés, prieurs jadis et modernes, et
autres tailleurs et confrères susdicts, tous d'un commun
accord et tant à leurs noms que des autres leurs confrères
tailleurs, dit, transigé et accordé pour l'entretien et colla-
boration, tant de la sainte messe qu'autres services, en
ladicte église Sainct Légier et chapelle de Nostre Dame, ce
que cy après s'ensuit :

En premier lieu, que dès à présent et par après se continuera, chacune année et d'année en année à perpétuité,
semblable eslection de nouveaux prieurs en ladicte église
Sainct Légier, apprès la messe dicte et autres divins saincts
offices célébrés audevant ladicte chapelle Nostre Dame,
sçavoir, le jour de dimanche préceddant ladicte feste de
l'Asumption de Nostre Dame, sans attendre le jour de
ladicte feste, ny lendemain, afin que les prieurs modernes
sachent à qui mettre le crochon du pain bénist, que se fera
ledit jour de Nostre Dame, et tous ensemble, tant modernes
que nommés, ayant moyen et donnant ordre chacun pour
son regard à ce qui sera de leur devoir.

Item, aussy que dès à présent et à perpétuité, chaque

année, à tel jour et feste de l'Assumption de Nostre Dame, quinzieme du mois d'aoust, se fera faire un presche ou sermon de la parolle de Dieu en ladicte église Sainct Légier, et après ledict sermon, la procession accoustumée faicte, sera célébré et dit audevant de ladite chapelle la saincte messe à diacre soubsdiacre, laquelle messe à respondre en musique ; auquel presche, comme aussi à ladicte procession et célébration de ladicte messe, assisteront lesdicts maistres jurés, prieurs et autres confrères et tailleurs, quy y pourront assister,

Lequel jour, sera faict par lesdicts prieurs susnommés et esleus, et autres qui seront cy apres esleus après eulx, un beau pain bénit et charité, auquel y aura la farine de demy veissel de beau froment, à la mesure de cette ville plus ou moins, ainsy que leur bon plaisir et possibilité sera ; lequel pain bénist sera porté à offrir à ladicte procession et pendant la célébration de ladicte messe, et, en apprès, distribué aux assistans audict divin office en ladicte église, comme jà cy devant il a esté de bonne coustume faict,

Et sera donné en aumosne, pour l'honneur de Dieu, aux pauvres, ledict jour et feste de Nostre Dame, au mois d'aoust par lesdicts prieurs et autres quy seront suyvament nommés après eux, sçavoir : en pain, la quantité ou valleur d'autre demy veissel de pur froment, mesure susdite, plus ou moins aussi selon leur bon plaisir et volonté ou possible,

Et en outre, seront tenus lesdicts prieurs susnommés et autres advenir de prendre garde, ledit jour et feste de Nostre Dame, quinziesme jour du mois d'aoust, s'il y aura d'huille à la lampe accoustumée estre ardante devant l'ymage de la glorieuse Vierge Marie, en ladicte chapelle, et où il n'y en aura, sera tenu celuy quy offrira le pain, achepter, ledit jour, d'en mettre et la remplir. Quoy faict, sera tenu ledit Sr Recteur à ladicte chappelle, et, de ce il le pourra s'en prendre garde, afin qu'il ne s'espande ou respande, comme aussy se continuera, en ladite chappelle, la célébration de la sainte messe, laquelle aussy se dira à diacre et soubsdiacre, avec les *Exaudi* et autres divins services, le lendemain de ladicte feste Nostre Dame, semblable jour que ce jourdhui, et, laquelle messe et autres divins services, assisteront lesdicts maistres jurés, prieurs et autres confréres tailleurs, afin de prier Dieu pour l'âme des trépassés tailleurs, leurs confrères.

Item, qu'en ensuivant ces bonnes et louables coustumes, observées cy devant en ladite confrairie, sera dicte et célébrée, en ladicte chapelle de Nostre Dame, par messire Facioz Cappitan, prebtre, à present recteur d'icelle, de quoy lesdicts maistres jurés, prieurs et autres tailleurs confrères susnommés, le prebtre et ses successeurs, recteurs de ladicte chapelle, s'engagent, une petite messe, tous les dimanches à perpetuité, à la celebration de laquelle assisteront lesdicts maistres jurés, prieurs et autres tailleurs et confrères, qui y pourront assister, et se remettra ledict pain bénist qu'auroit esté anciennement accoutumé de faire, — lequel pain bénist s'offrira des à présent, de dimanche en dimanche, à ladicte messe, de ce sera de confrère en confrère, leur vie durant, et successivement par leurs successeurs confrères en ladicte confrairie.

Lequel tour de dimanche, sera tenu celuy qui offrira ledict pain benist fournir une chandelle ou deux de bonne cire et honnestes, pour le luminaire de ladicte messe, ou bien fournir ledict luminaire au bon plaisir et dévotion de celuy qui offrira ledict pain bénist, et selon le temps auquel ladicte messe se dira, sauf de la torche seulement qui s'al-

lume à la célébration du Sainct Sacrement de l'hostie Nostre
Seigneur Jesus Crist, laquelle torche se prendra des ordinaires de ladicte confrairie, pour la célébration de laquelle
grande messe et autre divin service qui se dira ledit jour
Nostre Dame du mois d'aoust, sera payé au sieur curé ou
vicaire de présent, et quy seront à l'advenir, par lesdicts
prieurs susnommés, et autres, leurs successeurs, annuellement et à tel jour de ladicte feste de Nostre Dame, six florins
monnoye de Savoye ; et pour la responce de ladicte messe
en musique, comme sus est dit, autres six florins monnoye
susdicte ; comme aussy payeront annuellement lesdicts
prieurs et leurs successeurs, ledict jour et feste de Nostre
Dame, ou le lendemain, audit messire Facioz Capitan, recteur susdict, et à ses successeurs recteurs, afin qu'il leur
plaise, et de ce, soient tenus de mieux en mieux rendre
leur devoir à la célébration desdictes messes et autres divins
services susdicts en ladicte chapelle, la somme de quinze
florins monnoye de Savoye.

Et c'est, outre tous autres droicts et revenus qui luy
appartiennent comme recteur susdict, et à sesdicts successeurs, et quy leur pourroient appartenir, suyvant et à la
forme, ou par vertu des tittres, contracts et documens passés
au proffit de ladicte chapelle et recteurs d'icelle, lesquels
tittres et contracts seront remis dès à présent audict messire
Facioz Capitan, à présent recteur susdict, en promettant,
avec caution suffisante, de s'en charger et de les représenter
toutes fois et quantes de ce il en sera requis, suivant l'inventaire et charge qu'en sera faicte en deue forme, afin de
les préserver et les pouvoir remettre, en après de luy, aux
autres ses successeurs recteurs, ou bien de les renover,
aussy que ce verra estre requis et nécessaire de faire.

Item a esté dit, promis, traité et accordé par lesdicts

maistres jurés, prieurs et autres tailleurs et confrères susdicts, pour eulx et leurs successeurs en ladicte confrairie,
qu'iceulx prieurs et autres leurs successeurs consécutivement seront tenus, d'année en année à perpétuité, surtout
dudict office de prieur, de représenter et remettre aux
prieurs, qui seront nommés à leurs places, trois torches
avec deux chandelles, le tout de cire blanche et honneste,
pour être préservées et entretenues pour le luminaire de
ladicte chapelle, ou autre service divin, qu'il conviendra
faire, ainsy quy sera veu et advisé, selon les occurances et
opportunités que ce trouvera estre, pour le service divin de
ladicte chappelle, avec compte et prestation du reliquat de
ce qu'ils se trouveront avoir exigé et fourny pendant le
temps qu'ils auront esté prieurs.

Et, afin que lesdicts prieurs présens et advenirs, ayent
moyen payer et fournir, et par conséquent rendre leur
devoir chacun d'eux, pendant leur temps, à faire célébrer
les messes et autres divins services et charges susdits, et
autres qui pourroient survenir, selon l'occurance et nécessité des temps, a esté dict et accordé et transigé par lesdits
maistres jurés, prieurs et confrères susdicts, pour eulx et
leurs successeurs en ladicte confrairie, que tous maistres et
chacun d'eux, soit tailleurs ou marchands, tenans boutique
en ceste ville et faulxbourgs d'icelle, seront tenus de payer,
chacune année, leur vie durant, aux sieurs prieurs et leurs
successeurs, sçavoir : un florin monnoye de Savoye, plus
ou moins selon leur pouvoir et bonne dévotion, ayant egard
que c'est pour l'entretien du service divin et l'honneur de
Dieu et de la glorieuse Vierge Marie, et afin de faire prier
Dieu pour les deffuncts trespassés tailleurs et confrères.

Item, que tous maistres tailleurs et chacun d'eux, qui
lèveront et entreront en boutique, soit en ceste ville, soit

aux faulxbourgs d'icelle, seront tenus de payer, pour une fois, en entrant, au commencement à tenir boutique, aux susdicts prieurs ou à leurs successeurs, la somme de deux escus d'or en or, ou la vraye valleur en bonne monnoye de Savoye, sauf toutes fois est reservé, en ce, les enfants des maistres, natifs de cette dicte ville et faulxbourgs d'icelle, lesquels, en ce, seront privilégiez, et donneront ce que bon leur semblera, selon leur pouvoir et bonne dévotion.

Item, que tous apprentis et chacun d'eulx, venants en apprentissage de l'art de tailleur, en ladicte ville et faulx-bourgs d'icelle, seront aussy tenus de payer à l'entrée de leur apprentissage, aussy pour une fois, auxdicts prieurs ou à leurs successeurs, la quantité d'une livre de cire bonne et pure, ou la vraye valleur, pour le payement de quoy seront responsables leurs maistres, sans aucune difficulté ; pour l'exaction desquelles choses seront tenus lesdicts prieurs et leurs successeurs porter la boite et faire la queste, comme cy devant il y a jà esté de bonne coustume faict.

Et finalement a esté dit, accordé et transigé que, pour obvier aux abbus quy se peuvent commettre par les tailleurs ignorans et ne sachant leur art, néanmoins tenans à se mettre en boutique comme maistres, sans licence et sans que l'on sache s'ils sont cappables pour faire tel mestier, que, dès à présent, il n'y aura tailleurs roulant leur bou-tique comme maistres, soit en cette dicte villè et faulxbourgs d'icelle, quy puissent entrer ou commencer à se dire mais-tres tailleurs en boutique, sans licence ou adveu, et par-conséquent s'estre au préalable présentés pour faire chef d'œuvre ou estre interrogés sur leur suffisance et capacité, dudict maistre juré, en assistance des autres prieurs et plus anciens maistres tailleurs, qui seront à ces fins appellez ou nommés, tant de la part dudict maistre juré, que dudit tailleur qui voudra lever boutique, sy bon luy semble.

Promettans le tout Blaise Pontelly, maistre juré, Loys Baston, Jehan Michellier, prieurs nommés, Hugues Moncellin, Pierre Dagand, cy devant prieurs, André Cartier, Anthoine Brun dit Tallabard, Anthoine Blanchet, Jehan Cornu, Gabriel Palatin, Humbert Baton, Jehan Treyssard, François Linnard, Henry Vuilliet, Claude Cappitan, Mauris Blardet, Claude Pointet, Blaise Dagay et Laurent Coppet, tous tailleurs et confrères susdicts, tant à leur nom que des autres tailleurs leurs confrères, et pour eulx et les leurs en ladite confrairie et successeurs, par leur serment par chacun d'eux ès mains de moy dict notaire presté, touchant les Ecristures, obligeans tous leurs biens, d'avoir à faire tenir fermes et stables les choses susdictes, ensemble tout le contenu en ce contract, sans y contrevenir, et, par ce, ont rénové à tous droicts et loix, par le moyen desquels ou desquelles ils pourroient, en manière que ce soit, aller ou venir au contraire des choses susdictes, mesme au droict disant la generalle renonciation non valleur, sy la spécialle ne procedde.

Faict et prononcé à Chambéry. Présens à ce ledict messire Facioz Cappitan, recteur susdict, messire Jehan Ballan, prebtre chanoine régulier au prioré Saint Joire, et honnorable Anthoine Bertet, clerc en ladite église Sainct Légier, tesmoings à ce requis et appellés. Signé enfin de la minutte de ce contract, Pontelly, maistre juré assistant, Brun dict Tallabard présent, Jehan Ballan présent, Capitan prebre présent, et moy Guillaume Rondet, notaire et commissaire ducal à Chambéry, qui a receu, prononcé et stipullé le contract susdit, et ce requis par lesdictes parties, et icelluy expédié pour lesdicts maistres jurés, prieurs et autres tailleurs et confrères et leurs successeurs en ladicte confrairie de l'Asumption de Nostre Dame susdicte, et, ce faisant, me suis icy soubscript et signé de mon seingt mannuel accoustumé.

En foy et tesmoignat de verité de ces choses y contenues, jaçoit d'autre main que la mienne il soit escrit. — Signé Rondet.

Le susdict contract et transaction a esté extraict de l'original expédié en faveur dudict honnorable Blaise Pontelly, maistre juré susdict; et pour avoir, les premiers cy devant esleus, perdu et égaré l'original à eulx expédié, ont requis à moy dict notaire ducal soubsigné, leur signer le présent pour leur servir en temps et lieu, ce que j'aurois faict après deue collation faicte à son dit original, qu'est demeuré entre les mains dudict honnorable Pontelly.

Fait à Chambéry, dans les cloistres Saint François. — Signé J. Jerugnier, notaire [1].

*Bulle d'Innocent X en faveur de la confrérie
des tailleurs de Chambéry.*

Innocentius PP. X

Ad perpetuam rei memoriam. Cum, sicut accepimus, in parochiali ecclesia Sancti Leodegarii oppidi Camberiensis, gratianopolitanæ diœcesis, una pia et devota utriusque sexus Christi fidelium confraternitas Beatæ Mariæ Virginis, non tamen pro hominibus unius specialis artis canonicè erecta, seu erigenda existit, cujus confratres et consorores

---

[1] *Archives des tailleurs* (Livre des marchands tailleurs de Chambéry).

quam plurima pietatis et charitatis opera exercere consueverunt, Nos, ut confraternitas predicta majora in dies suscipiat incrementa, de omnipotentis Dei misericordia, ac
Beatorum Petri et Pauli Apostolorum ejus auctoritate confisi, omnibus utriusque sexus Christi fidelibus, qui dictam
confraternitatem in posterum ingredientur, die prima eorum ingressus, si, verè pœnitentes et confessi, sanctissimum
Eucharistiæ sacramentum sumpserint, plenariam, necnon
tam descriptis quam pro tempore describendis in dicta con-
fraternitati confratribus et consororibus, in cujuslibet eorum mortis articulo, si verè pœnitentes et confessi et sacra
communione refecti, vel quatenus id facere nequiverint,
saltem contriti, nomen Jesu ore, si potuerint, sin minus
corde devotè invocaverint ;

Etiam plenariam aliam eisdem predesignatis in tempore
existentibus confratribus et consororibus verè quoque pœnitentibus et confessis ac sacra communione refectis, qui
predictæ confraternitatis ecclesiam vel capellam seu oratorium, die festo Assumptionis Beatæ Mariæ Virginis, usque
ad occasum solis festi, huc singulis annis devotè visitaverint
et ibi pro christianorum principum concordia, hæresum extirpatione, ac sanctæ matris Ecclesiæ exaltatione, pias ad
Deum preces effuderint ;

Plenariam similiter omnium peccatorum suorum indul-
gentiam et remissionem misericorditer in Domino concedi-
mus insuper eisdem verè pariter pœnitentibus et confessis
ac sacra communione refectis, qui præfatam ecclesiam vel
capellam seu oratorium in Conceptionis, Purificationis,
Annunciationis et Nativitatis ejusdem Beatæ Mariæ Virginis
festis diebus, ut predictum visitaverint et oraverint ;

Quo die predictorum id egerint, septem annos et totidem quadragenas ;

Quoties vero missis et aliis divinis officiis in dicta ecclesia vel capella seu oratorio pro tempore celebrandis et recitandis, aut congregationibus publicis vel privatis, ipsius confessis ubivis facientibus interfuerint, aut pauperes hospitio susceperint, vel pacem inter inimicos composuerint, aut componi fecerint vel procuraverint, ac etiam qui corpora defunctorum, tam confratrum et consororum hujusmodi quam aliorum, ad sepulturam associaverint, aut quascumque processiones de licentia ordinarii facientes, summumque Eucharistiæ sacramentum, tam in processionibus quàm cum ad infirmos ac alios quoscumque et quomodocumque, pro tempore, deferetur, comitati fuerint, aut si impediti, campane ad id signo dato, semel orationem dominicam et salutationem angelicam dixerint, aut etiam quinquies orationem ac salutationem easdem pro animabus defunctorum confratrum et consororum predictorum recitaverint, aut demum aliquem ad viam salutis reduxerint, et ignorantes præcepta Dei et ea quæ ad salutem sunt, docuerint, aut quodcumque aliud pietatis, vel charitatis opus exercuerint, toties pro quolibet prædictorum operum, sexaginta dies de injunctis eis, seu alias quomodolibet debitis pœnitentiis in forma Ecclesiæ consueta relaxamus, quibus perpetuis futuris temporibus valituris.

Volumus autem ut si alias dictis confratribus et consororibus, præmissa peragenda aliqua alia indulgentia, perpetuo vel ad tempus nondum elapsum duratura, concessa fuerit, præsentes nullæ sint; vel si prædicta confraternitas alicui archiconfraternitati aggregata jam sit, vel in posterum aggregetur, vel quavis alia ratione uniatur, seu etiam quomodolibet instituatur, priores et quævis aliæ litteræ apostolicæ illis nullatenus suffragentur, sed ex tunc eo ipso prorsùs nullæ sint. Datum Romæ apud Sanctum Petrum sub annulo Piscatoris, die XVI martii MDCXXXXVI, Pontificatus Nostri anno secundo. — M. A. Marataeus.

Permittitur et commendatur hujus perpetui indulti apostolici publicatio per totum Sabaudiæ decanatum, juxta suum tenorem et formam. Camberii, vigesima quarta junii anni millesimi sexcentesimi quadragesimi sexti. — Pillet, *offic.* [1]

****

Acte d'eslection faict par les tailleurs de Chambéry de quatre maistres jurés, 2 mai 1646.

A tous qu'il appartiendra certifie et rapporte, je Claude Vachier, notaire ducal, bourgeois de Chambéry, que ce jourdhui, second mai mil six cent quarante six, ont comparu pardevant moi notaire ducal de Chambéry soubsigné, dans ma banche, heure de midi, honorable Bartholomé Revel, maistre tailleur et procureur de la confrérie des tailleurs de la présente ville, lequel m'auroit exhibé une requeste par luy présentée au souverain Sénat de Savoye, le trentiesme avril dernier, année courante, portant qu'il pleut au Sénat authoriser :

Premièrement de s'assembler pour estre procedé à la nomination de quatre maistres jurés, par le décès de feu honorable François Quartier, vivant maistre tailleur près de la présente ville, offrir de lever quantité d'habutz qui se commettent, tant à la réception des tailleurs que pour les autres négoces et affaires de leur confrérie, laquelle requeste, ayant esté monstrée au seigneur procureur général, il aurait par ses conclusions noté au bas d'icelle, du second

---

[1] *Archives des tailleurs* (Parchemin).

courant mois de may, déclarer n'empêcher leur assemblée, laquelle aurait esté permise en suite de ces conclusions par décret du Sénat de ce jourdhui, signé Janus d'Oncieu, soubsigné Goddar, et auroit ledict Revel, en qualité susdicte, ensuite dudict décret, prié et requis pour les autres maistres tailleurs de la présente ville, nottamment les cy bas nommés de comparoir dans les cloistres Sainct François de la présente ville, aujourdhui heure susdite de midy, attendant eux pour procéder à la nomination, me requérant à ces fins de me vouloir transporter audict lieu, pour chacun des maistres recepvoir leur voix aux fins narrées, par laquelle requeste cy jointe, ce que je luy ai accordé, où estant ont comparu tous les maistres tailleurs cy après nommés, lesquels, l'un après l'autre et séparément, ont baillé leur voix par le commun consentement de chacung d'iceux, ainsy que cy après s'ensuit :

Sçavoir, ledit honnorable Bartholomé Revel a nommé honneste Jean Genevois et Thomas Gallet pour hommes, et, pour femmes, honneste Filibert Pugin et Estienne Jaquemin. Etc.

Suivent sous cette même formule, les noms des maistres restants et ceux des candidats nommés. — Les premiers sont, après Bartholomé Revel :

Jacques Paviot. — Jean Boisset. — Antoine Rey. — Benoit Tardy. — Gabriel Morel. — Jacques Batalliard. — Jean Louis Marchandon. — Claude Raffin. — Nicolas Nicod. — Nicolas Baud. — Pierre Gobert. — Jean Artod. — Jean-Claude Bizonnet. — Philibert Pugin. — Claude Ropio. — Humbert Courtois. — Pierre Alliod. — Amédée Burdin. — Antoine Durand.

Pierre Frasset. — Humbert Pernet. — Guillaume Morel. — Claude Bovier. — Benoit Collomb. — Charles Villard.—

François Bovier. — Antoine Bovier. — Antoine Gachet.—
Antoine Vallier. — André Revra. — Pierre Porrier. —
Claude Durat. — Odde Girard. — Ayme Pitit. — Estienne
Jaquemin. — Joachim Rey. — Claude Dunant. — Domi-
nique Joly. — Louis Fressard.

Estienne Richard. — Jacques Percherand. — Jean Gene-
vois. — Claude Viollet. — Pierre Periaz. — Humbert
Chabod. — Claude Convers. — Girard Vacquier. — Pierre
Revilliod. — Claude Pitit. — Jean-Claude Jaquin. — Pierre
La Grave. — Maurice Gonthier. — Thomas Galley. — Jean
Bourgeois. — François Chapuis. — André Regueraz. —
Jaques Mantel. — Claude Rafin.

Et, sur ce, lesquelles nominations faictes par les maistres
tailleurs ainsy assemblés, se trouvent esleus pour maistres
tailleurs jurés lesdicts Genevois, Galley, Pugin et Odde
Girard, lesquels ont accepté la charge, suivant quoy j'ai
iceux renvoyé pardevant qui sera estably par le Sénat pour
prester le serment en tel cas requis, suivant les fins de la
requeste, et d'en dresser le procès verbal pour leur servir
ainsy que de raison.

A Chambéry, les ans et jour susdicts, suivant les réquisitions ainsi faictes par les maistres tailleurs. — Signé
VACHIER [1].

*Teneur de contract pourtant assemblée
faicte par les maistres tailleurs de la présente ville.*

Du premier apvril mil six cent septante un, pardevant
moy notaire soubsigné, et présents les temoins bas nommés

---

[1] *Archives du Sénat,* vol. XL, fol. 317, 1639 - 1646.

personnellement establis dans le lieu de la Grenatte accoustumé faire assemblée ;

Honnorable Claude Raffin, prieur de la confrérie des maistres tailleurs de la ville de Chambéry, honorable François Charpenne et François Bouvier, procureurs de ladicte confrérie, honnorable Christophle Briançon, honnorable Philippe Descote, honnorable Philippe Richard, honnorable Claude Beisson, honnorable Annibal Machet, honnorable Pierre Jacquin, honnorable Pierre Martin, honnorable Jean Jaquemin, honnorable Pierre Ponet, honnorable Antoine Rey, honnorable Jean-François Ropioz, honnorable François Gaymoz, honnorable Antoine Bioct, honnorable Benoist Jourdan, honnorable Estienne Rostain, honnorable Pierre Billion, honnorable François Léger, honnorable Pierre Moriton, honnorable Jullian Arnaud, honnorable François Rachon, honnorable Antoine Jon, honnorable Nicolas Thierry, honnorable Claude Meissonnier, honnorable Claude Claret, honorable Bertrand Villiet, honnorable Joseph Dagan, honnorable Claude Bocquet, honnorable René Cathelin, honnorable Jean George, honnorable Claude Lambert, honnorable Charles Labbaye, honnorable Pierre Vectier, honnorable Claude Marion, honnorable François Chavoux, honnorable Antoine Bouvier, honnorable Jean Bouvier, honnorable Claude Guilliet, honnorable Joseph Bouvier et honnorable Benoist Laurent,

Tous maistres tailleurs de Chambéry, excédant les deux parts des trois, les trois faisant le tout, deubment assemblés, de leur gré et libre volonté ont d'une unanime voix nommé honnorable François Charpenne, maistre tailleur pour hommes, honnorable Jean Pierre Dunant et honnorable Annibal Machet, tous deux maistres tailleurs pour femmes, pour maistres tailleurs jurés pour trois

années, à commencer ce jourdhuy, absents, moy notaire
pour eux acceptant et stipulant,

Et c'est pour examiner ceux qui voudront se passer maistres de leur dicte profession de maistres tailleurs avec
honnorable Jean Genevois premier maistre juré et pour
éviter et recognoistre les habuts et manquements qui se
pourroient commettre de leurdicte profession, iceux corriger, et, par ces mesures présentes, ont aussy convenu et
arresté entre eux de faire homologuer le présent, afin qu'il
soit observé en tous et chacung ses poincts, soit articles,
qui s'ensuivent, comme aussy qu'en bien que tous les
maistres qui voudront estre receus dans la confrérie seront
examinés en présence des quatre maistres jurés, procureurs
et prieurs de ladicte confrérie, et de huict maistres des plus
capables, et le parrain qui représentera aux maistres.

N'estant capable celuy qu'il représentera et ne respondant
pertinemment aux interrogats que luy seront demandés,
ledict parrain sera condamné à l'amende à la discretion
desdicts maistres ; et, estant capable, à payer les droicts
de la chapelle qui sont de vingt-deux florins, ou la valleur
de deux escus d'or, comme est porté pour la vieille transaction, et quattre ducatons aux maistres jurés, et une
messe pour les deffuncts, et, pour lesdictes lettres, cinq
florins.

Comme aussy, que les filles des maistres qui se maricront
avec un garçon taillieur, ledict garçon tallieur sera obligé
à faire chef d'œuvre et sera examiné par lesdicts maistres,
comme les autres maistres, et estant treuvé capable payera
les droicts de la chapelle au prieur tant seulement ; et, que
de trois ans en trois ans on changera de maistres tailleurs
jurés ; et qu'il ne sera permis à aucun tailleur de travailler

dans la chambre, ny autrement, qu'il ne soit passé maistre tallieur.

Et ainsy a esté délibéré en publique assemblée, au lieu de la Grenatte, le 1er apvril 1671. Présents, Claude Rebotton et Joseph Clerc, habitant audit Chambéry, tesmoins requis. Signé au pied de ma minutte, Claude Guilliet, François Gaymoz, Jean Bouvier, Cathelin, Jean-François Ropioz, Antoine Bioct, Bovier, Charles de Labaye, Descoste présent, François Léger, Jean Jacquemin, Jean George, Jean Gabourd, Claude Lambert et Joseph Bouvier, et moy notaire ducal soubsigné. Le présent receu requis, après avoir ballié acte aux parties, et prononcé en ladicte assemblée publique et accepté par les susnommés. — Signé Besson, notaire[1].

Règlement pour les tailleurs de Chambéry, 1726.

1° Le corps des tailleurs s'assemblera chaque année le dimanche avant l'Assomption de Notre-Dame pour établir le prieur de leur confrérie, deux maîtres jurés pour hommes et deux pour femmes, qui seront élus à la pluralité des voix, sans qu'aucun puisse refuser tels emplois, à peine de deux livres d'or applicables à la confrérie, sauf ceux qui les auront déjà occupés l'année précédente, qui ne pourront pas continuer deux années de suite. Cette élection faite, l'on lira dans l'assemblée, à haute et intelligible voix, tous les règlements et statuts qui regardent ledit corps, et l'on remettra tous les titres de la confrérie aux nouveaux élus, qui s'en

---

[1] *Archives du Sénat*, vol. XLV, fol. 251 verso, 1664-1672. — Suivent la teneur de la requête au Sénat et le décret d'homologation.

chargeront et recevront le compte du prieur précédent, qui aura dû exiger les droits de ladite confrérie pendant l'année.

2° Personne ne pourra à l'avenir exercer la profession de tailleur pour hommes ou pour femmes, dans la ville de Chambéry, fauxbourgs et dépendances, soit en boutique, soit en chambre, sans avoir été examiné par le corps, approuvé par les deux maîtres jurés, travaillé fidellement de ladite profession cinq années, de quoi ils feront conster par les maîtres chez qui ils auront travaillé, et sans avoir au moins cent livres de biens stables, ou une caution pour semblable somme ; après quoi, ils seront admis à l'exercice de ladite profession, en payant dix livres à la confrérie, s'ils sont sujets, et vingt s'ils sont étrangers, et trois livres à chacun des deux maîtres jurés, sauf les fils de maîtres, habitans de la ville, qui ne paieront à la confrérie qu'une livre de cire, ou la valeur en argent ; et, si quelqu'un vouloit exercer ladite profession pour hommes et pour femmes, il paiera la moitié de plus.

3° Chaque tailleur sera tenu pour sa famille, ses apprentis et ses sarrons, de tous les dommages et désordres qui pourront arriver chez lui concernant son art.

4° Au cas que quelqu'un se plaigne qu'un tailleur lui a mal fait un habit, qu'il l'a gâté, ou en quelque façon endommagé, l'on s'en tiendra alors au sentiment des deux maîtres jurés d'hommes ou de femmes, selon que sera l'habit, lesquels ayant prêté serment entre les mains du juge de police, ou des assesseurs, estimeront le dommage, et lesdits juges feront ensuite satisfaire l'interessé, ou en faisant refaire l'habit, s'il se peut, ou en le faisant payer. Le tailleur paiera, en outre, le quart de la valeur du dommage à la confrérie, sans pouvoir exercer sa profession qu'il n'ait satisfait, ou payé ; et un tailleur, qui aura été trouvé trois fois en faute, ne pourra plus exercer sa profession comme maître dans la ville et dépendances, à peine de cinquante livres pour chaque fois qu'il contreviendra à cet article. Les maîtres jurés seront payés de leurs peines ou par le tailleur qui aura manqué, ou par l'accusateur qui aura calomnié, et ce, suivant la taxe du juge.

5° Ceux qui voudront se plaindre d'un tailleur, ne pourront le faire que dans cinq jours après la rémission des habillemens, s'ils sont de la ville, et dans huit, s'ils sont étrangers ; passé lequel temps, ils ne seront plus reçus.

6° Si un tailleur prend plus d'étoffe qu'il n'en faut pour un habillement, il paiera la valeur de ce qu'il aura pris de trop à celui à qui est l'habit, et la même valeur à la confrérie ; et ce, ensuite du sentiment des jurés, comme dessus.

7° Si quelqu'un a donné commission à un tailleur de prendre de l'étoffe pour un habit, et que l'étoffe ne soit pas bonne, le tailleur sera obligé de la payer, à moins qu'il fasse conster qu'il n'en a pas trouvé de meilleure, et d'en avoir averti celui qui lui en a donné commission.

8° Dès qu'un sarron ou sarrelle ont commencé de travailler chez un maître pour un temps, ils n'en pourront pas en sortir avant l'expiration d'iceluy ; et ne s'étant point engagés pour un temps fixe, ils seront obligés d'avertir le maître huit jours avant d'en sortir, sans quoi aucun autre maître ne pourra les prendre, à peine de vingt livres applicables à la confrérie, à moins que cela soit du consentement du premier maître.

9° Tous les apprentis paieront à la confrérie une livre, en entrant en apprentissage, dont les maîtres seront responsables, et seront obligés à cet effet de consigner les apprentis, entre les mains du prieur de la confrérie, dans quinze jours après qu'ils auront pris, à peine de cinq livres applicables à la confrérie.

10° Sous le nom de tailleurs, tous ceux qui travaillent aux habillements d'hommes ou de femmes, soit hommes, soit femmes, de même que les chaussetiers, sont compris.

11° Tout tailleur qui se sera chargé de faire quelque sorte d'habillements pour un temps, et qu'il n'aura pas fait, paiera cinq livres à la confrérie, outre les dommages que son retard pourrait causer à la partie ; et ce, à moins qu'il ne fasse conster de quelque tardon légitime, qui puisse avoir causé ce retard.

12° Tous ceux qui, quinze jours après la publication du présent, travailleront en leur particulier du métier de tailleur, soit en boutique, soit en chambre, sans avoir été admis et approuvé, donné caution et juré d'exécuter ce que dessus, paieront vingt livres à la confrérie, lesquelles, aussi bien que les autres peines pécuniaires cy dessus, seront exigées chaque année par le prieur et serviront pour les réparations de la chapelle, célébration des offices divins, et autres frais qu'il conviendra de faire à la confrérie ; et chaque contrevenant devra les payer, sans pouvoir prétexter d'aucuns privilèges ou exemptions [1].

Délibération et Règlement du 18 aoust 1805.

Aujourd'hui 30 thermidor an 13 (18 aoust 1805), les marchands tailleurs de la ville de Chambéry et ses faubourgs se sont réunis en société chez l'un d'eux, pour délibérer sur les moyens à prendre, à l'effet de solenniser la

[1] *Archives municipales de Chambéry,* n° 988.

fête de N.-D. de l'Assomption, ainsi que l'ont pratiqué leurs prédecesseurs depuis plusieurs siècles.

Il conste par les lettres patentes des anciens souverains de la cy devant Savoye, en date des 20 juillet 1631 et 1er juin 1633, le décret rendu le 13 juin 1633 par le souverain Sénat de ladite province, et les bulles de LL. SStés , que, depuis l'année 1578, lesdits marchands tailleurs s'étaient organisés en maîtrise privilégiée et en confrérie sous le vocable de N.-D. de l'Assomption, que dès lors ils ont solennisé cette fête avec pompe et sans interruption jusqu'en l'année 1792, époque de la Révolution.

Il est bien à regretter que l'on ne puisse représenter le tableau des anciens confrères maîtres tailleurs qui se sont succédés pendant ce long espace de temps, tel qu'il existait par ordre de date de leur réception, année par année. Le livre des délibérations, où étaient inscrits leurs noms et prénoms, ainsi que l'élection des syndics et jurés, se trouve à ce moment froissé et déchiré par l'effet des circonstances sur les vicissitudes des choses humaines causées par la Révolution.

La Société, en jetant un voile sur le passé et sans s'écarter de l'ordre des choses établi par les lois, désirant rétablir cette harmonie qui caractérise l'ordre social, laquelle a toujours existé parmi les confrères de l'art des marchands tailleurs de cette ville et ses faubourgs, après avoir invoqué l'intercession de la Vierge Marie, leur patronne, a arrêté d'un accord unanime les articles réglementaires suivants, pour être exécutés, dans leur forme et teneur, par les membres composant ladite confrérie et leurs successeurs.

Art. 1er. — Toutes les années au 15 aoust, les marchands tailleurs de la ville de Chambéry et ses faubourgs feront à leurs frais solenniser leur fête, sous le vocable de N.-D. de l'Assomption, ainsi que l'ont pratiqué leurs prédécesseurs, dès l'année 1578, et, à cet effet, ils choisiront l'église qui leur paraîtra la plus commode et la plus convenable de celles fixées par la loi.

Art. 2. — Il sera célébré ledit jour une grande messe à diacre et sous-diacre, ensuite la bénédiction du Très Saint Sacrement. Mais, avant la messe, il sera fait une procession pendant laquelle l'on chantera l'hymne *Ave, maris stella*.

Art. 3. — Le lendemain de ladite fête, il sera aussi célébré une messe de *Requiem* pour le repos de l'âme des confrères tailleurs et tailleuses décédés et qui auront été inscrits membres de l'association sur un registre ouvert à cet effet. Les membres de la Société seront invités à assister à ces cérémonies religieuses.

Art. 4. — Il sera chaque année nommé un prieur, ainsi que cela s'est toujours pratiqué. La veuve d'un marchand tailleur pourra remplir cette fonction avec le titre de prieure en chef.

Art. 5. — Il sera aussi nommé un sous-prieur qui, l'année suivante, remplacera de droit le prieur, dans les fonctions qui lui sont attribuées.

Art. 6. — Les dames et demoiselles qui exercent l'art de tailleuses, pourront, si elles se font inscrire pour faire partie de l'association, être honorées de ce titre, si leur bonne volonté et leurs affaires le leur permettent ; mais elles ne pourront choisir leur prieur que parmi les membres de l'association.

Art. 7. — Les prieurs ou prieures seront nommés, autant qu'il sera possible, par rang d'ancienneté dans l'art ; l'on pourra cependant, si le cas l'exige, en faire indifféremment le choix dans le corps.

Art. 8. — L'épouse d'un prieur sera toujour honorée du titre de prieure, quoiqu'elle n'exercerait pas cet art.

Art. 9. — Dans le cas que le prieur fût célibataire ou veuf, il devra choisir sa prieure dans le nombre des dames ou demoiselles de l'association.

Art. 10. — Les prieurs ou prieures sont seules chargés du soin de faire parer l'autel où sera solennisé la fête de N.-D. de l'Assomption.

Art. 11. — Les prieurs, conjointement avec les sous-prieurs, feront chaque année, dans la quinzaine avant la fête de N.-D. de l'Assomption, la visite chez tous les marchands tailleurs et tailleuses, pour y recevoir les offrandes et rétributions nécessaires pour subvenir aux frais de la solennisation de la fête.

Le clerc de la Société sera chargé de les assister dans cette fonction.

Art. 12. — Chaque prieur aura soin de dresser un état des offrandes et rétributions qu'il aura perçues, sur lequel seront inscrits les noms et prénoms de chaque donateur pour être ensuite porté sur le Grand-Livre.

Art. 13. — Le prieur sera chargé de faire les recettes, dépenses et approvisionnements ; il remplira les fonctions de trésorier.

Il en fera un état particulier qu'il remettra à la Société, le jour du rendement de compte.

Art. 14. — Le rendement des comptes de la Société se fera, chaque année, le premier dimanche qui suivra la fête de N.-D. de l'Assomption.

Tous les membres de l'association seront invités à s'y trouver.

Art. 15. — Il sera nommé quatre conseillers experts pour régler dans leur sagesse l'intérêt et le bien-être de la

Société ; ils se concerteront avec le prieur et le sous-prieur, et feront tout ce qui sera en leur pouvoir pour maintenir la bonne harmonie parmi les membres de l'association.

Art. 16. — Ils seront chargés de la vérification des comptes de recettes et dépenses, délivreront les mandats nécessaires pour les paiements et actes de bienfaisance, et feront tout ce qu'ils croiront convenable pour améliorer et donner de la splendeur au respectable corps des marchands tailleurs.

Art. 17. — La charge de conseiller expert est fixée à quatre ans ; néanmoins celui qui, par sa moralité et son intelligence, aura mérité l'estime des membres de l'association, pourra être continué.

Art. 18. — La charge de conseiller expert n'exclura pas celle de prieur ; si l'un d'eux était appelé à remplir cette fonction, il pourra exercer l'une et l'autre, en prêtant tous ses soins, et avec zèle, pour l'intérêt de l'association.

Art. 19. — Si un membre de l'association, de l'un et de l'autre sexe, venait à être malade ou se trouver dans tout autre cas malheureux, deux des conseillers experts se transporteront auprès de lui, pour lui faire une visite de cérémonie, et lui rendre les secours que l'humanité exige.

Art. 20. — En cas de décès, quatre marchands tailleurs prendront le défunt chez lui et le porteront jusqu'au lieu où il devra être inhumé ; les autres accompagneront le convoi funèbre.

Cet usage aura lieu envers les dames et demoiselles tailleuses associées, et les épouses des marchands tailleurs, quoiqu'elles n'exerceraient pas l'état.

Art. 21. — Les conseillers experts sont chargés de faire avertir chaque marchand tailleur, toutes les fois qu'il y aura assemblée générale.

En cas d'urgence, ils se concerteront avec les prieur et sous-prieur, pour en convoquer une, et auront soin de désigner le jour et le local.

Art. 22. — Chaque assemblée se tiendra chez un des conseillers experts ; cependant, si le local ne se trouvait pas assez commode, elle pourra avoir lieu chez l'un des anciens membres de l'association.

Art. 23. — La signature des quatre conseillers et celle de quatre autres marchands tailleurs, membres de l'association, suffiront pour l'approbation d'une délibération faite par la Société.

Art. 24. — Le livre des délibérations portera inventaire des effets appartenant à la Société ; il sera intitulé le Grand-Livre et sera soigné par l'un des conseillers experts que la Société aura chargé de ce précieux dépôt.

Art. 25. — Le premier dimanche qui suivra la fête de N.-D. de l'Assomption, jour du rendement des comptes, MM. les conseillers experts inviteront les confrères qui se trouveront présents à terminer la fête par un banquet frugal où présideront la douce harmonie et la pure gaîté.

Art. 26. — Les frais du susdit banquet seront acquittés par chaque confrère et par égale portion du prix.

Art. 27. — Chaque confrère invitera son épouse à assister au banquet ; dans le cas qu'il fût célibataire ou veuf, il y invitera celle pour qui il a le plus d'estime.

Statuts de la nouvelle société mutuelle des marchands tailleurs de Chambéry, approuvés par le Préfet de la Savoie, le 20 janvier 1872.

Titre 1er. — Dispositions générales. — Condition

D'ADMISSION. — Art. 1er. — La Société des tailleurs d'habits de notre ville a pour but le rapprochement de tous ses membres, d'établir entre eux un lien d'union et de fraternité, afin de s'aider et de se secourir mutuellement et de pratiquer les grands principes d'humanité et de solidarité.

Art. 2. — La Société se compose de membres titulaires et elle est indissoluble par elle-même, c'est-à-dire que personne ne peut demander sa dissolution, ni le partage des fonds.

Art. 3. — Pour être admis membre de la Société, il faut être maître ou ouvrier tailleur, habiter Chambéry depuis un an, être âgé de seize à quarante-cinq ans, se faire présenter par un sociétaire au conseil de l'administration et offrir à la Société toutes les garanties désirables de santé et de moralité.

Art. 4. — Celui qui aurait encouru une condamnation portant atteinte à l'honneur, à la probité et à la moralité, ne pourra être admis dans la Société, et en serait immédiatement exclus sans remboursement, s'il en faisait partie.

Art. 5. — Dans les réunions de la Société, il est interdit de s'occuper de questions politiques ou religieuses.

Titre IIe. — Administration. — Art. 6. — L'administration est composée d'un président, d'un vice-président, d'un secrétaire, d'un trésorier et de trois commissaires de section.

Art. 7. — Les membres de l'administration sont élus, chaque année, en assemblée générale, à la majorité relative, et au scrutin secret ; il sont rééligibles. Toutes les fonctions sont gratuites.

Art. 8. — Le président régit la Société, avec l'aide du conseil d'administration, il signe tous les actes et reçoit les réclamations des sociétaires, il convoque les membres de l'administration chaque fois que l'intérêt de la Société l'exige, il dirige la discussion dans toutes les réunions de la Société et doit toujours y maintenir l'ordre le plus parfait. Le sociétaire qui troublerait une réunion serait, séance tenante, passible d'une amende de cinquante centimes ; en cas de récidive, l'amende sera de deux francs.

En cas d'absence ou de maladie, ou par délégation, le président sera remplacé dans toutes ses charges par le vice-président.

Art. 9. — Le secrétaire est chargé de toutes les écritures de la Société, rédige les procès-verbaux des séances, vise et enregistre tous les mandats de recette et de dépense, contresigne tous les actes de la Société ; il peut s'adjoindre un second sous sa responsablité.

Art. 10. — Le trésorier perçoit la cotisation des sociétaires et leur en délivre un reçu ; il est dépositaire des fonds et des titres de la Société ; il ne peut avoir à sa disposition plus de cent francs de numéraire, et ne délivre de l'argent que sur la présentation d'un bon signé par le président et le secrétaire.

Art. 11. — Les commissaires de sections sont chargés de recevoir les déclarations de maladie et de guérison, et d'en faire immédiatement rapport au président : ils doivent également visiter le plus souvent les malades de leur section.

Art. 12. — Une commission de deux membres pris hors du conseil sera chargée de contrôler les livres et d'en faire un rapport aux assemblées semestrielles. Les sociétaires pourront également vérifier les opérations de la Société.

Titre IIIᵉ. — Capital. — Art. 13. — Le capital social se compose de la somme de six cent cinquante-trois francs, provenant de l'ancienne Société, et se continuera par le prix d'entrée qui est de deux francs, et de la cotisation de chaque sociétaire, qui est d'un franc par mois. Il sera néanmoins facultatif de donner une somme plus forte ; cet excédant servira à former un fond de réserve pour dépenses ou charges imprévues, ou pour tout autre cas prévu par l'administration.

Art. 14. — Les fonds de la Société seront placés en son nom et ne pourront être retirés en totalité ou en partie qu'avec l'avertissement du conseil et la signature du président, du secrétaire et du trésorier.

Art. 15. — Le premier jeudi de chaque mois, d'une heure à trois, les sociétaires devront se transporter au domicile du trésorier, pour y faire le versement de leurs cotisations. Il leur sera facultatif de payer par anticipation plusieurs mois ou une année entière.

Art. 16. — L'administration de la Société devra se réunir en conseil chez le président, au moins une fois par mois, pour discuter les intérêts de la Société et recevoir les candidats. La discussion, l'admission ou le refus d'un candidat doivent être secrets.

Art. 17. — Les sociétaires seront convoqués en assemblée générale tous les six mois, dans un local pour ce destiné, afin de prendre connaissance de la situation morale et financière de la Société, et discuter les améliorations à introduire qui seront proposées par l'administration. Le secrétaire enregistrera les propositions que pourront faire les membres de la Société, afin que le conseil prépare la discussion par un rapport et le soumette à l'approbation de la prochaine assemblée.

Art. 18. — Les sociétaires ou membres du conseil qui, convoqués régulièrement, n'assisteront pas à la réunion, sans avoir auparavant motivé leur absence, seront passibles d'une amende de cinquante centimes, et d'un franc en cas de récidive. La même peine sera appliquée à celui qui n'assistera pas à la sépulture d'un membre de la Société.

Art. 19.— Les convocations pour sépulture ou assemblée sont confiés aux soins de l'administration.

Art. 20. — Au décès de la femme d'un sociétaire, la Société invitera les dames des associés à assister aux funérailles.

Titre IVᵉ. — Secours. — Art. 21. — En cas de maladie régulièrement déclarée au commissaire de section, il sera accordé au sociétaire malade un franc par jour pendant deux mois ; après ce terme, les secours seront continués, mais le conseil avisera à en fixer le chiffre, en se basant sur la position du malade et des fonds de la Société.

Art. 22. — Les candidats reçus n'auront droit aux secours que six mois après leur admission, il en sera de même pour les six premiers mois de la fondation de la Société.

Art. 23. — Lorsqu'un malade aura besoin de veilleurs d'après l'ordre d'un médecin, deux sociétaires s'acquitteront de ce devoir à tour de rôle ; ils pourront cependant, en avisant le commissaire de série, douze heures d'avance, se faire remplacer ou changer de tour avec d'autres sociétaires, et, dans ce cas, ils devront présenter eux-mêmes leurs remplaçants ou s'entendre avec le commissaire, dans ce but. Celui qui, sans raisons légitimes données à l'avance, manquerait à ce service, serait passible de cinq francs d'amende, et il sera convoqué de nouveau.

Art. 24. — Les maladies, provenant de rixes ou de libertinage, ne seront pas secourues.

Art. 25. — Ceux qui auront trois cotisations en arrière perdront tout droit aux secours, et seront considérés comme démissionnaires ; ils ne seront pourtant rayés des registres que s'ils restent une année sans régler leur compte ; en cas de décès, on assistera à leurs funérailles.

Art. 26. — Les sociétaires amendés ne pourront payer leur cotisation, sans avoir réglé leurs amendes, qui seront, en vertu du règlement, appliquées par le conseil d'administration.

Art. 27. — Les sociétaires qui seront reconnus abuser des secours et faire de la Société une spéculation, en seront privés immédiatement ; l'administration pourra même prononcer leur exclusion sans remboursement.

Art. 28. — Les membres de la Société se réuniront le troisième dimanche du mois d'août de chaque année, dans un banquet fraternel, pour célébrer les bienfaits du principe d'association.

Art. 29. — Tous les sociétaires devront être munis du présent règlement et l'observer ponctuellement.

Il contient à la suite un tableau sur lequel il sera fait reçu des cotisations.

Avant d'être mis en vigueur, ces statuts seront soumis à l'autorisation de l'autorité supérieure.

Art. 30. — Les présents statuts pourront être, sur la demande de plusieurs sociétaires, révisés par la commission ou par le conseil d'administration, dans ce qu'ils auraient d'imparfait ou de non prévu.

Vu et approuvé : Chambéry, le 20 janvier 1872.

Pour le préfet de la Savoie en congé, le secrétaire général, DELACHENAL [1].

[1] *Archives des tailleurs* (Livre des marchands tailleurs de Chambéry).

CORPORATION DES MENUISIERS

I

SOMMAIRE HISTORIQUE

La confrérie ou corporation des menuisiers fut établie presque en même temps que celle des tailleurs par les maîtres de cette profession, Claude Jallier, Pierre Massonnat, Rémi Prussane, Charles Fora, Nicolas Brignet, Amédée Champrond, Nicolas Collomb.

Ces artisans, réunis le 29 juillet 1576, en présence de Mre Claude Buisson, curial de Chambéry, et se faisant forts des autres maîtres absents, dressèrent et firent rédiger par le notaire ducal Jacques Bellin les statuts qui devaient désormais régir la Société, au double point de vue religieux et professionnel.

La patronne qu'ils ont choisie pour la confrérie est sainte Anne, et la chapelle, dans l'église de Saint-Dominique.

Il sera célébré le plus solennellement possible, le jour de la fête patronale, dans cette chapelle, une grand'messe, pendant laquelle brûleront constamment deux flambeaux et deux cierges. Le lendemain, aura lieu un chantal (service funèbre) pour les défunts de la corporation, et, chaque premier dimanche des mois, une basse messe à l'usage des confrères.

Chaque année, le même jour de la fête de sainte Anne (26 juillet), il sera offert aussi pompeusement un pain bénit. Tous les maîtres, leurs femmes et les compagnons, sous peine de douze sous d'amende, sauf les cas de maladie ou d'éloignement de la ville de plus d'une journée de marche, devront assister à la procession du transport qui en sera fait à l'église de Saint-Dominique. De plus, il sera élu deux prieurs, qui, outre la prérogative de présider la corporation et le devoir de veiller à la stricte observation des statuts, auront la charge de se rendre, chaque samedi, chez les maîtres avec la boîte de la confrérie, où chacun, ainsi qu'eux-mêmes, devra déposer deux sous.

Chaque maître ou maîtresse sera tenu également de mettre dans la boîte un sou de Savoie, lorsqu'un confrère viendra à décéder.

Quiconque voudra lever boutique de menuisier dans la ville, ses faubourgs ou ses franchises, aura à payer à la confrérie un écu d'or, s'il est étranger, et seulement la moitié de cette somme, s'il est natif de la ville, de ses faubourgs ou de ses franchises. En outre, l'aspirant étranger devra justifier qu'il est catholique, de bonne réputation et de bonnes mœurs.

Tout maître qui prendra un compagnon à son service sera tenu de lui donner lecture du règlement de la Société, afin que celui-ci ne prétende, en aucun cas, opposer son ignorance. D'ailleurs, nul maître ne pourra recevoir chez lui, en la même qualité, l'apprenti d'un autre, sous peine de dommages intérêts envers ce dernier, et d'un écu d'or d'amende en faveur de la confrérie.

Enfin, l'apprenti qui « touchera au métier, » et à son défaut le patron, devra payer préalablement à la même confrérie une livre de cire blanche[1].

Je n'ai découvert aucun autre fait concernant l'existence de cette corporation.

[1] *Archives du Sénat,* vol. XVIII, fol. 170, 1574-1577.

**

Aujourd'hui, parmi les individus de cette profession qui tiennent ateliers de maîtres, on remarque principalement :

Abrioud, avenue du Champ-de-Mars. — Barbésino, rue de la Trésorerie. — Bretagne, rue de la Métropole. — Chevallier, rue du Lycée. — Clerc, place Monge. — Dagand, boulevard de l'Hôtel-Dieu. — Dacquin, place Octogone. — Evrot, rue du Lycée. — Faitaz, rue du Château. — Galtier, avenue du Champ-de-Mars. — Girerd, place Monge. — Labiche, rue Saint-Réal. — Lacombe, rue Favre. — Lassoli, place Monge. — Laurent, rue Croix-d'Or. — Marrussik, place Caffe. — Pantalon, place Monge. — Roulet, rue Juiverie. — Sevoz, faubourg Maché. — Vachery, rue Croix-d'Or. — Vallet, place Saint-Léger. — Vuillerme, faubourg Montmélian.

II

DOCUMENTS

Statuts de la confrérie des menuisiers.

Du dimanche 29 julliet 1576, suivant la commission et permission obtenues du souverain Sénat cy attachées, en la présence de Mre Claude Buisson, curial de ceste ville de Chambéry, et de moy Jacques Bellin, notaire ducal dudict Chambéry, soubsigné, en la maison appelée Haultecombe, à Maché, faubourg dudict Chambéry, se sont assemblés les maistres menuisiers, sçavoir :

Honnorables Claude Jallier, Pierre Massonnat, Henry Prussane, Charles Fora, Nycolas Brignet, Amed Champrond et Nycolas Collomb, tous maistres menuisiers résidants en ceste ville de Chambéry, lesquels tant à leurs noms qu'aux noms des aultres maistres menuisiers absents, pour lesquels ils se font forts et promettent faire ratifier tout ce que cy après est ordonné et deliběré. Meuz de dévotion, voulliants ériger une confrérie soubs le vocable Saincte Anne, en la chapelle d'icelle fondée en l'esglise Saint-Dominique, en ceste ville de Chambéry, et pour la manutention ou entretien d'icelle confrairie, délibèrent et ordonnent ensemblement et d'un commun accord, ainsi que cy après est posé article par article, suppliant très humblement le souverain Sénat de Savoye, le volloir confirmer et authentiquer et sur ce décerner toute provision nécessaire.

Premièrement ont délibéré et ordonné que toutes les années, le jour feste Saincte Anne, se fera un pain bény par les maistres menuisiers, lequel sera porté solennellement en l'esglise Saint Dominique de ceste ville de Chambéry, en la chappelle Saincte Anne, assistans tous maistres menuisiers, leurs femmes ensemble, aussy tous les compagnons menuisiers, sans nul exempter, sinon en cas de nécessité urgente, comme de malladie, ou qu'ils fussent absents loing d'une journée, et à ce porrons estre contraincts à peine contre le défalliant de l'amende de douze sols Savoye, laquelle amende le défalliant sera contrainct paier sans déport et sera mise dans la boîte qui por ce sera faicte.

Item, que toutes les années, le jour et feste Saincte Anne, sera dicte et célébrée une grande messe, en la susdicte chapelle Saincte Anne, le plus solempnellement que faire se porra, où sera bény ledict pain.

Item, que pour le luminaire de ladicte confrairie seront

faicts deux gros cierges et deux petits, qui seront ardens, lorsqu'on célébrera la messe et divin office ledict jour et feste Saincte Anne.

Item, que tout homme qui vouldra s'ingérer lever boutique de menuisier dans la présente ville de Chambéry, faulsbourgs et franchises d'icelle, sera tenu payer et mettre en la boîte de la présente confrairie un escu d'or, s'il est estrangier, et, s'il est enfant natif de ladicte ville ou franchises d'icelle, ne paiera que la moitié et à ce sera contrainct par toute rigueur de justice, *etiam* par emprisonnement de sa personne et prompte expédition de ses biens.

Item, ont délibéré et ordonné que nul menuisier estrangier ne porra et ne luy sera loisible lever, ny tenir boutique, de maître menuisier, dans ladicte ville, faubourgs et franchises d'icelle, que préalablement il ne face copparoistre par bonnes et suffisantes attestations du lieu de son origine, qu'il est homme de bien, de bonne fame et réputation, ayant vescu et vivant catholiquement.

Item, ont ordonné que l'année proche venant, le jour et feste Saincte Anne, lesdicts maistres menuisiers, s'estant assemblés, ils fonderont une messe basse qui sera dicte et célébrée en ladicte chappelle Saincte Anne, tous les premiers jours des mois de l'an.

Item, que toutes les années se fera ung chanter en ladicte esglise Sainct Dominique, selon la faculté de l'argent que se trouvera dans la susdicte boîte.

Item, ont délibéré et ordonné que nul des maistres menuisiers ne retirera aucun compagnon sortant du service d'ung autre maistre, rière les franchises de ceste ville, pour luy donner aucune besoigne sans la permission du maistre qu'il aura dernièrement servi, à peyne d'un escu d'or qui sera mis dans ladicte boîte ou sera payé sans départ, et, à ce, porront estre contraincts comme dessus.

Item, que nul apprentis sera receu au mestier de menuisier, que au préalable il ne paye une livre de cire pour ladicte confrairie ; à faulte de ce, le maistre sera, comme dessus, contrainct la paier pour ledict apprenti et sans départ.

Item, que nul maistre ne recepve à son service aucung apprenti sortant d'avec aultre maistre menuisier, s'il n'a parachevé son temps avec son premier maistre, à peine d'un escu d'or applicable à la boîte, et de tous despens, dommages et intérest au presmier maître, à dire des aultres maistres ; et, à ce, seront contraincts, comme dessus.

Item, que tous maistres menuisiers, comme le leur viendra quelque compagnon, seront tenus luy fère entendre les présentes ordonnances, afin qu'il n'en puisse prétendre aucune ignorance.

Item, que tous maistres menuisiers résidants et tenants boutique en ceste ville, faulbourgs et franchises d'icelle, paieront et mettront tous ladicte amende au sort, dans ladicte boîte, deux sols de Savoye.

Item, que, chacung jour et feste Saincte Anne, seront esleus entre lesdicts menuisiers deux prieurs, qui porteront ladicte boîte durant une année, et seront tenus, tous les samedis au soir, d'aller par toutes les boutiques des maistres menuisiers et aultres estans de la présente confrairie, pour recepvoir lesdicts deux sols et les mettre dans leur boîte, dans laquelle semblablement lesdicts prieurs mettront, tous les samedis, chacung deux sols, en présence de quelque autre maître menuisier.

Item, que, lorsque quelque compagnon menuisier passera par ceste ville, se trouvant en necessité d'argent, luy seront donnés cinq sols pour sa passade, lesquels seront prins dans la susdicte boîte.

Item, feront ung estui bois noyer, qui sera mis en ladicte chapelle, aux despens de tous les maistres, pour dans icelluy serrer et tenir les titres, droicts et aultres choses de ladicte confrairie.

Item, ont ordonné que quiconque se vouldra mettre de la présente confrairie paiera d'introge ung florin, qui se mettra dans ladicte boîte.

Item, ont ordonné que, quand quelque maistre menuisier, ou bien maistresse, décèdera à Chambéry, ou bien rière ses franchises, tous les aultres maistres et maistresses seront tenus assister à son enterrement, fère porter les deux gros cierges et susdictes torches allumés, et que quatre desdicts maistres tiendront le carre du linceul qui sera sur le corps.

Item, qu'à chacung mortuayre, soyt de maistre, ou maistresse, chacung desdicts maistres et maistresses paiera un sol Savoye, qui sera mis dans ladicte boîte.

Et le tout que dessus a esté faict en présence de N. Jehan de Piochet seigneur de Sallin, Martin Bassonet et Amed Bertin, hoste à Maché, tesmoings. Signé Buysson, Bellin, notaire, Bussonnet, Bertin [1].

---

[1] *Archives du Sénat,* vol. XVIII, fol. 170, 1574-1577.

CORPORATION DES MAÇONS

I

SOMMAIRE HISTORIQUE

La confrérie des maçons, sous le patronage des Quatre-Couronnés, avait sa chapelle dans l'église paroissiale de Lémenc. Les traces que je suis parvenu à découvrir de cette Société, ne sont guère plus marquantes et plus nombreuses que celles qu'à laissées la précédente.

Etablie dès un temps antérieur, que je ne saurais préciser, elle était tombée dans une déchéance déplorable vers 1613. Le 20 janvier de cette année, les prieurs Claude Guilliet et Jeannet Favier, ainsi que les maîtres François Buront, Claude Bally et François Gaudin, convoquèrent une assemblée générale des artisans de cette profession pardevant le notaire Paris, afin de réformer les anciens statuts de la Société et de la rétablir sur des bases plus solides.

Ils furent assistés et soutenus en cela par le lieutenant de la châtellenie de Chambéry Claude Rolet et le curial de la même ville Pierre Josserand. Les autres maçons qui prirent part à cette réunion furent Benoît Bornardel, François Bonnard, Pierre Roussin, Claude Bassat, Jean Clapasson, Claude Baudin, Romain Gaudin, Aimé Naveson, Cathelin Ogier, Antoine Coendat, Christophe Dalyet, Claude Jacquier et Antoine Bamel.

Suivant le règlement qui fut consenti et dressé, la corporation fut dès lors gouvernée par deux prieurs, élus annuellement le jour de la fête des Quatre-Couronnés (8 novembre).

La partie qui concernait les devoirs religieux des confrères occupait une grande place dans ces mêmes ordonnances.

Chaque année, la fête des saints patrons était solennisée avec la plus grande pompe dans l'église de Lémenc. Une grand'messe était chantée au maître-autel pour la corporation, en même temps qu'était béni un gros pain apporté processionnellement. Tous les confrères devaient prendre part au cortège de cette dernière cérémonie, sous peine d'un florin d'amende pour les manquants, non empêchés par la maladie ou par un éloignement de plus d'une journée de marche de la ville.

Les dimanches étaient célébrés par une messe basse et par un petit pain bénit, que chacun des membres était tenu d'offrir à tour de rôle.

Les défunts ne manquaient pas d'être aussi l'objet de souvenirs pieux. Tout maître de l'un ou l'autre sexe avait l'obligation d'assister à la sépulture de son confrère ou de sa femme décédée. Deux gros et six petits cierges devaient accompagner le convoi, quatre des confrères avaient la charge de tenir les coins du drap mortuaire et tous devaient verser chacun un écu d'or dans la boîte de la confrérie. De plus, suivant l'état de cette même boîte, il était célébré, chaque année, pour les défunts de la corporation un service solennel, pour lequel chaque membre avait encore à payer un sou.

D'ailleurs, comme on vient de le voir pour les pratiques religieuses, il n'y avait pas, non plus, une grande différence, pour ce qui regardait l'exercice professionnel, entre la corporation des maçons et celle des menuisiers. Quiconque voulait lever boutique de maître maçon dans Chambéry, ses faubourgs ou ses franchises, était tenu de payer à la confrérie un écu d'or, s'il était étranger, et seulement la moitié de cette somme, s'il était natif de la ville ou de ses franchises.

Aucun maçon étranger ne pouvait s'établir maître qu'il n'eût auparavant prouvé par de bonnes et authentiques attestations son lieu d'origine, sa bonne réputation et sa qualité de catholique romain.

Aucun compagnon, ni aucun apprenti, sortant, contre leur engagement formel ou contre les dispositions admises par la coutume, du service d'un maître, ne pouvait être employé ou reçu par un autre maître sans le consentement du premier, à moins d'un écu d'or d'amende.

Tout apprenti devait, en entrant en apprentissage, remettre une livre de cire à la confrérie.

Enfin une dernière prescription du règlement portait que, lorsqu'un compagnon nécessiteux de la même profession traverserait la ville, la corporation lui ferait don de cinq sous pour « la passade. »

Ces diverses ordonnances furent approuvées et entérinées par le Sénat de Savoie, le 18 novembre 1613[1].

Je ne sais à quelle occasion, ni à quelle année précise, la confrérie abandonna, pour ses offices religieux, l'église de Lémenc et se transporta à celle des Dominicains ; mais ce changement est expressément indiqué dans une convention, du 11 novembre 1635, passée avec ces derniers, où se trouvent les conditions du nouvel albergement.

Les religieux qui figurèrent dans cet acte, furent le

---

[1] *Archives du Sénat,* vol. XXXII, fol. 60, 1612-1615.

R^d Père Dominique Nostroz, docteur en théologie, frère Delalas, sous-prieur, frère Malibraz, frère Jacques Amard, sacristain, frère François Delorme, frère Claude Légier, frère Girard Bonnefoy, frère Charléaz Gaud, tous profès.

Du côté des maçons, on remarquait Louis Lacrosaz et Jean Châtelain, tous deux prieurs, — Claude Viviand — Claude Gaudin — Pierre Légier — César Vessieu — Benoît Légier — François Pollien — Félix Rolland dit Bornier — Etienne Perret — Pierre Lassiaz — Michel Mirel — Michel Blanc — Claude Perret — Claude de Lulia — Etienne Vernay — Pierre Goy — Amédée Destra — Antoine Cohendoz — Pierre Mavod — Claude Besson, tous maîtres.

Les premiers s'engagèrent : 1° à dire chaque dimanche, au grand autel, une messe basse ; 2° à sonner la grande cloche du couvent, la veille de la fête des Quatre-Couronnés, aux vêpres et après les complies de la solennité ; 3° à célébrer le plus solennellement possible, le jour de cette même fête, au grand autel, une grand'messe avec diacre et sous-diacre ; 4° à chanter le même jour les vêpres des Morts, et, le lendemain, une grand'messe, suivie de l'absoute, pour tous les défunts de la confrérie ; 5° à assister à la procession accoutumée de celle-ci, dans la ville, le jour de la fête des Quatre-Couronnés ; 6° à sonner le glas avec la grande cloche, le lendemain de cette fête, pour le chantal des Morts.

Les maçons s'obligèrent, de leur côté ; 1° à payer aux religieux trente florins, le lendemain de la fête des Quatre-Couronnés ; 2° à fournir le luminaire pour leurs offices religieux, pendant l'année ; 3° à payer un florin à l'organiste ; 4° à payer un autre florin au carillonneur de la veille et du jour de la fête patronale de la confrérie, ainsi qu'à fournir des hommes pour sonner ; 5° à planer et blanchir le chœur, depuis la balustrade jusque derrière le chœur, et à faire repeindre les armes de son Altesse Royale.

En ce qui concerne ces deux dernières réparations, il fut aussi convenu que les religieux fourniraient eux-mêmes le bois et les cordages pour les échafaudages [1].

Quinze ans après cette première convention, le 9 novembre 1650, les maçons fondèrent, dans la même église des Dominicains, une messe de *Requiem* pour les défunts de la confrérie, et une autre messe à dire tous les vendredis de l'année, à leur autel entre sept et huit heures du matin en hiver, et six et sept heures en été.

Les contractants furent cette fois, du côté des maçons : Michel Blanc — Pierre Lassiaz — Louis Crosaz — Etienne Perret — Etienne Tardy — Claude Châtellain — Romain Favre — César Viddet — Michel Etienne, précédemment prieur — Jean Louis, prieur moderne — François Balthazard, second prieur — Antoine Maurier — George Bellod — Claude Pasquier — Bernard Perrier.

Du côté des religieux, se trouvèrent les Révérends Pères Christophe Crochon, docteur en théologie, sous-prieur — François Delorme — Ambroise de Guibergue — Antoine Grenier — Dominique Thorombert — Jacques Pellin — Hyacinthe Histoire — Maxime Gaymoz — Gervais Granier, tous profès.

D'après l'état qui en fut demandé par le roi Victor-Amé-

---

[1] L'entreprise des travaux fut donnée, le 11 novembre 1635, à Louis Crosaz pour le prix de 90 florins.

dée II, le 20 avril 1733, la confrérie des maçons, outre les intérêts d'un certain nombre d'anciennes fondations et rentes constituées, percevait annuellement en revenus : 1° tous les dimanches, de celui qui offrait le pain bénit, douze sous ; 2° toutes les années, de chaque maître douze sous, de chaque compagnon six sous ; 3° de chaque maître natif de Chambéry, levant boutique, un demi écu d'or, soit trois livres trois sous ; 4° de chaque maître étranger, levant boutique, un écu d'or, soit six livres six sous ; 5° d'une obligation du 10 février 1714, trente-neuf livres ; 6° d'une autre obligation du 22 décembre 1671, au capital de cent florins, trois livres seize sous.

Les dépenses annuelles de la même confrérie comprenaient les aumônes et les honoraires payés, savoir : à chaque compagnon nécessiteux de passage dans la ville, ce qui arrivait souvent, dit la pièce que j'ai sous les yeux, cinq sous ; aux Dominicains, pour le service religieux de la confrérie, quarante-trois livres seize sous ; aux mêmes, pour le service de décès de chaque maître, trois livres seize sous ; pour le luminaire de la chapelle, vingt livres. Enfin, il était aussi donné un honoraire au curé et aux clercs de Saint-Léger, pour la sonnerie et le port de la croix, dans les processions solennelles de la confrérie qui se faisaient en ville [1].

Actuellement, les maîtres maçons ont pris le nom d'entrepreneurs. Dans le nombre de ceux qui résident à Chambéry, on remarque principalement :

Bernasconi, faubourg Maché. — Bernard dit Mézin, faubourg Montmélian. — Chapperon, place Saint-Léger.—

---

[1] *Archives du Sénat* (Dossiers divers).

Chambon, faubourg Nezin. — Didier, rue Michaud. — Fiard, rue Dacquin. — Giazzi, route d'Aix. — Gilly, faubourg Montmélian. — Girard et Blanc, rue Basse du Château. — Gougou, rue d'Italie. — Grosso, rue Macornet. — Guichon, faubourg Reclus. — Guillon, place Monge. — Mazurat, place Monge. — Michel, place Monge. — Morel, place Monge. — Nocca, rue du Lycée. — Nouvellement, Portiques. — Perratone, rue de la République. — Perratone, avenue du Champ-de-Mars. — Passieux, rue de la Banque. — Roulet, rue Freizier.

———

II

DOCUMENTS

Ordonnances, statuts et articles pour les prieurs de la confrérie des Quatre-Couronnés et aultres maistres massons de la présente ville de Chambéry et franchises.

Premièrement ont délibéré et ordonné que, touttes les années, le jour et feste des saincts Quattre Couronnés, s'offre ung pain bénict par les maistres massons, lequel sera pourté solempnellement en l'esglise Desmains (de Lémenc), au grand autel, assistants au divin office et à la procession tous les maistres massons, leurs femmes ensemble, aussy tous les compagnons massons, sans nul exempt, sinon le cas de nécessité urgente, comme de malladie, ou qu'ils fussent absents loing d'une journée, et à ce pourront estre contraincts à peyne contre les défaillants de l'amende d'un florin, laquelle amende lesquels défaillants seront contraincts payer comme dessus, et sera mis dans la boyte que, pour ce, sera faicte.

Item, que, toutes les années, le jour et feste saincts Quattre Couronnés, sera dicte et célébrée une grande messe au susdict grand autel Desmains (de Lémenc), le plus sollempnellement que faire se pourra, et faire bénir le pain.

Item, que, pour le luminaire de ladicte confrérie, seront faicts deux gros cierges et deux petits, que seront ardants lhors qu'on célébrera la messe et divin office, lesdicts jour et feste des saincts Quattre Couronnés.

Item, ont ordonné que, l'année proche venant, le jour et feste susdicts des saincts Quattre Couronnés, comme lesquels massons seront assemblés, ils fonderont une messe basse, qui sera dicte et célébrée au grand autel, toultes les dimanches succécutivement, et seront tenus tous les massons payer, l'ung après l'aultre, ladicte messe avec un petit pain bénict, laquelle messe et pain benict les prieurs seront tenus exiger et recouvrer de ceux à qui le crochon sera estre donné.

Item, que chacung jour et feste saincts Quattre Couronés, seront esleus, entre les susdicts massons, deux prieurs, qui porteront ladicte charge durant une année, lesquels, cas advenant qu'ils reffusassent fère la charge, seront contraincts.

Item, ont ordonné que, quand quelque maistre masson ou sa femme décèdera à Chambery, ou bien riesre ses franchises, tous les susdicts maistres ou maistresses seront tenus assister à son enterrement, fère pourter les deux gros cierges et six cierges allumés, et quattre desdicts maistres tiendront le carre du linceul que sera sur le corps, et les absents seront tenus payer trois sols, qui seront mis dans ladicte boyste.

Item, que, à chaque mortuayre, soit de maistre ou de maistresse, chacung desdicts maistres ou maistresses paye un escu Savoye, que sera mis dans ladicte boyste.

Item, tous les maistres massons payeront annuellement, le jour et feste des saincts Quattre Couronés, un florin, et les compagnons six sols, pour fère le service divin, et le tout sera mis dans ladicte boyste, et les prieurs tenus d'exiger d'ung chacung.

Item, que, toutes les années, se fera un chantal en ladicte esglise Desmains (de Lémenc), sellon la faculté de l'argent qui se trouvera dans la susdicte boyte, et seront tenus, tant les maistres que compagnons, bailler un sol pour chascung d'iceux.

Item, que tout homme qui vouldra s'ingérer lever hostellier de maistre masson, dans la présente ville de Chambéry, faubourgs et franchises d'icelle, sera tenu payer et mettre en la boyste de la présente confrérie ung escu d'or, s'il est estrangier ; et s'il est enfant natif de ladicte ville ou franchises d'icelle, ne payera que la moytié, et cas, sera contrainct par toutte rigueur de justice, *etiam* par emprisonnement de sa personne et prompte exécution de ses biens.

Item, ont ordonné que nul masson estrangier ne pourra et ne luy sera loysible lever hostellier de maistre masson dans ladicte ville, faubourgs et franchises d'icelle, que préallablement il ne fasse apparoistre par bonne et souffisante attestation du lieu son origine, qu'il est homme de bien, de bonne fame et réputation, ayant vescu et vivant catholiquement.

Item, ont délibéré et ordonné que nul des maistres massons ne retirera aucung compagnon sortant du service d'ung aultre maistre, riesre les franchises de ceste ville, pour luy donner quelqu'une besoigne, sans la permission et consentement du maistre qu'il aura demeuré en service, à peine d'ung escu d'or, qui sera mis dans ladicte boyste et sera payé sans départ, et, à ce, pourrait estre contrainct comme dessus.

Item, que nul apprentif ne sera receu au mestier de masson, que au préalable il ne paye une livre de cire pour ladicte confrérie, à faulte de quoy le maistre d'icelluy sera, comme dessus, contrainct de payer pour ledict apprenti et sans départ.

Item, que nul maistre masson ne recepvra à son service aulcung apprentif sortant d'un aultre maistre masson, s'il ne parachève son temps avec son précédent maistre, à peyne d'ung escu d'or applicable pour ledict service divin, et de tous despens, dommages intérest dudict précédent maistre, ce dict des aultres maistres, et à ce seront contraincts comme dessus.

Item, que tous maistres massons, comme il leur viendra quelque compagnon, seront tenus lui fère entendre les susdictes ordonnances, affin qu'il ne puisse prétendre cause d'ignorance.

Item, que quelconque qu'il y ait compagnon masson qui passera par ceste ville, se trouvant en nécessité d'argent, luy seront donnés cinq sols Savoye pour la passade, lesquels seront prins dans la susdicte boyste. Signé Rolet, lieutenant, et Josserand, curial [1].

[1] *Archives du Sénat,* vol. XXXII, fol. 60, 1612-1615.

CORPORATION DES CHIRURGIENS

I

SOMMAIRE HISTORIQUE

Le plus ancien document officiel que j'ai découvert sur l'ancienne corporation des chirurgiens de Chambéry remonte au 27 juillet 1625. C'est l'acte même de la constitution que la confrérie se donna, après avoir assisté à la messe et imploré le Saint-Esprit. Les chirurgiens, qui figurent au bas de cette pièce, sont au nombre de dix et se nomment Brondel, F. de La Fontaine, J. Balle, Longy, C. Bizet, J. Laurent, Vespre, J.-F. Vizet, Truittat, J.-F. Doncel.

Comme on l'a vu pour les corporations qui précèdent, les chirurgiens ne séparent point l'exercice de leur profession de l'honneur à rendre à Dieu. C'est au nom de la Très Sainte et Indivise Trinité, de la Très Glorieuse Vierge, et au nom des saints Côme et Damien, qu'ils forment leur Société ; c'est Dieu, auteur de tout, qu'ils se proposent d'avoir toujours en leur pensée, afin de mieux régler leurs actions en vue du plus grand honneur de leur profession et du meilleur profit du public. La devise qu'ils adoptent est : *Initium sapientiæ timor Domini.*

Comme preuve de ces sentiments religieux et élévés, tous les confrères devront assister, le jour de la fête des saints Côme et Damien, à la grand'messe et aux autres offices divins qui seront célébrés dans la chapelle de la confrérie.

Le lendemain, ils ne manqueront, non plus, d'être pré-

sents au service funèbre et aux autres prières, qui se feront
pour tous les défunts de la corporation. En outre, lorsque
quelque membre ou sa femme tomberont malades, le prieur
sera tenu particulièrement de les visiter et de les secourir
en bon chrétien et en bon confrère.

Les ordonnances, en ce qui concerne la conduite de la
Société au point de vue professionnel, sont ensuite très
détaillées.

La corporation sera présidée à tour de rôle, pendant une
année, par chaque membre suivant l'ordre d'ancienneté.

Aucun chirurgien ne pourra se substituer à celui qui aura
commencé un pansement, sans avoir obtenu préalablement le consentement de ce dernier. Dans le cas, où devant
le défaut du premier chirurgien empêché de lui continuer
ses soins, ou par simple caprice, un malade en requiert
d'urgence un autre, celui-ci, avant de s'interposer effectivement, devra faire payer, ou payer lui-même les honoraires
de celui qui l'a précédé.

Tout chirurgien, qui aspirera à la maîtrise, devra obtenir
le consentement de l'autorité supérieure, être reconnu capable par tous les maîtres jurés et payer une pistole au profit
de la chapelle de la confrérie.

Tout apprenti, à son entrée en apprentissage, et, à son
défaut, le maître qui l'aura reçu, sera tenu de remettre au
prieur deux florins pour les dépenses de la même chapelle.

Le jour de la fête patronale de la confrérie (27 septembre), il y aura une assemblée générale des maîtres, où il
sera successivement rendu compte des recettes et des dépenses de l'année, réglé les différends entre les confrères,
et statué sur les contraventions au règlement. Lorsqu'il y
aura urgence à traiter quelque question importante intéressant la Société tout entière, ou seulement quelques-uns

de ses membres, les quatre maîtres plus anciens devront d'abord tâcher de la résoudre. S'ils ne peuvent y parvenir, ils convoqueront l'assemblée générale, qui prononcera en dernier ressort.

Chaque chirurgien devra surtout considérer, dans ses actions, l'honneur de la corporation, vivre en bonne harmonie avec ses confrères, et les aider de ses services et de ses conseils en toute occasion.

Aucun maître ne pourra recevoir à son service un compagnon qui aura été employé chez un autre maître, sans le consentement de celui-ci, ou, tout au moins, avant un intervalle de trois mois pendant lesquels le compagnon aura vécu hors de la ville.

Le jour du service funèbre pour les trépassés de la confrérie, les apprentis seront tenus de prêter leur concours, s'il est nécessaire, pour sonner les cloches.

Lorsqu'un membre de la Société sera décédé, il sera célébré, le lendemain ou le jour qui conviendra le mieux, un service funèbre pour le repos de son âme.

L'infortune des confrères ne devra point aussi être négligée. S'il arrivait que quelqu'un d'entre eux tombât dans la nécessité, le prieur en avertirait les autres maîtres et s'adresserait à leur bonne confraternité pour lui porter secours [1].

Toutefois, une modification de ces statuts eut lieu en 1676, et fut présentée à l'approbation du Sénat, le 14 février de cette même année, par les chirurgiens Duchesne, Histoire, Alphonse, Grilliet, Robert, Citre, Degalle, Vespre et Vallet.

Les offices religieux du jour de la fête patronale des saints

[1] *Archives du Sénat*, vol. XL, fol. 305, 1639-1646.

Côme et Damien, ainsi que ceux du lendemain spécialement célébrés pour les défunts de la confrérie, furent maintenus. Chaque maître chirurgien, ou veuve de maître continuant d'exercer la profession de son mari, devaient payer annuellement pour ces offices religieux deux florins. Tous devaient y assister, sauf empêchement pour cause de maladie, sous peine d'un quart d'écu d'amende.

Le roulement par rang d'ancienneté ne fut plus suivi pour la présidence de la corporation. Désormais, le prieur serait élu par l'assemblée générale des maîtres, le jour de la fête patronale, et, en même temps, l'ancien prieur rendrait ses comptes.

Comme il était déjà recommandé anciennement, le chef de la Société avait principalement, parmi ses autres devoirs, celui de maintenir les bons rapports entre les confrères. Dès que la mésintelligence venait rompre l'harmonie qui devait régner parmi eux, il était de sa charge de faire tous ses efforts pour la faire disparaitre à l'amiable, et, au besoin, de condamner, par un jugement exécutoire sous peine de deux quarts d'écus d'amende, le coupable à donner satisfaction à son adversaire.

Les conditions pour arriver à la maîtrise, ainsi que les obligations des membres de la corporation, en ce qui concernait l'exercice de leur profession, étaient aussi réglées de la manière suivante.

Nul ne pourra lever boutique qu'il n'ait subi, à des intervalles plus ou moins longs, trois examens oraux devant les maîtres assistés d'un délégué du Sénat et du procureur général, et qu'il n'ait fait avec succès une opération chirurgicale sur un corps humain, telle qu'elle aura été proposée par les mêmes examinateurs. Toutefois, avant d'être admis à ces diverses épreuves, l'aspirant devait avoir payé, le jour précédent, entre les mains du prieur, le droit fixé pour chacun des actes. Après sa réception, il était tenu de payer une pistole pour la chapelle, et de prêter serment entre les mains du même prieur. Une faveur était cependant accordée aux veuves, elles pouvaient, à l'aide d'un garçon, continuer à tenir la boutique de leurs maris, pourvu que ce garçon eût été examiné et approuvé par les maîtres.

La profession de chirurgien était privilégiée, à peu près comme toutes les autres dont il est question dans ce travail. Nul ne pouvait l'exercer dans la ville ou ses faubourgs, même secrètement en chambre, s'il n'avait été reçu à la maîtrise dans les formes qui viennent d'être expliquées. Il était aussi interdit à quiconque de pratiquer la chirurgie dans un périmètre de la ville moindre d'une lieue, s'il n'avait, non plus, subi avec succès, au moins l'examen requis des garçons des veuves.

La même défense qui existait anciennement, au sujet de la concurrence de deux chirurgiens auprès d'un malade, continua à subsister. Il n'était permis à aucun d'eux, même sur la demande instante de celui-ci, de se substituer l'un à l'autre, pour un pansement déjà commencé, à moins que le premier n'eût été à l'avance entièrement désintéressé de ses soins.

Je ferai remarquer, en terminant cet exposé du nouveau règlement de 1676, que, quiconque était admis à lever boutique de maître, devait, pendant les six mois suivants, servir gratuitement à l'hospice de la Charité. Quant aux apprentis, ils étaient tenus, sous la responsabilité de leurs patrons, de payer deux florins pour le droit « de toucher au métier. »

Ces statuts furent effectivement entérinés par le Sénat de Savoie, le 5 mars 1676 [1].

Archives du Sénat, vol. XLVII, fol. 116, 1678-1680.

*
* *

Le règlement dressé en 1726, conformément aux ordonnances royales de 1725, tout en conservant l'esprit et les principales dispositions qui viennent d'être rapportées, apporta encore en certains points, comme on va le voir, quelques modifications nécessitées par les circonstances.

Le prieur devra être nommé, à la majorité des suffrages, par l'assemblée générale des maîtres, le dimanche qui précédera la fête patronale des saints Côme et Damien, et ne verra pas son mandat s'étendre au delà d'une année. Le nouvel élu ne pourra refuser l'office qui lui aura été ainsi conféré, sous peine d'un écu d'or d'amende. Aussitôt après son élection, assisté de deux maîtres députés à cet effet, il recevra de son prédécesseur le compte-rendu des recettes et des dépenses de l'année écoulée, ainsi que tous les titres intéressant la confrérie. Il sera tenu, en outre, le lendemain de son élection, de prêter, entre les mains du vicaire de police, serment de veiller à l'observance des statuts et de donner avis des abus qui pourraient être commis par les membres de l'association.

Aucun chirurgien ne sera admis à exercer sa profession dans Chambéry et ses dépendances, à peine de vingt livres d'amende, s'il n'est catholique romain, et s'il n'a subi auparavant un examen de capacité, et fait avec succès le chef-d'œuvre proposé par les maîtres. L'examen devra se passer en présence du vicaire de police[1], qui en sera avisé par le

---

[1] On nommait de ce nom l'officier qui fut institué, le 12 mai 1725, par le roi Victor-Amédée II, pour remédier au mauvais état dans lequel étaient tombées la surveillance de la police et l'administration des revenus de Chambéry. En présence de l'amélioration qui s'était produite par ses soins, il fut supprimé par Charles-Emmanuel III, le 25 juillet 1737, et les attributions qui lui

prieur et qui en fixera le jour. L'aspirant qui se présentera
à cette épreuve sera tenu aussi de justifier qu'il a déjà pratiqué l'art de la chirurgie, au moins trois ans comme compagnon, en dehors du temps d'apprentissage. Il sera interrogé,
à commencer par le plus récent, successivement par tous
les maîtres, qui voteront ensuite sur son admission. Quant
aux redevances qu'il aura à payer préalablement, à cette
occasion, elles seront d'un écu d'or pour chaque acte au
vicaire de police, et deux livres dix sous à chaque maître.

Aucun sarron, soit compagnon étranger, ne pourra, à
peine de dix livres d'amende, entrer au service d'un maître
de la ville, qu'il n'ait prouvé sa qualité de catholique romain
et qu'il a accompli son temps d'apprentissage.

Tout maître qui aura manqué trois fois gravement, dans
l'exercice de sa profession, sera déchu et ne pourra plus
pratiquer la chirurgie, sous peine de cent livres d'amende
en faveur de la corporation [1].

Je n'ai besoin de rappeler que la chirurgie [2] s'occupe en
général des maladies externes, de leur traitement, et particulièrement des procédés manuels qui servent à leur guérison. Depuis la chute de l'empire romain, elle fut pratiquée
pendant longtemps, dans l'Europe chrétienne, par le clergé.

avaient été transportées, telles que la juridiction sur la police,
l'administration des revenus communaux et l'inspection des bâti-
ments, furent restituées à la ville. En même temps, le nombre
des conseillers municipaux, qui était auparavant de quarante, fut
réduit à trente-deux, dont huit gentilshommes, huit avocats, huit
procureurs et huit bourgeois. Tous les ans, le conseil devait
désormais élire un syndic de chacune de ces quatre classes.

[1] *Archives municipales de Chambéry*, n° 1050.
[2] Mot provenant du grec, *cheir*, main, et *ergon*, travail.

Mais, en 1163, le concile de Tours l'ayant interdite aux ecclésiastiques, elle se trouva livrée à l'ignorance et au charlatanisme. On vit alors naître les *renoueurs*, les *rebouteurs*, et au-dessus d'eux la corporation des *chirurgiens-barbiers*, dont l'existence se maintint jusqu'en 1789.

Toutefois, à partir du seizième siècle, cet art commença à se relever, et prit ensuite, sous l'impulsion d'hommes célèbres, un essor qui l'amena au très haut rang de perfection où nous le voyons aujourd'hui.

Parmi les noms des anciens chirurgiens de Chambéry, en dehors de ceux que l'on a déjà vus précédemment, je citerai principalement, d'après les érudits qui les ont recueillis [1] : 1535, Thomas de Anzo — 1715, Virginé — 1730, Marmichon — 1738, François Blanc — 1743, Claude Mugnier — 1747-60, Louis Belly — 1748, Guillaume Pugin — 1776, Mermet — 1784, Jean-Baptiste Trepied.

Depuis la réorganisation des études en 1795, et surtout depuis la loi de ventôse an XI, la chirurgie ne fut plus séparée de la médecine pour les diplômes de docteur, et, dès lors, on ne désigne plus ceux qui ont ainsi acquis le droit de soigner les maladies internes et externes que sous le nom générique de médecins.

[1] Voy. *Les Médecins,* notes recueillies par feu le docteur Louis GUILLAND, mises en ordre et précédées d'une introduction par François RABUT, professeur d'histoire *(Société savoisienne d'histoire et d'archéologie,* vol. XXVII).

II

DOCUMENTS

*Règlement et statuts touchant la confrérie des Saints Cosme
et Damien érigée dans la présente ville de Chambéry.*

Initium sapientiæ timor Domini

Au nom de la Très Saincte et Indivise Trinité et de la très
glorieuse Vierge Marie, mère de Dieu, et au nom et protection de Sainct Cosme et Sainct Damien, comme intercesi-
seurs devant le throne de la majesté divine pour tous les
confrères, qui devotement et catholiquement se sont sousmis
sous leurs sauvegarde et dévotion, et particullièrement
pour obtenir d'eux la grace de pouvoir deument et parfaic-
tement exécuter leurs charges, tant au prouffit du public
que pour l'honneur, tant commun que particullier de leur
charge, tous les confrères soussignés commençants la très
saincte et très louable confrérie desdicts Saincts, nos protecteurs, tant pour eux que pour lesdicts articles cy apprès,
qui seront introduicts à ladicte confrérie, ont statué et délibéré devant Dieu de deument observer et volontairement
exécuter lesdicts règlement et statuts de ladicte confrérie,
cy apprès desduicts, aiants esté accordés comme religieu-
sement, devottement et utilement par eux, communément
assemblés pour cet effet, apprès avoir impétré l'assistance
du Saint Esprit en une messe, pour cet effet publiquement
célébrée, ce qu'ils ont faict de zèle et ardeur qu'ils ont en
servant Dieu, avoir un protecteur devant son très auguste
throsne, et pour s'entraisder et chérir, tant pour le prouffict
du public et pour l'honneur de Dieu, de la communauté et

des particuliers, prions tous Dieu, tant pour eulx que pour leurs perpétuels successeurs, leur voulloir faire la grace. Signé BRONDEL, F. DE LA FONTAINE, chirurgien, VESPRE, chirurgien. Le 27 septembre 1634.

1. Le jour de la feste de sainct Cosme et sainct Damien, tous les confrères assisteront à la grande messe et autres offices divins, qui se feront dans la chappelle ce jour-là.

2. Le lendemain, apprès la feste susdicte, lesdicts confrères se treuveront aux anniversels et prières publiques, qui se feront pour tous nos maistres et confrères défuncts, pour prier pour leurs ames.

3. Et, cas advenant que quelques maistres ou confrères tombent malades, ou leurs femmes, sera tenu le prieur esleu ceste année de rendre son devoir comme bon chrétien et confrère.

*
* *

Statuts pour l'union des confrères.

1. Et, d'autant que pour le règlement d'une communauté soict un chef qui ait soin du bien public de la confrérie, la communauté a commis et commet le plus ancien chirurgien pour estre prieur pour une année tant seulement, et l'année de ladicte prieurie suivante luy succédera sans élection le plus ancien après luy, et ainsy annuellement et consécutivement par ordre a perpétuité, jusques à revolvement au premier, s'il y eschoit.

2. Et, pour maintenir et contenir l'union entre les maistres chirurgiens, est convenu et estably entre eux amiablement que autre chirurgien ne pourra lever aucung appareil, tant à la ville qu'aux champs, que ce ne soit par le consentement du précédent chirurgien qui l'aura pansé, tant

servitteurs qu'apprentis, et, cas advenant que le malade
hors de ville requiert assistance de quelque aide chirurgien,
celluy ci, en tel cas, pour ne pouvoir avoir l'assistance du
premier, le pensera une première foys, et, avant que de
passer outre, fera païer, ou paiera les précédens appareils.

3. Aulcung chirurgien ne pourra nouvellement ériger
boutique sans le consentement des magistrats ou supérieurs,
ou par eux, par attestation et par lettres, recogneu capable,
et, à faute de ce, jusques aiant, qu'autrement, soit par
iceux, pourveu le consentement de tous les maistres recog-
noissants de sa capacité, et, suivant ce, ne sera admis à la
communauté, que le maistre esleu ne paye pour la chappelle
une pistolle.

4. Tous les apprentis seront tenus, à leur entrée, de
consigner à la boite dudit prieur deux florins, et, à faute de
ce, le maistre est responsable du tout pour les debvoirs et
despenses de la chappelle.

5. Tous les maistres qui traicteront véroles et autres
maladies de nottable blessure ou inconvalescence, recom-
manderont aux parties quelques offrandes pour la chappelle,
qu'ils mettront dans la boite commune de ladite confrérie.

6. Que, le jour de la feste, s'assembleront tous les maistres et confrères en lieu à ce par le prieur destiné, pour
avant toutes choses convenir publiquement des comptes,
des différends entre les confrères, accorder les inimitiés et
prouvoir sur les contraventions des susdicts statuts, desquels
présentement il sera décidé entre eux à la plusralité des
voix, et seront conviés les condamnés d'amiablement satisfaire.

7. Et, cas advenant qu'il impourtat de prouvoir, avant
ladite resligion de l'an, à quelque différend, ou autres
choses, pour la communion ou pour les particulliers, audit

cas le prieur assemblera les quatre plus anciens maistres audit lieu, pour vuider le différend, et, si eux ne le peuvent, assemblera la communauté au jugement de laquelle seront tenus absolument se régler.

8. Auront principal soing, à leurs actions, de l'honneur et debvoir deubs à toute la médecine, en général, visant premièrement à ce but pratiquer l'honneur et mutuel debvoir qu'ils se doivent l'ung à l'autre, tant en ce qui concerne les mutuels conseils touchant leurs cures et mutuelles assistances, comme aussy touchant les mutuels prests des utils qu'ils ont, pour se les communiquer mutuellement les uns aux autres.

9. Le prieur de l'année sera tenu tirer quittance des messieurs les religieux de Saint-François, et retirera les torches et chandoilles et les remettra au prieur qui continuera par apprès, comme aussy l'argent que luy restera du rendant compte à tous les maistres.

10. Aucung maistre, lequel aura faict assistance de quelques praticques, ne sera tenu de ballier aucun argent mis à l'appareil.

11. Ne sera permis à aucung maistre de recepvoir aucung compagnon, qu'il n'ait demeuré trois mois hors la ville, et sans consentement du maître où il aura demeuré.

12. Comme aussy tous apprentifs seront tenus, le lendemain de la feste, d'assister pour sonner les cloches pour les trépassés eux-mêmes, si besoing en est.

13. Et s'il y a quelque maistre qui fust nécessiteux, le prieur sera tenu d'advertir les maistres pour l'assister, en faisant courir une boite, chacung à sa devotion.

14. Cas advenant qu'il décéda quelque maistre, l'on fera faire son chantal le lendemain, ou autre jour qu'il sera accordé par les maistres.

15. Et, d'autant qu'en tous statuts la principale direction doit procéder de celluy qui est auteur de tout, seront principalement advertis tous les confrères en toutes leurs actions, soit despendantes des susdicts statuts que autres, d'avoir tousjours devant leurs yeux Dieu comme présent et juge, tant de leurs dictes actions que de leurs intentions, pour eux se régler entre eux comme bons confrères et chrestiens. Signé BRONDEL, F. DE LA FONTAINE, chirurgien, J. BALLE, chirurgien, LONGY, chirurgien, C. BIZET, chirurgien, J. Laurent VESPRE, chirurgien, J. F. VIZET, chirurgien, TRUITTAT, chirurgien, J. C. DONCEL, chirurgien [1].

*
* *

Teneur des statuts touchant la confrérie des saincts Cosme et Damien érigée dans la présente ville de Chambéry, tirés des anciens statuts, et auxquels a esté adjousté du consentement de tous les confrères pour éviter les abus qui pouroient se commettre par cy après, et, lesquels présents statuts, ils promettent d'observer et faire observer soubs le bon plaisir du Sénat.

Premièrement, lesdicts maistres chirurgiens de la ville de Chambéry, soit faubourgs d'icelle, feront dire le jour des SS. Cosme et Damien, a leur chapelle une messe haulte, et le lendemain aussy feront célébrer une messe de mort pour le soulagement de l'âme des maistres deffuncts, et, pour cela, chacun desdicts maistres, soit leurs veufves faisant exercer leur art apprès leur mort, payeront annuellement deux florins.

Item, seront obligés lesdicts maistres d'assister aux susdits

---

[1] *Archives du Sénat,* vol. XL, fol. 305, 1639-1646.

offices, faute de ce, payeront un quart d'escu entre les mains du prieur, sans s'en pouvoir excuser, à moins que d'estre malades.

Item, lesdicts maistres esliront, le jour de leur feste, un prieur, en présence duquel et de deux autres des maistres qui seront à ce députés, le précédent prieur posera compte de son administration le mesme jour de la feste, et l'après diné ; et, en tant que le prieur qui sortira de charge ne volleust poser ce compte, comme dict est, il payera deux quarts d'escu pour la première fois ; et, en cas qu'il sy opiniatrat plus outtre, il payera cinquante livres applicables, comme cy après.

Item, s'il arrive quelque différend entre quelques-uns des maistres, concernant leur proffession, le prieur tachera de les accomoder et connoistra de leur différend, ou bien, à son absence, le plus ancien des maistres, lesquels, en ce cas, pourront obliger le coulpable de faire satisfaction à l'autre ; et, en tant qu'il ne veule satisfaire à ce qui aura esté ordonné, il payera pour cela deux quarts d'escu applicables à la boete.

Item, ne pourra lever boutique de chirurgie qu'il n'aye esté examiné par les maistres trois diverses fois, en présence de tel seigneur qui sera commis par le Sénat, et du seigneur procureur général, et que de ce il n'aye esté recogneu capable.

Item, qu'avant de procéder audit examen, tout aspirant sera obligé de consigner entre les mains du prieur, le jour auparavant, ce qui se doibt pour chasque acte, et ledit examen et opération estant faicts, s'il est trouvé capable, il sera receu maistre avec les privilèges accoustumés, en payant une pistole pour les droits de la chappelle et prestant le serment entre les mains du prieur.

Item, qu'avant aussy que d'estre recogneu pour maistre, il sera obligé de faire une opération chirurgicale sur un corps humain, telle que les maistres la trouveront à propos, et sur laquelle opération, il sera examiné ; et en tant qu'il ne fut trouvé capable, il sera renvoyé.

Item, nul ne pourra pratiquer ledit art en chambre, pour quelle cause que ce soit, à moins que d'avoir esté passé maistre, à peyne de quarante livres d'amende applicables, la moitié à la boete, et l'autre moytie à la Charité, et de confiscation de leurs instruments.

Item, nul maistre, compagnon, ny apprentif, ne pourra lever l'appareil d'un autre qu'au préalable il ne l'aye faict appeller ; ce qu'estant faict, et, en cas que le malade ne volu plus se servir de luy, au dict cas, il sera payé à celuy qui l'aura mis ce que lui sera deub pour cela, et en tant que quelcun leva ledit appareil, sans avoir faict ce que dessus, il payera dix livres d'amende applicables, comme cy devant.

Item, que nul maistre ne pourra prendre chez luy un compagnon sortant de chez un autre maistre, que par antécédent il n'aye demeuré trois mois hors la ville et faubourgs, et sans le consentement du maistre où il aura demeuré, à peyne de cent livres applicables comme dessus, dans lequel article ne seront compris que les compagnons estrangers.

Item, tous nouvellement passés maistres seront obligés, pendant six mois, de servir la Charité pour rien, et tous apprentifs payeront pour une fois à l'entrée entre les mains du prieur deux florins ; et, en tant qu'ils n'y satisfairont pas, leur maistre sera obligé de le payer pour eux.

Item, sera permis à l'advenir aux vefves des maistres et à celles d'à présent de faire exercer ledit art de chirurgie, dans la boutique de leurs marys, par des garçons.

Item, qu'avant que les garçons pris par lesdittes vefves

puissent exercer ledit art, ils seront examinés une seule fois, sans que ledit examen puisse leur servir de rien, quand ils voudront se passer maistres, et, en étant qu'ils ne seroient trouvés capables, ils seront renvoyés.

Item, qu'au cas que lesdicts garçons exerçassent ledict art, avant ledit examen, les vefves qui les auront introduits payeront cinquante livres, et lesdicts garçons, autres cinquante applicables, comme dessus.

Item, ladite vefve ne pourra tenir aucun apprentif, a peyne d'estre privée du susdict privillège.

Item, que lesdicts garçons ne pourront faire aucun rapport, à moins qu'ils ne soient veus par le prieur, et un maistre qui, à ce, sera estably chaque année par la confrérie pour ce subject.

Item, que les garçons des veufves d'à présent seront aussy examinés comme les précédents dans le mois, et, faute de ce, fermeront boutique, et ne pourront, ny les autres des susdittes veufves, exposer des bassins au dehors, à peyne de dix livres.

Item, quand quelque maistre aura remis sa boutique à son compagnon, ledit compagnon ne pourra prendre aucun apprentif, à peyne de dix livres.

Item, que nul ne pourra résider, pour exercer ledit art, dans les lieux circonvoisins, à une lieue aux environs de la présente ville, que par un entécédant il n'aye esté examiné comme les garçons des veufves, et, en tant qu'avant ledit examen, il vinsse à s'ingérer à l'exercice dudit art, il payera cent livres applicables, comme dessus.

Item, que tous ceux qui exercent ledit art aux lieux circonvoisins à présent, se feront examiner dans le moys, à peyne de cent livres et privation de l'exercice dudit art [1].

---

[1] *Archives du Sénat*, vol. XL, 1639-1646.

*
* *

Règlement des chirurgiens, 1726.

Le corps des chirurgiens s'assemblera, le dimanche avant la fête des saints Cosme et Damien, pour élire un prieur de leur confrérie à la pluralité des voix, sans qu'aucun maitre puisse refuser cet emploi, à peine d'un écu d'or, applicable à la confrérie, sauf celui qui l'aura occupé l'année précédente, qui ne pourra pas être continué deux années de suite.

Cette élection faite, l'on lira dans l'assemblée, à haute et intelligible voix, les statuts et les règlements qui regardent la confrérie, et le prieur ancien remettra au moderne tous les titres de la confrérie, en présence duquel et des deux maitres députés à ce sujet, le prieur ancien rendra compte le même jour des revenus de ladite confrérie, qu'il aura dû exiger l'année précédente, sous la même peine que dessus.

Le prieur élu se représentera le lendemain de cette élection au bureau du Vicariat, où il prêtera serment de veiller à l'observance des statuts, et d'y donner avis des abus qu'il découvrira dans son art, sous la même peine que dessus.

Personne ne pourra exercer la profession de chirurgien dans la présente ville, fauxbourgs et dépendances, qu'il ne soit catholique, apostolique romain, et qu'il n'ait subi deux examens, et fait une opération de chirurgie sur un corps humain, tel que les maitres le trouveront à propos, à peine de vingt livres d'amende applicables, comme dessus.

Les examens se feront en présence du Vicaire de police, qui fixera les jours auxquels ils se devront faire, et pour cet effet l'aspirant s'adressera au prieur, qui en donnera avis au Vicaire de police.

Aucun ne sera reçu à ces examens qu'il ne rapporte attestation, en due et probante forme, d'avoir exercé la chirurgie pendant trois années dans quelque ville, outre le temps d'apprentissage dont il rapportera acquit.

Dans cet examen, les interrogats seront commencés par le dernier maître, et ensuite chacun en son ordre et rang, sans qu'aucun parent ou allié de l'aspirant puisse faire des interrogats, ni y assister, de même qu'à l'opération de chirurgie. Tous ces actes faits, le prieur recueillera les voix des maîtres qui auront assisté, et l'aspirant sera ensuite reçu ou renvoyé, selon qu'il sera jugé capable. Ensuite de quoi, il prêtera serment entre les mains dudit Vicaire d'observer le présent règlement.

L'aspirant sera obligé de payer au Vicaire de police un écu d'or par chaque acte, et deux livres dix sols à chaque maître assistant pour tous les actes, lesquelles sommes seront consignées entre les mains du prieur, avant le premier examen susdit.

Il est défendu à tous les maîtres aucunes paroles injurieuses ou mauvaises dans les assemblées, à peine de quatre livres d'amende applicables, comme dessus.

Nul maître ne pourra recevoir un sarron chirurgien, qui aura servi chez un autre dans la présente ville et fauxbourgs, sans en avoir donné avis au susdit maître, à moins que le susdit sarron n'eût demeuré hors de la ville trois mois après en être sorti.

Ils ne recevront aucun sarron étranger, qu'il ne rapporte son attestation de vie et mœurs, qu'il ne soit catholique romain, et qu'il ne rapporte acquit de son apprentissage, à peine de dix livres d'amende applicables, comme dessus.

Chaque apprenti paiera, en entrant en apprentissage, deux livres à la confrérie, dont les maîtres seront responsables, et donneront à cet effet note au prieur des apprentis qu'ils prendront, dans quinze jours après qu'ils les auront.

Nul maître, compagnon ou apprenti ne pourra lever l'appareil d'un autre, sans l'avoir fait appeler, à peine de dix livres ; et au cas que le malade ne voulût plus se servir du premier, celui qui aura levé l'appareil sera obligé de payer audit premier maître tout ce qui lui sera dû, sauf à lui de se le faire rembourser au malade.

Tous les maîtres étant convoqués par le prieur, seront obligés de se trouver à l'heure assignée pour quelque assemblée touchant les affaires de la confrérie, à peine de deux livres applicables comme dessus, sauf qu'ils ne fassent conster de quelque excuse légitime, et, l'heure passée, s'il ne se trouve que quatre maîtres avec le prieur, ce qu'ils auront réglé sera aussi valable, comme si tous eussent assisté.

Le prieur donnera avis au bureau du Vicariat de toutes les contraventions au présent règlement, et dès qu'un maître aura manqué trois fois dans des cas essentiels de sa profession, il n'en pourra plus travailler, à peine de cent livres d'amende applicables, comme dessus.

Tous ceux qui, quinze jours après la publication du présent règlement, travailleront en leur particulier de ladite profession, sans avoir été admis, approuvés et avoir juré d'exécuter ce que dessus, payeront cent livres à la confrérie, lesquelles, aussi bien que les autres peines pécuniaires ci-dessus, seront exigées chaque année par le prieur et serviront pour les réparations de la chapelle, célébration des offices divins et autres frais qu'il conviendra de faire à la confrérie, et chaque contrevenant devra les payer sans pouvoir prétexter d'aucuns privilèges ou exemptions [1].

[1] *Archives municipales de Chambéry*, n° 1050.

CORPORATION DES TISSERANDS

I

SOMMAIRE HISTORIQUE

La confrérie ou corporation des tisserands de Chambéry existait déjà depuis longtemps et était gouvernée par d'anciens statuts « conformes aux saints décrets et sanctions ecclésiastiques, » lorsqu'il fut apporté quelques modifications à ces statuts, dans le commencement du dix-septième siècle.

Un arrêt du Sénat de Savoie du 15 janvier 1637, un acte d'entérinement consenti par ce même tribunal souverain, le 19 juillet 1641, et une bulle du pape Alexandre VII, du 10 septembre 1661, sont les principaux documents qui m'ont fourni quelques détails sur cette société.

La confrérie des tisserands portait le nom de Notre-Dame de Grâce, et avait sa chapelle dans l'église des révérends Pères Cordeliers (aujourd'hui cathédrale).

De graves abus professionnels s'y étaient introduits, paraît-il, avant la date des actes sénatoriaux que j'ai cités. Déjà, un procès avait été nécessité contre un nommé Jean Malinjou, maître tisserand, qui prétendait se soustraire au devoir des maîtres étrangers levant boutique, de payer trente florins, et le Sénat avait été obligé d'intervenir pour faire respecter la coutume. Sur l'initiative et la requête d'un certain nombre de confrères, il fut apporté remède à cet état malheureux de la manière suivante :

Aucun tisserand ne pourra lever boutique sans le consentement et l'approbation de deux maîtres jurés élus, dans ce but, par la majorité des confrères.

Tout maître qui aura manqué à ses obligations professionnelles envers un particulier, sera passible d'un écu d'or d'amende au profit de la chapelle, et des dommages intérêts envers la partie lésée.

Aucun étranger ne sera admis à exercer l'art de tisserand dans la ville et ses faubourgs, qu'il n'ait fourni des preuves irrécusables du lieu de son origine, de ses bonnes mœurs et de sa fidélité constante à la religion catholique romaine.

Enfin, tout étranger qui sera admis à lever boutique dans la ville de Chambéry ou dans ses faubourgs devra payer trente florins entre les mains des prieurs, et les fils de maîtres, seulement la moitié de cette somme [1].

L'autorité ecclésiastique apporta, à son tour, à la confrérie, un appui moral non moins puissant, par les précieuses faveurs spirituelles dont elle la combla. Comme le pape Innocent X l'avait fait pour les tailleurs, le pape Alexandre VII accorda aux tisserands, moyennant les conditions ordinaires, en outre d'autres de moindre étendue, une indulgence plénière le jour de leur entrée dans la confrérie ; une autre indulgence plénière à l'article de la mort ; une troisième indulgence de même nature à ceux qui visiteront leur chapelle le jour de la fête de Notre-Dame de Grâce ; une quatrième à ceux qui visiteront la même chapelle aux quatre jours de fête que la confrérie aura choisis et fait approuver par l'ordinaire [2].

---

[1] *Archives du Sénat,* vol. XL, 1639-1646.
[2] *Archives du Sénat* (Dossiers divers).

***

On voit en outre, dans un autre document postérieur, qu'il fut apporté certaines modifications à ces ordonnances. Le 30 juillet 1702, les maîtres tisserands, réunis par-devant le notaire Chaffardon, délibérèrent de nouveau sur la réforme de leurs précédents statuts, et arrêtèrent ce qui suit : 1° Chaque maître et chaque compagnon payeront annuellement entre les mains de celui qui sera élu pour cette perception, le premier un florin, et le second six sous, pour l'entretien et les offices de la chapelle ; 2° les apprentis ne paieront, pour droit d'introge, que deux florins ; 3° les maîtres étrangers qui lèveront boutique dans Chambéry ou dans ses faubourgs, seront tenus à trente florins, et les fils de maîtres à quinze florins seulement.

Cette délibération fut homologuée par le Sénat de Savoie, le 18 novembre de la même année 1702, sauf la dernière disposition au sujet des droits à payer par les tisserands étrangers. Ceux-ci furent réduits par la Cour souveraine à six florins pour les maîtres, et à trois florins pour les fils de maîtres [1].

***

La requête présentée au Sénat pour l'approbation des statuts de 1641 porte la signature d'un nommé Rey.

Les noms des maîtres tisserands contenus dans l'acte de 1702 sont Louis Chasset, Jean Jacquemoz, Gabriel Bourgeois, François Vincendet, Balthazard Ancelin, Antoine Sosset, François Bellemin, François Montillier, Jean Laurent, Peyreret, Louis Dalby, Pierre Jacquemoz et Jacques

---

[1] *Archives du Sénat*, vol. LVII, fol. 150, 1701-1703.

Bosson, « tous ensemble, est-il dit, représentant les deux tiers de la confrérie. »

En 1733, les sources de revenus de la confrérie, étaient : 1° le droit payé par chaque maitre étranger levant boutique, vingt livres ; 2° le droit de chaque fils de maître passant au même rang, dix livres ; 3° la cotisation annuelle de chaque maître établi, treize sous ; de chaque compagnon, six sous six deniers ; 4° le droit d'entrée de chaque apprenti, une livre six sous huit deniers ; 5° une obligation des frères Claude et Charles Pilliot, du faubourg Montmélian, neuf livres.

Sur cela, dix-huit livres étaient payées annuellement aux religieux de Saint-François pour les offices divins ; deux livres deux sous, au curé et au clerc de Saint-Léger pour le port de la croix et le carillon dans les processions. Le reste était employé à l'entretien et aux réparations de la chapelle, des ornements, des linges, ainsi que des vases et des bouquets [1].

Depuis un assez grand nombre d'années, il n'existe plus, je crois, à Chambéry, d'artisans de cette sorte.

II

DOCUMENTS

Articles que les tisserands de la présente ville de Chambéry, confrères de Notre-Dame de Gráce, fondèrent en l'église des R^{ds} Pères Cordeliers de ladite ville.

Premièrement, que les anciennes institutions de ladite confrérie seront par eux gardées, et qui se trouvent estre

[1] *Archives du Sénat* (Dossiers divers).

conformes aux saincts décrets et sanctions ecclésiastiques.

Qu'ensuite de l'arrest rendu par le Sénat, le 15 janvier 1637, les estrangiers qui lèveront boutique de tisserands, en la presente ville et aux fauxbourgs d'ycelle, payeront trente florins, lesquels seront remis entre les mains des prieurs de ladite confrérie, et les enfants de maistres paye-ront, pour même fait, quinze florins.

Que, pour obvier aux abbus qui se commettent par les tisserands, aucun d'iceux ne pourra lever boutique sans adveu et approbation des deux maistres tisserants qui au-ront esté esleus et choisys par la plus grande partie des-dicts confrères, à ce en semblable cas appellés, et lesquels pourront estre changés, alors que ladicte plus grande partie d'iceux verra et cognoistra estre expédient et nécessaire pour la manutention de ladite confrérie.

Et, pour les abbus et malversations qui seront commises par lesdicts tisserants en exercice dudict art, au préjudice des particuliers qui les auront mis en besogne, sera payé par ceux qui se trouveront avoir failly, un escu d'or appli-cable pour la réparation de la chapelle, avec les dommages intérest de la partie intéressée.

Et finalement, que point d'estrangers tisserants et vou-lant exercer ledit art, ne sera receu à exercice d'ycelluy, que, par préalable, lesdicts confrères ne soient dheument informés de la vie, bonnes mœurs, d'où il est, par bonnes attestations, qu'il a vescu et vivra catholiquement en l'Eglise apostolique et romaine. — Signé REY[1].

Alexander VII ad perpetuam rei memoriam.

Cum, sicut accepimus, in ecclesia domus Fratrum Mino-rum ordinis sancti Francisci conventualium, oppidi Cambe-

[1] *Archives du Sénat,* vol. XL, 1639-1646.

riaci, gratianopolitanæ diœcesis, una pia et devota utriusque sexus Christi fidelium confraternitas, sub invocatione
Beatæ Mariæ Virginis Gratiarum nuncupata, non tamen
pro hominibus unius specialis artis canonicè erecta, vel erigenda, existit, cujus confratres et consorores quam plurima
pietatis et charitatis opera exercere consueverunt, Nos, ut
dicta confraternitas majora in dies suscipiat incrementa,
auctoritate nobis a Domino tradita ac de omnipotentis Dei
misericordia et Beatorum Petri et Pauli apostolorum ejus
auctoritate confisi, omnibus utriusque sexus Christi fidelibus qui dictam confraternitatem in posterum ingredientur,
die primo eorum ingressus, si vere pœnitentes et confessi
sacratissimum Eucharistiæ sacramentum sumpserint,

Plenariam eisdem, tam descriptis quam pro tempore
describendis in dicta confraternitate confratribus et consororibus, in cujuslibet eorum mortis articulo, si pœnitentes
et confessi ac sacra communione refecti, vel quatenus id
facere nequiverint, saltem contriti nomen Jesu ore, si potuerint, sin minus corde devotè invocaverint;

Etiam plenariam ac eisdem nunc et pro tempore existentibus dictæ confraternitatis confratribus et consororibus
etiam verè pœnitentibus et confessis ac sacra communione
refectis, qui præsentis confraternitatis ecclesiam seu capellam vel oratorium die festo Visitationis Beatæ Mariæ virginis
immaculatæ, a primis vesperis usque ad occasum solis
festificationis, singulis annis, devotè visitaverint, et ibi pro
christianorum principum concordia, hæreseum extirpatione
ac Sanctæ Matris Ecclesiæ exaltatione pias ad Deum preces
effuderint ;

Plenariam similiter omnium peccatorum suorum indul-
gentiam et remissionem in Domino misericorditer conce-
dimus insuper dictis confratribus et consororibus etiam

verè pœnitentibus et confessis ac sacra communione refectis dictam ecclesiam sive capellam aut oratorium et qua-
tuor aliis festis diebus per ipsos confratres semel tantum
eligendis et ab ordinario approbandis, ut predictum, visi-
tantibus et ibi orantibus ;

Quo die predictorum id egerint, septem annos et totidem
quadragenas.

Quoties vero missis, et aliis divinis in dicta ecclesia, vel
capella seu oratorio, pro tempore celebrandis et recitandis,
seu congregationibus publicis, vel privatis, ejusdem confraternitatis ubivis faciendis interfuerint ; aut pauperes
hospicio susceperint; vel pacem inter inimicos composuerint, vel componi fecerint, seu procuraverint ; vel etiam qui
corpora defunctorum, tam confratrum et consororum,
huicquam aliorum, ad sepulturam associaverint ; aut quascumque processiones de licentia ordinarii faciendas, sanc-
tissimumque Eucharistiæ sacramentum, tam in processionibus, quam cum ad infirmos aut alios, ubicumque, aut
quocumque, pro tempore, deferetur, comitati fuerint; aut
si impediti, campanæ ad id signo dato, semel orationem
dominicam et salutationem angelicam dixerint; aut quinquies orationem et salutationem easdem pro animabus defunctorum confratrum et consororum hujusmodi recitaverint ; aut demum aliquem ad viam salutis reduxerint; et
ignorantes præcepta Dei et ea quæ ad salutem sunt, docuerint ; aut quodcumque aliud pietatis vel charitatis opus
exercuerint, toties pro quolibet prædictorum operum exer-
citio sexaginta dies de injunctis eis seu alias quomodolibet
debitis pœnitentiis, in forma Ecclesiæ consueta, relaxamus, prœsentibus, perpetuis futuris temporibus valituris.

Volumus autem quod, si alias dictis confratribus et consororibus præmissa peragenda, aliqua alia. indulgentia, et

perpetuo, vel ad tempus nondum elapsum, duratura, concessa fuerit, præsentes nullæ sint; aut, si dicta confraternitas alicui archiconfraternitati aggregata jam sit, vel in posterum aggregatur, vel quavis alia ratione uniatur, aut etiam quomodolibet, illis nullatenus suffragentur; sed ex tunc, eo ipso, nullæ sint;

Datum Romæ apud Sanctam Mariam Majorem, sub annulo piscatoris, die decima septembris anno millesimo sexcentesimo sexagesimo primo, et pontificatus nostri septimo. — Signé S. UGOLINUS.

Publicari permittimus hortamurque confratres ac consorores præfatæ confraternitatis, quatenus studeant ditari prædictis indulgentiis ex Ecclesiæ matris thesauro. Datum Camberii die nona mensis novembris anno millesimo sexentesimo sexagesimo primo. Signé, VIBERT, *officialis* [1].

Teneur d'acte de délibération passé entre les confrères de Nostre Dame de Grace, érigée dans l'église des R[ls] Pères de Saint-François de Chambéry.

L'an mille sept cent deux et le dimanche, 30e jour du mois de julliet, comme ainsy soit que les maistres tisserands de la ville de Chambéry et faubourgs d'icelle, de la confrérie de Nostre Dame de Grace, érigée dans l'église des R[ds] Pères de l'Observance de Saint François de cette ville, se soient assemblés ce jourd'hui dans le jardin desdits R[ds] Pères, du costé des murailles de la ville, pour délibérer entre eux sur l'estat présent de la chapelle de ladite confrérie, pour le maintien d'icelle, et fournir aux frais qu'il convient faire

[1] *Archives du Sénat* (Dossiers divers).

annuellement, tant pour le service qui se fait dans ladite chapelle, que pour la cyre, attendu qu'il n'y a aucuns revenus dépendants de ladite confrérie, et que la plus part des confrères d'icelle font refus de payer annuellement la rétribution accoutumée, et pour esviter la ruyne de ladite chapelle et la cessation du service accoustumé, lesdits confrères se seroient assemblés au susdit jardin, lieu accoustumé à faire l'assemblée par lesdits confrères maistres tisse‐rands, scavoir :

Honnorables Loüys Chasset, Jean Jacquemoz, Gabriel Bourgeois, François Vincendet, Balthazard Ancelin, Antoine Sosset, François Bellemin, François Montillier, Jean Laurent Peyret, Louis Dalby, Pierre Jacquemoz et Jacques Bosson, tous maistres tisserands et confrères de Nostre Dame de Grace, capitulairement assemblés, excédants les deux parts, les trois faisants le tout, tous lesquels, après en avoir conféré unanimement ensemble, ont délibéré, comme par le présent ils délibèrent, promis et promettant pour eux et leurs successeurs à l'advenir, suivant et en conformité de l'ancienne coustume et usage par eux cy devant observés, que chacun desdits confrères payera annuellement entre les mains de l'un d'entre eux, qui sera établi pour recevoir la rétribution, scavoir :

Chaque maistre tisserand un florin, chaque compagnon six sols, et chaque apprenti, pendant qu'il sera en apprentissage, deux florins pour une fois, lequel argent sera employé pour l'entretien de ladite chapelle, fourniture de la cyre, et payement du service qui se fera dans ladite chapelle, le jour de la feste, et, pendant le cours de l'année, les jours de dimanche.

Et, d'ailleurs, en conformité des statuts de ladite confrérie et de l'arrest du Sénat rendu sur iceux le 15 janvier 1637, a esté déliberé que les étrangers qui lèveront boutique de tisserand, en la présente ville ou faubourgs et franchises, payeront trente florins, et les enfans des maistres payeront, pour le mesme fait, quinze florins.

Le tout quoy, les susnommés confrères promettent par serment, par eux entre mes mains presté, pour eux et leurs successeurs a l'advenir quelconque, observer et faire observer, et ny jamais contrevenir directement, ny indirectement, en jugement et dehors, aux peines de tous dépens, dommages interest, et sous l'obligation de tous leurs biens présents et advenir, qu'à ces fins ils se constituent tenir, supplient très humblement nos seigneurs du souverain Sénat de vouloir approuver et homologuer le présent, et ordonner que son contenu sera inviolablement observé.

Et ce ont fait, sous et avec toutes autres deues promesses, serment presté entre mes mains, soumissions à touttes conclusions, renonciations à tous droits, loix et moyens contraires, et autres clauses requises.

Fait et passé dans le susdit jardin des Rds Pères de Saint François de la présente ville, en présence d'honorable Pierre Vibou et Jean Vulliermet, tous deux habitants de cette ville, témoins requis. Signé sur la minute, Bosson acceptant, Pierre Jacquemoz, acceptant, Jean Jacquemoz, acceptant, Fr. Vincendet, accept. et Peyret accept., n'ayant les autres parties, ny témoins sceus signer, de ce enquis.

Et moy Claude Chaffardon, notaire royal a Chambéry, soussigné, ay le présent receu, de ce requis, et iceluy expedié en faveur desdits confrères, après l'avoir consigné en l'office de l'insinuation au fulliet 508 du 2d livre de 1702, et payé 25 sols pour le droit. Quoique d'autre main soit ecrist, signé Chaffardon[1].

____
[1] *Archives du Sénat*, vol. LIV, fol. 150, 1701-1733.

CORPORATION DES SERRURIERS
CHAUDRONNIERS, FERBLANTIERS, LANTERNIERS
SELLIERS, MARÉCHAUX - FERRANTS
TAILLANDIERS, COUTELIERS, ARMURIERS
ÉPINGLIERS
FOURBISSEURS, ÉPERONNIERS

I

SOMMAIRE HISTORIQUE

Cette corporation comprenait, en général, tous ceux qui se livraient au travail du fer ou du cuivre.

Les serruriers s'occupaient non seulement de tout ce qui concernait la clôture, au moyen d'appareils de fer, des meubles, des appartements et des habitations, mais encore de tous les ouvrages en fer qui entraient dans la construction des machines, des instruments et outils de toute espèce.

On nommait chaudronniers les artisans qui employaient le cuivre ou le laiton dans leurs ouvrages. Il y avait les chaudronniers proprement dits, qui fabriquaient la grosse chaudronnerie, les chaudrons, les marmites et autres ustensiles de ménage de l'une ou l'autre de ces substances, qu'on désigne sous le nom commun de *batterie de cuisine ;* les chaudronniers planeurs qui dressaient, planaient, polissaient et enfin brunissaient les planches de cuivre rouge destinées à la peinture ou à la gravure ; les chaudronniers fabricants d'instruments de musique, qui préparaient le métal dont on fait les cors, les trombonnes, les cymbales, etc., et lui donnaient ensuite la forme de ces instruments.

Comme aujourd'hui, les ferblantiers d'autrefois confectionnaient, entre autres objets, la plupart des ustensiles de ménage, telles que casseroles, cafetières, passoires, écumoires, boites, etc., et tiraient leur nom du fer-blanc (tôle mince, recouverte sur ses deux faces d'une couche d'étain), qu'ils employaient à cet effet.

Les lanterniers avaient la spécialité de fabriquer des lanternes, ainsi que leur nom l'indique, soit pour l'usage des particuliers, soit pour l'éclairage public des rues.

L'industrie des selliers comprenait particulièrement la confection des selles, bâts, brides, colliers, et s'étendait, en général, à tout ce qui regardait les harnais des chevaux. Elle s'unissait ordinairement à celle du carrossier.

Il n'est besoin de dire que l'occupation des maréchaux-ferrants était anciennement la même que maintenant.

Les taillandiers fabriquaient toutes sortes d'outils pour les charpentiers, les charrons, les tonneliers, les laboureurs, etc., et particulièrement les instruments tranchants qui servent à *tailler*, comme haches, cognées, serpes, doloires, coutres, faux, cisailles, pics, pioches, bêches, houes, etc.

Les couteliers fabriquaient, de leur côté, des couteaux et toutes sortes d'instruments de chirurgie.

On appelait du nom d'armuriers les ouvriers qui faisaient et vendaient des armes défensives ou offensives, comme casques, cuirasses, épées, piques, armes à jet et armes à feu.

Les fourbisseurs avaient une grande affinité avec les armuriers et s'occupaient particulièrement de polir les armes et de les monter.

Enfin, devant la claire signification de leurs noms, il est à peine nécessaire de dire qu'on appelait éperonniers et épingliers ceux qui fabriquaient ou vendaient des éperons pour les cavaliers ou des épingles.

La confrérie qui réunissait, à Chambéry, toutes ces diverses sortes d'artisans, invoquait pour patron saint Éloi, et avait sa chapelle dans l'église du couvent de Saint-Dominique. Elle existait déjà depuis un temps plus ou moins long, quand certains désordres ou abus, qui s'étaient glissés dans son sein, engagèrent quelques-uns de ses membres à les prévenir et à les faire disparaître.

Les deux initiateurs de cette pieuse réforme furent les deux prieurs de ce temps, Pierre Lhospital et George Morel. Ils furent aussitôt suivis par les maîtres Cathelin Charguet, éperonnier et marqueur général de Son Altesse Royale en deçà des Monts, Claude Charguet, serrurier, Claude Sauge, serrurier, Jean Rigaud, Antoine Larderat, George Calliard, Paul Mareschal, Gilles Bidal, Jean Cormayeur, sellier, Jean de la Fort dit la Violette, François Deshimbet, Daniel Prestout, sellier, Édouard, Pierre et Gaspard Simon, Claude Roisserand, armuriers.

Le 20 juin 1638, ces artisans se réunirent par-devant le notaire ducal Vachier, où, après avoir considéré la déchéance de la Société, ils dressèrent de nouveaux statuts qui devaient la relever et lui donner une nouvelle vitalité.

La corporation fut, dès lors, présidée par deux prieurs, qui, élus chaque année, trois semaines avant la fête patronale, n'entraient cependant en fonction que le lendemain de cette solennité.

Chargés particulièrement de mettre fin aux abus et de procurer, le plus possible, le bien de la confrérie, ces deux chefs avaient surtout pour mission d'entretenir la pratique de la religion et de la charité parmi ses membres.

Ils étaient tenus de veiller spécialement à ce que chaque dimanche il fût dit à la chapelle une messe basse pour les confrères, et d'exiger rigoureusement, pour cela, la cotisation que chacun d'eux devait payer, en même temps qu'il offrait le pain bénit.

Leur soin devait, en outre, s'étendre à faire orner avec le plus de magnificence possible la même chapelle, aux jours de fêtes solennelles, et principalement à celui de la fête patronale de saint Éloi.

Celle-ci se célébrait le 25 juin, et était annoncée, dès la veille, par le carillon des cloches de Saint-Dominique et de celles d'une autre église de la ville choisie à cet effet.

En cette même veille, les compagnons étaient tenus eux-mêmes d'aller saluer chacun des maîtres, au son des instruments de musique.

Le lendemain de cette fête, il en était ici comme on l'a déjà vu pour les autres confréries dont j'ai parlé. Un service, auquel tous les confrères étaient convoqués, se célébrait avec la plus grande solennité pour le repos de l'âme de tous les membres défunts de l'association.

Cependant, entre toutes les prescriptions concernant les pratiques du service divin, celles qui se rapportaient au pain bénit tenaient la plus grande place dans le règlement.

Chaque maître, à tour de rôle, était tenu d'offrir, le dimanche, un pain de ce genre. Il était averti de cette obligation par la remise du *crochon*, que lui faisait celui qui s'était acquitté de ce devoir, le dimanche précédent.

Les prieurs faisaient eux-mêmes une semblable offrande, le jour de la fête de saint Éloi, avec cette différence qu'au lieu d'un seul, elle comprenait, en réalité, quatre pains dis-

posés en pyramide et ayant chacun sa destination particulière. Le premier, en commençant par la base, était remis
aux prieurs nouvellement élus, qui le partageaient avec les
maîtres de leur convenance. Le second était divisé en trois
parties, dont l'une se remettait au prieur offrant, l'autre,
prise au milieu, aux prieures pour être distribuée aux maîtresses, et la dernière, à tous les maîtres présents, qui en
recevaient leur part au sortir de la messe. Le troisième pain
était donné aux compagnons qui avaient concouru la veille
à l'aubade des maîtres. Enfin, le quatrième revenait tout
entier aux prêtres qui desservaient la chapelle.

L'offrande de ce pain extraordinaire, le jour de la fête de
saint Éloi, se faisait avec la plus grande solennité. Toutes
les femmes, appartenant à la confrérie, étaient invitées à
prêter leur concours pour l'orner, en apportant les unes
des fleurs, les autres divers objets de décor. Dès la sortie de
la maison de l'offrant, les maîtres et les compagnons se
formaient en cortège et recevaient des femmes des prieurs,
chacun un bouquet. A l'entrée de l'église, il leur était remis,
en outre, un petit cierge de cire blanche. On s'avançait
ainsi jusqu'au maître-autel, où la pieuse et symbolique offrande était déposée.

C'est ici que se produisaient surtout les abus que les
statuts recommandaient de réprimer. Aussitôt que le pain
était bénit et allait être distribué, les femmes et les compagnons se précipitaient pour le dépouiller et s'approprier
chacun une part de ses ornements. Il fut enjoint aux compagnons d'empêcher d'abord une pareille irruption. Les
prieurs devaient ensuite enlever eux-mêmes les décors et
les confier à des personnes sages. Toute tentative de renouveler l'ancien désordre devenait punissable d'une amende
de dix florins.

Le maître qui refusait d'offrir, à son tour, le pain bénit
du dimanche, ou qui n'assistait pas à la procession de celui
de la fête de saint Éloi, encourait lui-même une amende de
cinq florins dans le premier cas, et de trente sous dans le
second.

Toutes les peines pécuniaires étaient soldées entre les
mains des prieurs, qui devaient en inscrire aussitôt le paiement sur un registre spécial, en faisant suivre le nom du
débiteur du mot *solvit*.

Tout étranger qui levait boutique dans la ville ou ses
faubourgs, avait à payer un droit de dix florins. Les fils de
maîtres de la ville n'étaient tenus, en pareille occasion, qu'à
une livre de cire blanche.

Les œuvres de charité faisaient l'objet de la sollicitude
particulière de la confrérie. Chaque année, la veille de la
fête de saint Éloi, les compagnons, outre l'aubade donnée
aux maîtres, avaient l'habitude de faire, tant auprès du
public qu'auprès des confrères, une quête à leur profit. Les
maîtres, de leur côté, s'adressaient aux personnes chari-
tables, afin de venir en aide à ceux d'entre eux qui étaient
tombés dans le malheur. De plus, lorsqu'un confrère malade
devait recevoir les derniers sacrements, les prieurs dési-
gnaient quatre maîtres pour porter le dais du prêtre, et
suivaient eux-mêmes le cortège en portant, à la main,
chacun un flambeau allumé. Enfin, si la mort survenait, les
mêmes prieurs étaient tenus d'en avertir aussitôt les autres
maîtres. Tous ceux-ci avaient l'obligation rigoureuse d'assister à la sépulture ; les prieurs devaient eux-mêmes
accompagner le convoi avec un flambeau [1].

[1] *Archives du Sénat*, vol. XL, fol. 147, 1639-1646.

*
* *

Pendant les vingt-un ans qui suivirent la réforme dont il vient d'être parlé, la confrérie des serruriers avait repris sa voie d'ordre et de sagesse. Pour assurer encore davantage le service religieux et lui donner aussi plus d'éclat, les confrères passèrent, le 20 juillet 1659, avec les religieux de Saint-Dominique, une convention, par laquelle ceux-ci cédaient aux premiers, en albergement perpétuel, la chapelle de leur église désignée jusqu'alors sous le vocable de Sainte Marie-Madeleine.

Les contractants furent, du côté des dominicains, les Pères Charles Gaud, prieur, Hugues-Noël Marchand, sous-prieur, Louis Dunant, Boniface Vachellot, Joseph Gaime, Jacques Pellin et le frère Charles Dalmac.

Du côté des confrères, on remarquait George Vibert, sellier, François Court, maréchal-ferrant, Pierre Deville, chaudronnier, Charles Cheron, fourbisseur, tous quatre habitant le faubourg Montmélian, Claude Blanchard, maréchal, du même faubourg Montmélian, Antoine Constable, lanternier, Claude Chaffardon, maréchal, du faubourg Reclus, Lazare Bouchetan et Antoine Carcollet, du faubourg Maché, tous anciens ou modernes prieurs de la confrérie.

Les concessions consenties par les religieux furent :

1° De céder la chapelle de Sainte Marie-Madeleine, pour y célébrer les messes et autres offices de la confrérie de Saint-Éloi, tout en se réservant d'user, à leur convenance, de cette même chapelle dans les temps libres.

2° D'abandonner aux confrères l'usage de l'une des deux portes de la grille de fer de la chapelle, en ne conservant pour eux-mêmes que l'usage de l'autre.

3° De dire chaque dimanche une messe basse pour la confrérie, de célébrer une grand'messe après la procession du pain bénit, ainsi que les vêpres, le jour de la fête de saint Éloi, de faire un service solennel pour tous les défunts de la confrérie, le lendemain de cette fête, et un autre pour chaque confrère, après son décès.

4° De fournir les ornements nécessaires au célébrant, et de parer convenablement la chapelle et l'autel, dans ces diverses circonstances.

5° De sonner à la volée la grande cloche du couvent, ainsi que le carillon, à midi et à huit heures du soir de la veille, aux matines, pendant la procession du pain bénit, et aux vêpres du jour de la fête patronale ; en outre, de sonner des glas, soit avec les grandes, soit avec les petites cloches, à huit heures du soir de la veille, avant la messe et pendant l'absoute, tant du service commémoratif des défunts de la corporation que de celui de chaque membre décédé.

6° De sépulturer dans le cimetière du couvent ceux des membres de la corporation qui ne posséderaient pas de tombeau ou qui n'auraient pas le moyen de s'en procurer un, dans d'autres églises de la ville.

De son côté, la confrérie s'engagea envers le couvent :

1° A payer tout d'abord quatre cents florins d'introge, ou droit de prise de possession.

2° A faire pour l'autel de la chapelle, en même temps qu'un rétable convenable, un tableau dont le projet serait soumis à l'approbation des religieux.

3° A faire aux fenêtres et à la toiture de la même cha-chapelle les réparations occurentes et nécessaires.

4° A donner aux religieux un des quatre petits pains bénits de la fête patronale de saint Éloi.

5° A payer annuellement, le lendemain de cette même fête, quarante florins, monnaie de Savoie, tant pour les messes et services funèbres, des dimanches, du jour de la fête patronale et du lendemain, que pour la fourniture des ornements sacerdotaux et le décor de la chapelle ; et aussi trois florins pour chaque service funèbre célébré dans l'année, à l'occasion de la mort de l'un des membres de la confrérie.

6° A payer trois florins pour chaque sépulture de confrère dans le cimetière du couvent.

7° A fournir, en outre, le luminaire nécessaire à toutes les cérémonies religieuses.

Cependant, bien que les statuts précédents et la convention que je viens de rapporter, eussent été mis aussitôt en vigueur, ils ne furent approuvés et homologués que longtemps après par le Sénat. Ce ne fut que la trente et unième année, le 20 mai 1690, qui suivit ce dernier acte, que la Cour souveraine, sur la requête de la confrérie assemblée le 22 du même mois, remplit cette formalité.

Les membres de la corporation qui prirent part à cette motion furent, Maurice Forrat, prieur, André Clerau, François Martin, Jean Revol dit Carcollet, Louis Challendier, Claude Roux dit Fontaine, Claude Richard, Claude Jolytemps, Louis Fricquet, Théodore Viollet, Antoine Verney, tous serruriers, Etienne et Jean Guy, chaudronniers, Jean-Pierre et Antoine Pocta, ferblantiers, Guillaume Vignolle et Claude Mouchet, selliers, Germain Flambert, Claude Bouchet, Jean Tardy, Thomas Beccu, Antoine Rey dit Loyseau, Claude Turin, mareschaux-ferrants et taillandiers, Claude

Gabet, Claude Boisset et François Vullien, couteliers. André-
Laurent et Jacques Simon, armuriers, Grégoire Girod, bâtier,
Jean Razet, épinglier.

En dehors de la demande d'homologation des actes qui
précèdent, tous convinrent d'ajouter aux anciens statuts que
quiconque refuserait, soit d'accepter la charge de prieur,
lorsqu'il aurait été régulièrement élu, soit de faire le pain
bénit à son tour, soit de payer la cotisation annuelle de
quatorze sous pour la célébration des offices religieux de la
fête patronale, serait passible de vingt-cinq livres d'amende
pour chacun de ses manquements [1].

En 1733, suivant le rapport de Chiron, prieur, et Poitan,
procureur, la confrérie de Saint-Éloi n'avait aucune autre
source de revenus que la cotisation annuelle de ses membres [2].

Les chefs d'ateliers qui représentent aujourd'hui les
diverses catégories d'artisans que renfermait la confrérie de
Saint-Éloi, sont :

Serruriers

Badin, rue Juiverie. — Bal, faubourg Maché. — Baron,
rue Bonnivard. — Cochet, rue Michaud. — Collomb, faubourg Maché. — Couturier, faubourg Reclus. — Didier,
faubourg Maché. — Félix, rue du Lycée. — Fontana, rue
Saint-Réal. — Jeantin, place Caffe. — Tissot, faubourg
Reclus.

[1] *Archives du Sénat*, vol. L, fol. 105, 1687-1691.
[2] *Archives départementales de la Savoie*, série C, n° 718.

Chaudronniers

Bruel, rue du Lycée. — Guillaume, rue Vieille-Monnaie.
— Malod, rue du Larith. — Mermet, rue de la République.
— Ruffier, rue Sainte-Barbe. — Villermet, rue Sainte-
Barbe.

Fondeurs

Dupraz, chemin d'Angleterre. — Pillet, rue Basse-du-
Château. — Sulpice, rue du Lycée.

Ferblantiers

Baboulaz, place Saint-Léger. — Baratta, rue de la Métro-
pole. — Baratta, rue d'Italie. — Carle, rue Juiverie. —
Dumais, rue Croix-d'Or. — Guiguet-Tonin, rue d'Italie. —
Latard, faubourg Maché. — Porraz, rue Saint-Antoine.

Selliers, Bourreliers, Carrossiers

Baudet, faubourg Montmélian. — Bravard, rue d'Italie.
Bouvachon, rue Croix-d'Or. — Bruel, rue du Théâtre. —
Cartier-Maulin, place de l'Hôtel-de-Ville. — Chapot et
Bertrand, place Caffe. — Gilly, faubourg Montmélian. —
Guilland, boulevard de la Colonne. — Sollberger, place
Château.

Couteliers

Bosson, rue du Sénat. — Caola, rue de la République.—
Plattner, rue Croix-d'Or. — Rosset, rue Basse-du-Château.

Armuriers

Faivre, rue Croix-d'Or. — Montet, rue Croix-d'Or. —
Trellu, rue Sommeiller. — Vallet, rue Croix-d'Or.

Marchands de fer

Excoffier, place Maché. — Gallay, rue d'Italie. — Gentil, faubourg Montmélian. — Mermet, rue Juiverie. — Michon, rue du Lycée. — Pillet, rue Saint-Antoine. — Vicher et Cartan, rue Juiverie.

II

DOCUMENTS

Transactions et articles passés entre les prieurs et confrères de la confrérie de Saint-Esloy.

Au nom de Dieu soit notoire que, l'an prins de la nativité de Nostre Seigneur Jésus Christ, courant mil six cent trente huit, et le vingtiesme jour du mois de juin, se sont comparus et présentés pardevant moy notaire ducal soussigné, et présents les tesmoings soubsnommés :

Honnorables Pierre Lhospital et George Morel, prieurs modernes de la confrérie de Saint Esloy, Cathelin Charquet, esperonnier de S. A. R. et son marqueur général deçà les Monts, Claude Charguet, serrurier, Claude Sauge, bourgeois de Chambéry, serrurier, Jean Rigaud, Antoine Larderal, George Galliard, Paul Mareschal, Gille Bidal, Jean Cormaieur, sellet, Jean de la Fort dict la Violette, François Deshimbet, Daniel Prestout, sellet, Édouard, Pierre, Gaspard, Simond, Claude Boisserand, armuriers, lesquels de leur bon gré et libérale volonté, pour eux et leurs successeurs à l'advenir quelconques en ladite confrérie Saint-

Esloy, érigée dans l'esglise Sainct-Légier, tant en leurs noms que des autres leurs confrères, pour lesquels ils se font forts, asseurant estre les deux tiers, voire plus, les trois fesant le tout, aïant, au préalable, chescun d'eux donné sa voix, et toutes ensemble et suivant ce, nommés et esleus pour nouveaux prieurs, sçavoir : honorables Pierre Lhospital, arquebusier, et George Mareschal, aux charges et honneurs accoustumés et qu'appartiennent à tel office de prieur de ladite confrérie, qu'iceux prieurs nommés, comme dict est, avoient à tâche, avec promesse de rendre leur debvoir, sellon leur possibilité, audit office, suivant ce qu'ils se trouveront estre tenus, tant d'ancienne coustume que institution de ladite confrérie ;

Ont iceux maistres prieurs et confrères susdicts, tous d'un commun accord, et tant à leurs noms que des autres leurs confrères dicts, transigé et accordé, pour l'entretien et augmentation de ladite confrérie et célébration de la sainte messe, qu'autres services de ladite esglise de Saint-Léger et chapelle Saint-Esloy, ce que cy après s'ensuit :

En premier lieu, qu'iceux confrères, désirant vivre en paix et bonne union, et pour préoccuper à tout ce qui pourrait troubler leur repos, et donner ordre que leur chapelle soyt décemment ornée, affin que le service divin se fasse le plus chrestiennement qu'il leur est possible, et contre les escandalles qui se commettent par plusieurs personnes à l'occasion du pain bénit le jour de leur feste Saint Esloy, où s'est veu que, devant que le pain bénit fut offert, plusieurs femmes et des compaguons despouillent ledict pain de ses bouquets et autres ornements, lesdicts maistres pour arrêter à tels abbus et inconvénients, après meure considération entre eux faicte, ont délibéré et résolu que toutes amendes, qui proviendront des contrevenants au contenu des articles cy après escrits, seront applicables à la réparation de leur chapelle audict Sainct Légier, et à autres debvoirs dépendants d'icelle, ainsi que sera du bon advis desdicts prieurs et confrères, lesquelles amendes seront perceues par lesdicts prieurs modernes, qui en rendront fidèle compte aux prieurs précédents.

En ensuivant l'observation de l'ancienne coustume entre lesdicts prieurs, confrères et maistres de ladite confrérie Sainct Esloy, a esté dict et résolu et délibéré estre esleus deux prieurs en ladite confrérie, trois semaines devant la feste de Saint Esloy, par devant les prieurs, confrères et maistres qui se trouveront estre de ladite confrérie, lesquels prieurs seront obligés, comme est de tout temps, faire dire basse messe tous les dimanches audict autel Saint Esloy, et du pain bénist qui s'offre audict temps, le crochon sera distribué de maistre à maistre, lequel maistre recevant ledit crochon doibt et est obligé de donner, pour faire dire une basse messe, et pour un petit pain, comme d'ancienne coustume observée et relevée.

Que si quelqu'un des maistres escripts, ou leurs de ladite confrérie, refusent et ne veullent accepter ledit pain bénist, ny consentir de donner entre les mains des prieurs, pour faire célébrer une basse messe, paiera cinq florins d'amende applicables, comme sus est dict, à la réparation de ladite chapelle de ladicte confrérie, en faisant apparoir du reffus par acte autentique.

Que les prieurs seront tenus tenir roolle toutes les annuités de tous les maistres de ladicte confrérie, en recepvant d'eux l'argent pour la messe, mestre *solvit* sur ledict rolle, et de remettre ledict rolle aux prieurs précédents, lesquels prieurs nouvellement esleus participeront du bon conseil des prieurs, leurs antécesseurs, et, à ce, les maistres, pour la direction de ladite confrérie, y assisteront.

Et, pour donner ordre à la distribution du pain bénist, qui se donne à la feste Saint Esloy dans l'esglise dudict Saint Légier, attendu que de coustume il y a quatre pains en piramide, le pain dessoubs se remet aux prieurs nouveaux, pour en faire distribuer aux maistres, selon qu'ils jugeront nécessaire, et en observant les louables coustumes de ladite très recevable confrérie.

Le second pain se partagera en trois également, et se distribue, la première partie au prieur qui l'a offert, la seconde part se prend au milieu, distribuable aux prieures, lesquelles en feront part à celles de la confrérie qui se trouveront dans l'esglise, le troisiesme morceau se distribuera, à la fin de la messe, aux maistres qui seront assistants.

Le troisième pain sera distribué et donné aux compagnons de ladite confrérie, à la charge et condition, comme de tous temps et d'ancienne coustume a esté observé, la veille Saint Eloy, saluer les maistres de ladicte confrérie, tant de la ville que des faubourgs, avec instruments et armoiries, selon que sera du temps.

Et, pour le quatriesme pain, appartiendra aux prebstres de la chapelle.

Et, pour éviter aux scandales, qui tous les ans se commettent à la despouille du pain bénist, touchant les fleurs et autres ornements, au cas qu'il soit offert, la compagnie a délibéré et résolu que tous maistres, femmes, compagnons, contrevenant à ce, paieront, pour la réparation de la chapelle, dix florins.

Résolu aussy par les gens de la confrérie et ordonné que les compagnons, qui sont d'icelle, accompagneront ledict pain bénist, deffendront, et se donneront garde qu'on ne tombe aux scandales susdicts, accompagneront ledict pain bénist et le mettront en garde dans la sacristie dudict Sainct Légier, ou devant du grand autel, où est de coustume de le partager, à peine de ne participer pour leur part audict pain.

Estant ordonné aux prieurs nouveaux de se saisir des bouquets et autres ornements, les distribuer à ceux et celles de la confrérie, ainsy que bon leur semblera, sans contredit de personne, ceux de la confrérie préférables à autres.

Et, comme d'ancienne et louable coustume, l'on accompagne et décore ledict pain bénist de fleurs et autres ornements, en conséquence de ce, les maistres ont résolu et délibéré et ordonné entre eux, d'un mutuel consentement, que lesdictes maistresses de ladicte confrérie Sainct Eloy porteront ou envoieront à la maistresse, qui doibt offrir le pain bénist, des fleurs, bocquets, et autres choses semblables, pour l'embellissement dudict pain bénist.

Estants tenus lesdicts prieurs faire orner leur pain benist à leurs despens, et les prieuresses donner aux maistres et compagnons, qui se trouveront à la sortie dudict pain bénist, l'accompagnant à l'esglise de Sainct Légier. à chacun un bocquet décent et commendable, et, à l'entrée de l'esglise dudict Sainct Légier, sont aussy tenus lesdicts prieurs faire délivrer à chaque maistre, maistresse et compagnon, une petite chandelle cire blanche, ainsy que de coustume.

Sont amendables les maistres à trente sols pour la réparation de la susdicte chapelle, qui n'assisteront à la procession d'icelle confrérie, le jour de la feste de Sainct Éloy, sauf qu'il y ait cause de légitime excuse.

Paieront aussi eelsn fants des maistres de la présente ville, ou faubourgs d'icelle, venant à lever boutique, chacun trente sols pour une livre de cire applicable à la réparation de ladicte chapelle Sainct Éloy.

Tous voulant lever boutique, estans estrangers, bien qu'ils soient fils de maistres en ladicte profession, venans à leur boutique dans ceste ville et faubourgs, et qui s'introduiront dans cette confrérie, paieront dix florins applicables, comme sus est dict, à la réparation de ladicte chapelle et n'estans fils de maistres venant dresser boutique dudict art, paieront dix florins applicables, comme dessus.

Délibéré aussy que ceux qui entreront en apprentissage en ladicte profession, dépendants de ceste confrérie, paieront vingt-quatre sols, n'estants fils de maistres, tant de la ville que faubourgs, le tout applicable comme dessus.

Délibéré aussy qu'arrivant le cas que quelqu'un tombe en l'amende, pour raison des desfauts audictes recestes, que les prieurs seront obligés à la poursuite du paiement d'icelles, si tost le cas arrivé, faute de quoy, ce que leur négligence retardât le paiement d'icelles, iceux prieurs seront tenus icelles païer, sans aucune difficulté et contredict, sauf leur recours contre les amendables.

Comme aussy solliciteront et poursuivront le paiement de tous debvoirs que peuvent arriver à la faveur de ladicte confrérie dans leurs temps, à peine d'en répondre et païer à leur propre et prins nom, sauf leurs recours, comme sus est dict.

Ladicte confrérie est de coustume faire célébrer une hauste messe *pro defunctis,* et autres prières, ainsi que nostre Saincte Mère Eglise de coustume faire, sçavoir : devant leur chapelle, où, pendant le sainct sacrifice et autres offices, les prieurs et confrères de ceste confrérie y assisteront et y rendront leur debvoir, et tous autres maistres que plaira.

Lesquels prieurs, lhors en estre en ceste dicte charge, poseront et rendront compte de tout ce qu'ils auront manié, despendant de ladicte confrérie et chapelle, aux prieurs qu[i] leur succèderont, le lendemain de ladicte feste.

Estans tenus les prieurs préparer la chapelle de la confrérie, à toutes les festes solennelles, le plus décemment que leur sera possible.

Estant ordonné aux compagnons de ladicte confrérie de porter leur boëte le jour de Sainct Jean Baptiste, veille de leur feste, pour y mettre, en argent, les effets des bonnes volontés des maistres d'icelle confrérie, et de tous autres qui y seront affectionnés à l'honneur de faire charité en considération d'icelle, aux fins que les compagnons soient soulagés, pour rendre les debvoirs auxquels ils sont abstraincts, tant pour les articles cy devant que cy après descripts.

Comme aussy est ordonné ausdicts prieurs porter ladicte boëte, pour faire cuillette des charités des maistres et autres, pour le soulagement et secours qui unanimement s'est deu faire à tous ceux d'icelle confrérie, qui se trouveront en nécessité de maladie, ou autrement quelle qu'elle soit.

Auquel cas de maladie, venant quelqu'un des maistres et autres de ladicte confrérie à désirer recepvoir les sacrements de l'hostie, estants adultes, les prieurs mettront ordre que quatre maistres portent le dais, et qu'aussy prieurs y assistent, portant chescun d'eux un flambeau, ainsi et comme est de coustume faire en telle solennité.

Lesquels prieurs estans advertis, ou leur estant venu à notice le décès de quelque maistre, tant de la ville que faubourg, seront obligés en avertir tous les autres maistres, pour assister à la sépulture du deffunct, et lesdicts prieurs avec deux flambeaux.

Et, comme de toutte confiance louable les prieurs donnent à chesque maistre, ou font porter à leur logis, un petit pain vulgairement appelé crochon, les compagnons de ladicte confrérie, aiant esgard que ce ne se peut faire sans nostable despense, pour les relever en partie d'icelle a esté délibéré et résolu que, lors de ladicte distribution dudict crochon, chesque maistre mettra à la boëte six sols monnoye de Savoie, qu'est autant qu'il désireroit donner pour faire célébrer une basse messe, et, ce faisant, sera mis *solvit* sur le roolle qui sera faict et porté à ceste fin.

Et, pour plus ample démonstrances que ladicte confrérie ha à faire paroistre le zèle qu'elle a à l'honneur de Dieu et du glorieux Sainct Éloy, son patron, à la solennité de la feste dudict sainct, la confrérie a ordonné que les prieurs feront sonner à Sainct Légier, avec carrillions, comme feste solennelle, tant la veille que le jour, comme aussy à une autre église, telle que choisiront les prieurs, tâcherout avoir des prebstres et officiers d'icelle pour assister à la solennité de ladicte feste, en observant les règles et louables coustumes du lieu, promettant et jurant lesdits prieurs, pour eux et les leurs, tant en leur nom que des autres leurs confrères et successeurs à l'advenir, par leur serment, chacun d'eux, ès mains de moi notaire, presté, touchant les Escriptures, obligeant tous leurs biens, d'avoir et faire tenir seures et stables les choses susdictes ensemble, sans y contrevenir, et, par ce, ont renoncé à tous droicts et loys par le moyen desquels, ou desquelles, ils pourroient en manière que ce soit aller ou venir au contraire des choses susdictes, clausules requises.

Faict et prononcé à Chambéry, dans les cloistres de Sainct François. Présents Mre Laurent Melon, praticien audict Chambéry, et honorable Jean Chaffard dict La Croix, habitant audict Chambéry. Signé à la cote Lhospital, Serge Morel, Charquet, Charquet, Jean Rigost, Jean Pasamaroir, Bernard Borra, François Deshimbert, Jean de la Fort, Melon, combien d'autre soit escrit, de moi notaire ducal soussigné VACHIER [1].

*
* *

Teneur de contrat d'aubergement et conventions pour les prieurs et confrères de la dévote confrérie de Saint Eloy, fait avec les R^{ls} Pères prieurs et religieux de Saint Dominique de Chambéry.

Comme ainsy soit que, pour le plus grand honneur et gloire de Dieu, dès longues années ayt esté érigée d'une dévotte confrérie, sous le vocable de saint Éloy, dans l'esglise des R^{ds} Frères prescheurs, ordre de Saint Dominique de Chambéry, par les maistres serruriers, mareschaux, selliers, fourbisseurs, arquebusiers, chaudronniers, pottiers, coutteliers, lanterniers, fondeurs, bastiers, et autres ouvriers travailliants en fer et autres métaux, pour honorer le R^d saint Éloy, leur patron annuellement le jour dont l'église célèbre la feste, qui eschoit le vingt cinq juin, et désirants lesdicts maistres et confrères accroistre la dévotion envers Dieu et ledit saint Éloy, leur patron, et les services qui se font en ladicte confrérie, tant le jour et feste dudict saint, que le jour suivant en commémoraison des confrères et fidelles trépassés.

Ensuite de quoy lesdicts confrères, pour mieux faire faire lesdicts services, et pouvoir mieux orner leur chappelle, auroient requis lesdicts Révérends Religieux de leur accor-

<hr>

[1] *Archives du Sénat*, vol. XL, fol. 146, 1639-1646.

der et ballier autre chappelle dans leur dicte esglise, que celle que leur avoit esté cy devant accordée et balliée, et en icelle faire à l'advenir le service annuellement et perpétuellement, ainsy que cy apprès, et aux paches et conditions suivantes, et conformément aux propositions verbales cy devant faittes de part et d'autre, et respectivement acceptées, lesquelles propositions, paches et conventions, aux fins qu'il en conste à l'advenir, à perpetuitté, lesdicts R^{ds} Relligieux et dévots confrères ont voulu estre rédigés par contract authentique et public, ayant à ces fins la plus grande partie desdicts maistres et confrères duement assemblés, le vingt six du mois de juin proche passé, faict procure à douze desdicts maistres et confrères, par moy notaire soubsigné receue, en vertu de laquelle ils ont convenu, traitté et accordé avec lesdicts Révérends Relligieux, à forme desdictes propositions et réquisitions, comme s'ensuit :

Pour ce, est-il que ce jourdhui, vingtiesme juillet mil six cents cinquante neuf, par devant moy notaire ducal royal soubsigné, et présents les tesmoins bas nommés, se sont personnellement establys et constitués :

Révérends Pères Charles Gaud, prieur, Hugues Noë Marchand, sous prieur, tous deux docteurs en théologie, Louys Dunant, Boniface Vachellot, Joseph Gayme, Jacques Pelin et frère Charles Dalmac, tous religieux dudict couvent de Saint Dominique dudict Chambéry, capitulairement assemblés au son de la cloche, à la manière accoustumée, excédants les deux parts des religieux dudict couvent, les trois faisants le tout, d'une part,

Et honorable George Vibert, maistre cellier, François Court, maistre mareschal ferrant, précédents prieurs de ladicte confrérie, Pierre Deville, maistre chauderonnier, Charles Cheron, maistre fourbisseur, modernes prieurs.

tous quattre habitant audit Chambéry, dans le faubourg de Montmelliant, Claude Blanchard, maistre mareschal, bourgeois dudit Chambéry, dudit faubourg de Montmelliant, Antoine Constable, maistre lanternier, habitant dans la ville dudit Chambéry, Claude Chaffardon, mareschal, tous deux habitant dans le faubourg du Reclus, Lazare Bouchetan et Antoine Carcollet, tous deux maistres serruriers, habitant dans le faubourg de Maché, tous des confrères et jadis prieurs de ladite confrérie, tant à leurs propres et privés noms qu'en quallité de procureurs et députés des autres maistres et confrères, aussy jadis prieurs de ladite confrérie, aussy duement assemblés, ensuitte de la procure à eux faitte et acceptation d'icelle sus désignée, par moy notaire receue, que sera au bas des expéditions des présentes ténorisée, d'autre part, lesquels révérends relligieux et députtés, pour eux et leurs successeurs, d'une part et d'autres mutuelles et réciproques stipulations et acceptations suivantes, sçavoir :

Lesdits révérends relligieux dudit Saint Dominique ont promis et promettent pour eux et autres relligieux, leurs successeurs audit couvent, auxdits confrères de ladite confrérie présents et advenir, les procureurs et députés susnommés présents et acceptant pour eux et autres confrères de ladite confrérie et leurs successeurs, de faire le service de ladite confrérie dores en avant dans la chappelle soubs le vocable de Sainte Marie Magdelaine, fondée dans ladite esglise, à commencer dès le premier dimanche, apprès la stipulation des présentes,

Laquelle chappelle, à ces fins, dès hores comme pour lors, lesdits révérends prieurs et relligieux abergent, et, par forme d'abergement, quittent et remettent purement, simplement et irrévocablement auxdits confrères et députés, avec promesse de les en laisser et faire jouir dès hores en advant, pour faire ledit service tant seulement, en laquelle chappelle lesdits confrères feront faire un tableau et image dudit sainct, avec un rétable, et seront tenus de communiquer auxdits révérends prieurs et relligieux le dessin dudit tableau et rétable, avant que d'en ballier le prix faict aux maistres peintre et menuisier, avec lesquels, pour ce faire, ils voudront convenir, de laquelle chappelle, soit d'une des portes du trilly de fer d'icelle, lesdits confrères, soit les prieurs d'icelle confrérie présents et advenir, auront une clef pour y entrer, quand requis sera pour y faire faire le service de ladite confrérie, et lesdits révérends relligieux, une clef de l'autre porte dudit trilly, pour y entrer quand bon leur semblera, soit pour y faire les services deubs et dont ils seront requis, oultre celluy de ladite confrérie, soit pour y ensevelir les corps de ceux qui y ont leur sépulture, soit pour y faire leurs services, sans que à ce lesdits confrères y puissent jamais faire dificulté, ny former empeschement.

Sera, en oultre, permis auxdicts confrères d'orner et décorer ladite chappelle, comme bon leur semblera, à leurs despends, du consentement néantmoins desdits révérends relligieux, et seront tenus, comme les susdicts députtés promettent, de maintenir le couvert et vittres de laditte chappelle, aussy à leurs despends.

Et ce, ont promis et accordé lesdits révérends prieur et relligieux auxdits confrères et députtés, pour et moyenant l'introge, pour une fois, de quattre cents florins monoye de Savoye, lesquels quattre cents florins, lesdits révérends relligieux ont heus et receups desdits confrères députtés, tant en la rémission et transport de deux obligations passées en faveur de ladite confrérie par les confessants y nommés et désignés au transport, que d'icelles à l'effet du présent, et, peu apprès icelluy, sera faict et par moy notaire receup, revenants lesdites deux obligations en principal et esmoluments à trois cents cinquante florins dix sols, qu'en la somme de quarante-neuf florins deux sols par lesdits députtés comptés et délivrés en quatre escus blancs, deux crosats de bon argent et de poids, et le reste en sols et bonne monoye de Savoye, par lesdits révérends prieur et relligieux retirés et emportés en leur puissance, présents je notaire et tesmoins;

De sorte que desdits quattre cents florins, tant moyenant ledit transport que ladite somme réellement receue, ils se contentent et quittent lesdits confrères et députés et leurs successeurs, avec, par exprés de leur en jamais plus rien demander, ny permettre estre demandé en jugement, ny dehors, à peine de tous despends, dommages et intérêts, et soubs l'obligation de tous et un chascuns les biens dudit couvent, présents et advenir, qu'à ces fins ils se constituent tenir en faveur desdits confrères, et par ces présentes lesdits révérends relligieux ont promis et promettent auxdits confrères et députtés, en cas de trouble, molestie ou empeschement en la jouissance de ladite chappelle, rendre et restituer auxdits confrères, soit à leurs successeurs ledit introge de quattre cents florins à mesmes peynes et obligations que dessus, auxdits cas tant seullement.

Et au cas que lesdits confrères viennent à sortir leur confrérie dudit couvent, ledit introge demeurera entièrement acquis auxdits relligieux et pourront lesdits confrères audit cas, sans difficulté, enlever de ladite chappelle tout ce qu'ils y auront faict faire, et que leur appartiendra; et au cas que lesdicts confrères y eussent faict faire quelques réparations, soit en pierres, bois, ferrures, couverts, carronements, ou autrement, et qu'ils feussent contraints de vuider laditte chappelle, ou troublés et empeschés en la jouissance d'icelle, lesdits révérends relligieux seront tenus de payer et rembourcer lesdites réparations, soit leur valleur, ainsi qu'ils promettent auxdits confrères, en l'estat qu'elles se trouveront lors dudit trouble et empeschement, à ditte de maistre et experts.

Comme aussy, que rien ne soit faict au préjudice desdittes réparations par lesdits révérends relligieux, ou autres quelconques, qui peusse altérer et gaster lesdites réparations, lesquelles, audit cas, seront reffaites et restablyes aux frais et despends desdits révérends relligieux, ou autres, par le faict desquels elles auront esté gastées, à la diligence néantmoins et poursuitte desdits révérends relligieux.

Et cependant lesdits révérends relligieux ont promis et promettent faire le service de ladite confrérie annuellement en ladite chappelle et en icelle célébrer, tous les jours de dimanche, une messe basse, et, pour ce, fournir tous les ornements et autres choses nécessaires, sauf le luminaire que lesdits confrères, soit les prieurs de ladite confrérie fourniront, comme aussy le jour de la feste dudit saint Eloy, et le jour suivant, le reste duquel luminaire lesdits prieurs retireront, après que les services seront faicts.

Item, seront tenus lesdits révérends relligieux, pour le jour et feste dudit saint Éloy, parer ladite chappelle et autel, et pour fournir tous les ornements et autres choses nécessaires.

Item, seront tenus, la vigile de la feste dudit saint Éloy, faire sonner à branlle leur grande cloche avec le carrillion, sçavoir : le jour de la vigile à midy, vespres et aux huict heures du soir, et le jour de la feste aux matines, première messe, grande messe, et pendant la procession, laquelle procession, lesdits révérends relligieux feront annuellement le jour de la feste dudit saint Éloy pour accompagner le

pain bény, que les prieurs sont obligés de faire conformément aux règles et statuts de ladite confrérie, à la manière
accoustumée, et, au retour de la procession, lesdits relligieux diront et chanteront la grande messe dans ladite
chappelle, avec les cérémonies accoustumées, et seront
tenus lesdits confrères de ballier auxdits relligieux le petit
pain bénict, des quattre qu'ils ont coustume leur donner
annuellement ; et feront sonner, ledit jour, les vespres,
comme le jour de la vigille et sus les huit heures du soir,
lesdits relligieux feront sonner les deux grandes cloches à
bransle, le jour suivant, avant la première messe et apprès
l'anniversaire, qu'ils feront pour tous les fidelles confrères
trépassés, pour lequel anniversaire lesdits relligieux diront
une grande messe des deffuncts, et à la fin d'icelle chanteront le *libera me,* suffrages et oraisons accoustumées, dans
ladite chappelle.

Et pour tous lesdits services, sonneries et les sonneurs,
pour l'organiste et pour touttes les choses que dessus, lesdits confrères, soit les prieurs qui sortiront de charge, seront
tenus payer annuellement, comme lesdits députtés promettent, le jour apprès ladite feste, la somme de quarante-
deux florins monoye susdite auxdits révérends relligieux,
soit au procureur ou sacristain dudit couvent, à peyne de
tous despends, dommages et intérêts, et soubs l'obligation
de tous les biens de ladite confrérie présents et advenir quelconques, qu'ils se constituent tenir.

Et a esté convenu et arresté entre lesdits révérends relligieux et confrères députés que dores en avant lesdits prieurs
présents et advenir de ladite confrérie feront faire un chantal et service pour chaque confrère, qui décèdera, dans
ladite chappelle, par lesdits révérends religieux, sçavoir,
une grande messe de mort, et, à la fin, y iront chanter le

libera me avec les suffrages et oràysons, à la coustume ordinaire, ainsy que font faire les prieurs des confréries de Saint George et Quattre Couronnés, érigées dans ladite église ; et sera permis auxdits prieurs de sonner, avec les troisiesmes et quattriesme cloches dudit couvent trois glas, sçavoir, un le soir, un advant que le service se fasse, et l'autre à la fin de la messe et service, lequel service lesdits revérends religieux promettent faire pour et moyenant trois florins pour chasque chantal, lesquels lesdits prieurs payeront, soit apprès le service faict, soit à la fin de l'année de leur priorat, et sortans de charge, à la forme du livre du Père sacristain dudit couvent, lequel lesdits prieurs présents et advenir seront tenus advertis du décès des confrères qui décéderont, pour faire faire ledit chantal et service, au jour plus commode, le tout à mesmes peines que dessus, et soubs les obligations et constitutions susdites.

Et, pour ledit service et chantal, les prieurs porteront une boitte pour exiger des confrères, pour le paiement dudit chantal.

A aussy esté convenu et arresté entre lesdits révérends religieux et lesdits confrères députés que, venant à mourir quelqu'un des confrères de ladite confrérie, n'ayant sépulture en aucune des églises de la présente ville ou de dehors, et n'ayant moyen de l'y avoir, il sera permis aux héritiers, soit aux confrères de ladite confrérie, de le faire ensépulturer dans le cemistière de l'esglise dudit Saint Dominique, pour, et moyenant trois florins ditte monnoye, pour chascun desdits confrères et de leur famille, que l'on ensepvelira, tant pour le droit de sépulture que pour l'assistance de croix, lesquels trois florins les héritiers des confrères décédés seront tenus payer auxdits religieux, soit au procureur ou sacristain dudit couvent ; et, lorsque par charité les confrères les fera ensevelir, les prieurs de ladite confrérie seront tenus les payer, comme cy dessus.

Ainsy que lesdits députtés promettent, aux peynes, obligations et constitutions susdittes, et ainsy que dessus, pour tous lesdits services, a esté convenu entre lesdits révérends relligieux et confrères députés, et promis inviolablement observer, sans y contrevenir, ny permettre estre contrevenu, en jugement, ny dehors, à peynes respectives de tous despens, dommages et interests, et soubs obligation de tous leurs dits bien, qu'ils se constittuent tenir les uns en faveur des autres, sçavoir, lesdits révérends religieux, ceux dudit couvent et lesdits confrères députés, ceux de leur dite confrérie, et, ce, ont faict soubs et avec touttes deubes permissions, par mutuelles et réciproques stipulations et acceptations, soubmissions à touts recours, renonciations à tous droits contraires, serment presté, lesdits religieux, la main à la poitrine, et lesdits confrères depputés sur les Escriptures entre mes mains, et clauses respectivement requises et nécessaires.

Faict et passé à Chambéry, dans le grand réfectoire dudit couvent. Présents Mes Claude Guillermin, praticien, et honorable François Charrier, maistre courdonnier, tous deux bourgeois dudit Chambéry, tesmoins requis. Signé, en la minutte F. Charles Gaud, humble prieur, F. Hugues Noë Marchand, sous prieur, F. Louys Dunand, F. Boniface Vachellot, F. Joseph Gayme, F. Jacques Pellin, procureur, F. Charles Dalmat Simon, député, Jean Jacques Guittard, confrère, Guilliermin présent, Charrier, présent. Les autres confrères députés n'ont signé, pour ne savoir, de ce enquis, et moy Jean Louys Jacquier, bourgeois dudit Chambéry, notaire ducal royal soubsigné, de ce recepvoir requis, qui le présent ay levé et expédié en faveur desdicts prieurs et confrères députés et de leurs successeurs. Signé JACQUIN, notaire [1].

*
* *

Teneur d'acte de délibération des confrères de la confrérie de Saint Éloy, érigée dans l'esglise des R^{ds} Pères de Saint Dominique, présente ville, du 22 may 1690.

1. Délibération a esté faitte entre les maistres confrères de la confrérie de saint Éloy de la présente ville et faubourgs d'icelle, érigée dans l'église de Saint Dominique, à l'autel dudit saint Éloy, par les prieurs, conseillers et maistres confrères de ladite confrérie, tous unanimement congregés et assemblés au lieu et manière accoustumés.

Présents honnestes Mauris Forrat, prieur moderne, André Clerau, François Martin, Jean Revel dit Carcollet, Louys Challandier, Claude Roux dit Fontaine, Claude Richard, Claude Jolytemps, Louys Fricquet, Theodore Viollet, Antoine Verney, tous maistres serruriers, honnestes Estienne et Jean Guy, maistres chaudronniers, honnestes Jean Pierre et Antoine Pocta, frères, maistres ouvriers en fer blanc, honnestes Guilliaume Vigniolle et Claude Mouchet, maistres selliers, honnestes Germain Flambert, Claude Bouchet, Jean Tardy, Thomas Beccu, Antoine Rey dit Loyseau, Claude Gabet, Claude Boisset et Claude ..., et François Vullien, maistres coutteliers, André Laurent et Jacques Simon, maistres armuriers, honneste Grégoire Girod, maistre bastier, honneste Jean Bazet, maistre épinglier, tous conseillers et confrères en ladite confrérie de saint Éloy,

Lesquels, apprès avoir murement considéré les nécessités

---

[1] *Archives du Sénat,* vol. L, fol. 176, 1687-1691.

de leur confrérie et le peu de cas que pourroient faire cy
apprès les maistres nouvellement establys, des actes de délibérations faicts aux assemblées, il a esté, à ces fins, délibéré et résolu que la confrérie se pourvoira par requête au
Sénat pour l'insinuation, homologation et enregistrement
de tous les articles de délibération contenus dans l'assemblée faicte par lesdits confrères, le vingt sixiesme juin mil
six cent trente huit, par devant M⁰ Vachier, notaire, tant
par les raisons que dessus, que encor en cas d'incendie ou
esgarement du présent registre, pour y avoir recours au
besoing.

2. Pour raison de quoy seront establis deux des confrères
pour procureurs, afin de présenter ladite requeste pour
requérir l'insinuation, non seulement desdits articles, mais
encor du contrat d'établissement et conventions faictes avec
les révérends prieurs et relligieux de Saint Dominique le
vingtiesme julliet mil six cent cinquante neuf, receup et
signé par M⁰ Jacquin, notaire.

3. Aussy esté délibéré que ceux qui refuseront et ne
voudront accepter la charge de prieur et faire le pain benict
à tour de roolle et suivant leur réception, comme a esté
anciennement et est toujours observé dans la confrérie, et
qui fairont de difficulté de payer la messe, comme est de
coustume, qui est quatorze sols, pour faire faire les services
divins nécessaires, et qu'on est accoustumé faire pendant
l'année et jour de la feste en l'honneur et gloire de Dieu et
du Sainct, lesdits refusants seront amendables de vingt-cinq
livres fortes applicables aux réparations et nécessités de la
chapelle, ce qu'ils promettent inviolablement observer, à
l'obligation de leurs biens soubs clause de constitut, en
forme et aux peines y portées.

A Chambéry, ce vingt deux may mil six cents nonante.

Signé Vignolle, Antoine Girerd, Claude Ros Fontaine, Pierre Devillat, Jean Raset, Louys Challandier, Claude Mouchet, A. Poctoz, C. Guy, François Martin, Jacques Simond, Antoine Vernay, André Laurent, Bouvier, Claude Fourrat, prieur, et BOUVARD, notaire [1].

[1] *Archives du Sénat,* vol. LIV, 1690.

CORPORATION DES CHARPENTIERS

I

SOMMAIRE HISTORIQUE

La corporation des charpentiers avait pour patron saint Joseph, et pour chapelle le maître-autel de l'église de Saint-Léger. Déjà, dès une date antérieure à celle dont il s'agit ici, date que je ne saurais préciser, il existait un semblable corps de métier, dans lequel la mésintelligence entre les membres et des abus de toutes sortes avaient fini par s'introduire. Pour remédier à cet état déplorable, comme pour poser les bases d'un avenir plus riant, le 8 mars 1645, les charpentiers de la ville et de ses faubourgs, réunis en assemblée générale au nombre de quinze, convinrent d'un règlement qui fut ensuite approuvé par le Sénat, en 1646.

Les noms de ces nouveaux fondateurs furent Benoit Champroud, Étienne Châtelain, François-Claude Modurat, Jacques Baudevin, Claude Cottard, Jean Périer, Claude Champroud l'aîné, Claude André, Benoit Galliardin, Laurent Mochon, Claude Devigne, Étienne Belley, Jean Nicod, Pierre Janin et Jean Greffe.

Ces honnêtes artisans étaient doublés de bons chrétiens. Ils unirent aussi la religion à leur profession et jugèrent sainement que la première devait les soutenir et les guider dans l'exercice de la seconde.

Suivant les ordonnances qu'ils adoptèrent dans leur réunion du 8 mars 1646, il y aura, le jour de la fête patronale de la confrérie, outre les autres offices religieux, une procession solennelle, à laquelle tous les confrères, maîtres, compagnons et apprentis, sauf empêchement légitime, devront assister, sous peine de six sous d'amende.

Le lendemain de cette même fête patronale, les défunts de la corporation recevront, de leur part, un témoignage de bon souvenir. Il sera célébré pour le repos de leur âme une grand'messe, à laquelle tous leurs frères vivants, quels qu'ils soient, seront tenus d'être présents.

Le chef de la confrérie aura l'obligation d'offrir, à ses frais, un pain bénit en la fête patronale, suivant l'ancienne coutume, de prendre toutes les mesures nécessaires pour la célébration des autres offices religieux en ce même jour, ainsi que pour la célébration de la messe dominicale et des autres services divins pendant l'année.

Pour subvenir aux frais de ces diverses cérémonies religieuses, tous les maîtres devront verser annuellement dans al boîte de la confrérie un florin, les compagnons huit sous, et les apprentis, une fois seulement pour toutes, deux livres de cire.

Nul compagnon de la ville ou de ses faubourgs ne pourra devenir maître, qu'il n'ait auparavant subi avec succès un examen de capacité devant les quatre plus anciens maîtres de la corporation. Le compagnon étranger qui aspirera à la même dignité devra, en outre, prouver, par des attestations authentiques, son lieu de naissance, qu'il appartient à une famille honorable, qu'il est de bonnes mœurs, qu'il jouit de l'estime publique et qu'il est chrétien catholique romain. En tout cas, les nouveaux maîtres seront tenus de payer, comme droit d'introge, un écu d'or au soleil. Quant aux fils de maîtres, ils ne seront soumis qu'à l'examen de capacité et au paiement d'un florin.

Il sera interdit, sous peine de dix florins, en cas de contravention, à tout compagnon charpentier de travailler de
son métier, à prix fait, pour le compte d'un particulier,
dans la ville ou dans ses alentours, jusqu'à la distance d'une
lieue.

Enfin, aucun apprenti, avant d'avoir achevé son temps
d'apprentissage, comme aucun compagnon, avant l'expiration de la durée de son engagement, ne pourra prendre du
service chez un autre maître que celui chez qui il se trouve,
sous peine d'un écu d'or au soleil d'amende.

Le 2 septembre 1660, par une bulle qui fut ensuite
publiée par l'official Dufour, le 6 mars 1670, le pape
Clément IX dota la confrérie des charpentiers, dans des
termes à peu près identiques, des mêmes faveurs spirituelles qui avaient déjà été accordées par ses prédécesseurs
aux confréries des tailleurs et des tisserands. La seule différence légère qui y fut apportée est dans l'assignation des
fêtes de la Conception, de la Purification, de l'Annoncia-
tion et de la Nativité de la Sainte Vierge, à la visite de la
chapelle pour gagner l'une de ces indulgences.

En 1727, les charpentiers firent construire un rétable et
placer une statue de leur patron, dans cette même chapelle,
pour le prix de cent cinquante livres.

Outre le produit des cotisations annuelles et autres droits
réglementaires, ils avaient, en 1733, deux titres de rente,
l'un au capital de cinq cent quatre-vingt-dix florins sur Jean-
Louis Bizet dit Morand, de Chambéry, et, l'autre au capital
de cinq cent quarante florins sur les nommés Pierre et
Victor Voiron, père et fils, de Thoiry.

Enfin, suivant un acte de 1790, le personnel de la confrérie comprenait, à cette date, les maîtres suivants : Pierre Bovagnet, natif d'Oncin, prieur ; Claude Bouchet, natif de Saint-Ombre, sous-prieur ; Antoine Bouchet, natif de cette même localité ; Aimé Vachet, natif de Chambéry ; Pierre Tardy, natif de Cognin ; Antoine Brun, natif de la même paroisse ; Jean Berthet, natif de Chambéry ; Benoît Perrotin, natif de Conjux ; François Pire, natif de St-Ombre ; Claude Tardy, natif de Montagnole ; Claude Bret, natif de Tresserve ; Joseph Lauger, natif d'Albens ; Alexandre Duporaz, natif de Cognin ; Jean Perret, natif de Billième ; Jean-Claude Pache, natif de Saint-Alban ; Claude Philippe, natif de Conjux, conseillers.

On compte aujourd'hui, à Chambéry, parmi les chefs de chantiers de cette profession :

Abrioud, avenue du Champ-de-Mars. — Bétemps, faubourg Maché. — Carron et Joly, Sainte-Claire. — Collomb, place Monge. — Davignon, rue du Collombier. — Faitaz aîné, rue Sainte-Barbe. — Galtier, avenue du Champ-de-Mars. — Girod, place Monge. — Perrot, faubourg Montmélian. — Robert, place Caffe.

II

DOCUMENTS

*Establissements et constitutions qu'ont faict les prieurs et
confrères charpentiers de la confrérie de saint Joseph
fondée au grand hostel de l'église Sainct-Légier parochiale présente ville de Chambéry.*

L'an mil six cent quarante-cinq et le huitiesme jour du
mois de mars, à tous présens et advenir soit notoire et
manifeste que ce jourdhui se sont congrégés et assemblés :

Honnestes Benoit Champrond et Estienne Chatellain,
prieurs modernes de la confrérie de Saint Joseph, fondée
dans l'esglise de Sainct-Légier parochiale de la présente
ville de Chambéry, et, à leur requisition, les charpentiers
nommés pour maistres, en parties bourgeois et habitans de
ladite présente ville, et confraires de ladite confrairie, François Claude Modurat, Jacques Baudevin, Claude Cottard,
Jean Perier, Claude Champrond l'ayné, Claude André,
Benoit Galliardin, Laurent Mochon, Claude Devigne, Estienne Belley, Jéan Nicod, Pierre Janin et Jean Greffe,
faisant les deux tiers desdits confrères et desdicts maistres
charpentiers ;

Lesquels, apprès avoir meurement considéré les abus qui
se commettent au faict de ladite confrarie, des manquements ès offices divins qui se doibvent faire en icelle et au
faict de leur profession, en sorte que, par la négligence et
peu de soing qui est entre eux, notamment par leur mauvaise intelligence, ladite confrarie, en ce faisant, n'est
conservée et maintenue comme se doibt. et qu'au faict de

leur dite profession et à l'exercice d'icelle, s'y commet des
grands abus et inconvénients, sur quoy ayant à bien adviser
et à rendre leur confrarie à perpétuitté en deub et bon estat,
et la rendre encore plus commendable, la maintenir et
conserver, voire l'augmenter, pour la plus grande gloire de
Dieu, et pour lever aussy tous abus que se pourroient commettre aussy à leur profession, ont, pour eux et leurs
successeurs à l'advenir quelconques, faict le présent establissement, constitution et règlement, comme sera coutume
ez articles suivants, que seront dès ores et à perpétuité
observés de poinct en poinct, le tout néantmoins pour le
bon voulloir et plaisir du souverain Sénat de Savoye, ce
qu'ils supplient humblement vouloir auctoriser et omolo-
guer, pour servir et valoir à perpétuité.

Premièrement, que tous les maistres charpentiers qui
auront esté prieurs de ladite confrarie s'assembleront au
lieu accoustumé, huict jours avant la feste Saint Joseph,
pour estre par eux nommé un prieur capable pour faire et
supporter ladite charge et qui sera de bonne réputation, et
ce annuellement.

Item, que celui qui sera esleu prieur, sera tenu accepter
ladite charge, et, au cas qu'il ne la voulut recepvoir, souffrira la peine de dix escus, qu'il sera contrainct de payer
promptement, pour estre employés au prouffict et ornement de leur chappelle.

Item, que le prieur esleu sera tenu de faire et offrir ung
pain, le jour de ladite feste, à ses dépens, à l'accoustumée,
faire faire tous les offices divins requis, ensemble faire
célebrer les services, touts les dimanches et autres jours
que seront establis, pendant la charge, le plus sainctement
que faire se pourra.

Item, que tous les maistres et confrères de ladite confrarie, ensemble les compagnons, garçons et apprentifs, seront tenus d'assister à la procession qui se fera le jour de ladicte feste, en ladicte esglise, et que ceux qui n'y assisteront, hors qu'ils ne feussent malades ou absents de la présente ville, seront tenus de mettre six sols dans la boëte de ladite confrarie, et à ce pourront estre contraincts.

Item, que, le lendemain de la feste de Saint Joseph, sera dict et cellébré, dans ladicte esglise et au grand hostel d'icelle, une grande messe de *Requiem,* à laquelle assisteront tous les maistres et, là, prieront Dieu pour le salut et remède de l'âme des confrères décédés.

Item, que tous les maistres charpentiers seront tenus de mettre annuellement dans ladicte boëte ung florin, le jour de ladicte feste, pour estre employé pour faire faire les offices divins, et à ce seront contraincts les refusants à payer.

Item. que tous les compagnons et garçons seront aussy tenus, ledict jour, de mettre annuellement, dans ladicte boëte, huict sols, et à ce seront contraincts comme dessus.

Item, que tous les apprentis seront de mesme tenus deslivrer, la première année de leur apprentissage, deux livres de cire pour estre employées, comme dessus, et à ce seront contraincts comme dessus.

Item, qu'aucungs compagnons, ny garçons de ladicte profession, ne pourront estre receus maistres, qu'ils n'ayent esté examinés par les quatre anciens maistres de leur capacité.

Item, que nul estranger ne pourra estre receu, qu'il n'aye rapporté bonne et authentique attestation du lieu de sa naissance, et s'il est de bonne famille, bonne réputation, et s'il est bon chrestien apostolique romain, auquel cas examiné et receu sera tenu de mettre, dans ladite boëtte, ung escu d'or sol et observer le présent establissement.

Item, que ceux qui seront maistres receus, estants de cest estat, seront tenus de mettre dans ladite boette, ung escu, et à ce seront contraincts comme dessus.

Item, qu'aucung compagnon, ny garçon, ne pourra prendre aucungs prix faicts, ny faire aucune besogne en lieux particuliers pour aucung temps, tant dans la présente ville, qu'à une lieue alentour d'icelle, qu'il n'aye esté receu maistre, à peine de dix florins qu'il sera contrainct de payer soudain qu'il sera requis.

Item, que les fils de maistres ne seront tenus à aucune chose qu'à l'examen de leur capacité et à ung florin, comme les aides maistres, qui sera mis dans la boëte.

Item, que nul maistre ne prendra à soy pour travallier aucung apprentif servant maistre, qu'il n'aye parachevé son apprentissage, ny compagnon que ce ne soit, à moins du sceu et consentement du maistre chez lequel il travalliera, à peine d'un escu d'or sol, qui sera mis dans la boete, et à ce sera contrainct comme dessus.

Tous lesquels susnommés confrères et maistres charpentiers, à leurs noms et des autres confrères charpentiers de ladite présente ville, ont requis le notaire ducal royal, audit Chambéry, soussigné, vouloir rédiger par escript ce présent establissement, règlement et constitution, et leur octroyer acte que leur ay accordé, en tant que c'est de mon office, pour se prouvoir pardevant le souverain Sénat pour la confirmation d'icelluy. A Chambéry, les an et jour susdicts. Signé DESERVETAZ [1].

<hr>

[1] *Archives du Sénat,* vol. XL, fol. 310 v°, 1639-1646.

CORPORATION DES CORDONNIERS, TANNEURS ET CORROYEURS

I

SOMMAIRE HISTORIQUE

Les cordonniers, tanneurs et corroyeurs formaient une seule et même confrérie.

Avant tout autre détail à leur sujet, il convient de dire que, comme on l'a vu précédemment pour les tailleurs, ils furent d'abord soumis à l'autorité d'un surintendant, nommé par le duc de Savoie pour toute la partie de ses États en deçà des Monts. Cet officier avait pour attribution d'entretenir l'émulation et la probité dans le corps de métier, et de veiller à ce qu'il ne se commît point de fraude, ni dans la qualité de la marchandise, ni dans sa fabrication, ni dans sa vente. Il lui était aussi ordonné d'interdire la maîtrise à tous ceux qui n'auraient pas donné des preuves suffisantes de capacité, dans l'examen que leur feraient subir des maîtres nommés par lui-même à cet effet.

Au nombre des divers personnages qui remplirent cette charge auprès des cordonniers, tanneurs et corroyeurs de Savoie, un document du 6 février 1671 en cite principalement trois, qui se succédèrent les uns aux autres et occupèrent fort longtemps cette place : Me Blard, maître cordonnier, d'Annecy, François Bérenger et Claude Deschaux dit Brizet, l'un et l'autre maîtres cordonniers, de Chambéry.

La nomination du dernier remonte à cette même date du

6 février 1671. En 1679, il lui fut adjoint, par lettres patentes du duc Emmanuel-Philibert, son fils François Deschaux.

Le nombre des artisans qui firent, à certains moments, partie de la confrérie des cordonniers, tanneurs et corroyeurs de Chambéry, fut considérable. Il s'élevait, en 1669, à près de quatre-vingt-dix, comprenant particulièrement les noms suivants :

Pierre Guillet, Philibert Francoz, Jean Rousseau, Pierre Desgranges, René Vulliod, Claude Campet, Pierre Cugnet, Antoine Chambon, Rolet Bergeret, Claude Merle, Louis Chappaz, André Campet, Claude Deschaux, Jean Méritel, Félix Galliard, Jean Excoffon, Joseph Ferragus, Pierre Pacoret, Pierre Ricard, Catherin Sautet, Antoine Rollet, Claude Rebotton, François Viraud, Jean-Claude Rossillion, Pierre Bourg, Barthélemy Miguet, Claude Jonnard, Claude Collomb, Jean-Claude Mattel, Claude Dumollin, Claude Jance, Antoine Bertrand, Pierre Vincent, Pierre Dupraz, Nicolas Bally, Claude Vulliod, Antoine Jacquiat, Pierre Desgranges l'aîné, Pierre Blanchet, Claude Blanc, Claude Pulvin, Jean Crotel, Maurice Sattet, André Favre dit Reglaz, Antoine La Racine, Jean Jeanthon dit La Marche, Claude Vibod, Pierre Ronjon, Charles Bellet, Pierre Gaidioz, Louis Favre dit Reglaz l'aîné, Jean Santet, Claude Pichon, Jacques Richard, César Dupraz, Antoine Dupraz, François Bally, Martin Bardin, Claude Martin, Catherin Simond.

Les offices de la corporation comprenaient, au-dessous du surintendant dont il a été parlé, deux prieurs et quatre maitres assistants.

D'un autre côté, la confrérie, dont les patrons étaient saint Crépin et saint Crépinien, avait sa chapelle dans l'église de Saint-Léger.

Le 25 juillet 1669, les confrères que j'ai cités, considérant l'impossibilité de subvenir, avec leurs seuls revenus antérieurs, aux frais nouveaux provenant, tant des indulgences obtenues de Rome pour cinq des fêtes solennelles de l'année, que pour les réparations de la chapelle tombée dans un délabrement complet, décidèrent d'augmenter le taux de certains droits et convinrent des dispositions suivantes à ajouter au précédent règlement.

Tout garçon ou compagnon, qui désormais passerait maîtres, devait payer vingt florins. Le fils de maître, en semblable cas, et l'apprenti, à son entrée en apprentissage, paieraient deux florins.

Un autre acte passé devant le notaire Bellin, le 20 octobre 1675, vint encore ajouter à ces prescriptions. Il y fut stipulé spécialement que les maîtres ne seraient tenus désormais à donner des crochons et à offrir des collations qu'à leur bonne volonté et convenance.

La corporation vécut encore de cette manière cinquante et un ans, de 1675 à 1726. Les principales ordonnances du nouveau règlement, qui fut dressé à cette dernière date, sous l'inspiration de l'autorité civile, peuvent se résumer en ces termes:

Il est interdit à toute personne, sauf le maître approuvé, de vendre des souliers dans la ville de Chambéry et dans toute l'étendue de ses franchises, sous peine de la confiscation de la marchandise et d'un écu d'or d'amende au préjudice du contrevenant. Toutefois, cette interdiction n'aura pas lieu, les jours des foires franches établies par les édits des souverains et notamment par celui du 9 juillet 1677.

La corporation s'assemblera chaque année, le dimanche qui précèdera la fête des patrons saint Crépin et saint Crépinien, afin d'élire un prieur qui sera, à tour de rôle, tantôt un cordonnier, et tantôt un tanneur ou un corroyeur. Elle nommera également à la pluralité des voix, dans cette même réunion, quatre jurés, dont deux seront cordonniers et les deux autres tanneurs ou corroyeurs. Aucun des élus, à l'exception de ceux qui les auront déjà remplies l'année précédente, ne pourra refuser les fonctions qui lui auront été dévolues, sous peine de deux écus d'or d'amende.

L'ancien prieur devra offrir un pain bénit de la grosseur qui lui conviendra, le jour de la fête patronale des saints Crépin et Crépinien (25 octobre).

Chaque maître sera tenu de payer lui-même, dans la quinzaine qui précèdera cette fête, une cotisation de dix sous. D'ailleurs tout compagnon qui, après examen, sera reçu maître, payera huit livres d'entrée à la confrérie, s'il est du pays, dix livres, s'il est étranger, la moitié de ces droits, s'il est devenu le mari de la fille d'un maître, et une livre seulement, s'il est fils de maître. Les examinateurs recevront, pour leur part, chacun deux livres.

Nul, à peine de deux écus d'or d'amende et de la confiscation des marchandises trouvées chez lui, ne pourra travailler comme maître, soit en boutique, soit en chambre, qu'il n'ait fait auparavant deux années d'apprentissage et deux années de compagnonnage, et, de plus, qu'il n'ait été examiné ensuite et approuvé par le prieur et les jurés.

Le maître qui se sera mal acquitté de son métier au détriment d'un client, sera contraint de dédommager ce dernier, suivant l'expertise qui sera faite par les jurés, et de payer quatorze livres d'amende à la confrérie.

L'apprenti devra faire deux années complètes d'apprentissage, et ne pourra être reçu compagnon chez un maître, qu'il n'ait prouvé d'avoir rempli cette obligation.

Le compagnon qui se sera engagé avec un maître pour un temps déterminé, ou qui même n'aurait passé aucun contrat de ce genre, ne pourra sortir du service de ce maître, ni avant l'expiration du temps convenu, dans le premier cas, ni sans un avertissement préalable de huit jours, dans le second cas.

Pour éviter les abus qui pourraient se commettre au détriment des compagnons sans travail, il sera nommé par la confrérie un maître, appelé embaucheur, qui servira d'intermédiaire obligé entre les maîtres à servir et les compagnons à embaucher. Tout maître qui croira pouvoir se soustraire à cette formalité pour ses ouvriers, sera passible de six livres d'amende pour chaque individu.

Les veuves de maîtres auront le privilège de continuer à tenir la boutique de leurs maris, d'avoir des compagnons à leur service, et même de garder les anciens apprentis ; mais il leur sera interdit de prendre de leur propre autorité aucun nouveau sujet de cette dernière sorte.

Près de cinquante ans après la publication de ce nouveau règlement, en 1778, la vie intérieure de la corporation fut légèrement troublée par un procès qu'elle eut à soutenir contre l'un de ses membres cordonniers, au sujet d'un empiètement de droits que celui-ci avait commis.

On distinguait alors, dans l'exercice de la cordonnerie,

trois sortes de souliers, les uns dits grossiers, les autres bâtards, et les troisièmes fins. Les premiers, suivant la définition qu'en donnèrent des experts, étaient ceux dont se servaient ordinairement les gens de la campagne, lourds, gros, à empeigne de vache, joints en dehors et à double semelle garnie de deux ou trois rangées de clous. Les seconds étaient à empeigne de vache ou de génisse, cirés et joints en dehors, à deux semelles capables de supporter un rang de clous, et cousus à gros fil, mais plus légers et mieux travaillés que les précédents. Les derniers étaient d'une seule semelle de veau tourné, sans clous, avec joints en dedans.

La coutume, sinon le texte même du règlement, exigeait pour chacune de ces sortes de chaussures des maîtres particuliers, de telle sorte que celui qui avait le droit de confectionner et de vendre seulement des souliers grossiers ou bâtards ne pouvait en user de même pour des souliers fins. C'est une pareille distinction que le nommé Jacques-Louis Forestier avait oubliée, ou n'avait pas assez comprise.

Comme cet artisan, qui n'était approuvé que pour les souliers des deux premières espèces, avait exposé au Verney, un jour de foire franche, sa marchandise, il s'en vit confisquer une partie par le maître syndic, qui la déclara appartenir à la catégorie des souliers fins. En vain appela-t-il successivement de cet acte devant le juge du consulat et devant le Sénat, en alléguant qu'il y avait eu erreur de la part du saisissant, et que les objets confisqués étaient réellement des souliers bâtards. Il ne put réussir à se justifier. Après comparutions sur comparutions, écrits sur écrits, nomination et rapport d'experts étrangers, le procès, qui avait duré quatre ans, se termina par la condamnation de Jacques-Louis Forestier et par la ruine complète de cet artisan.

Les membres qui composaient alors le conseil de la corporation étaient Noël Duvivier et Pierre Marthe, syndics, Antoine Chappuis, Octavien Francoz, Claude Cartannas et Félix Collet, conseillers [1].

*
* *

Déjà, à la suite de la démolition de l'église de Saint-Léger, vers 1760, et du transfert des offices paroissiaux à l'église de Saint-François, il s'était produit une autre petite agitation parmi les confrères cordonniers, tanneurs et corroyeurs. Les uns, ayant à leur tête Jean-Baptiste Culac, Marc Lavigne, Antoine Chiron, Balthazard Carret et Benoit Galliard, voulaient transporter aussi leur chapelle en cette dernière église ; les autres, représentés par Alexis Arbé et Jean-Baptiste Montellon, proposaient, au contraire, à cette fin, l'église de Saint-Dominique. Comme on ne put s'entendre, on en vint aux voix. Sur cent trente-huit votants, soixante-quinze optèrent pour Saint-François, et soixante-trois pour Saint-Dominique. Tels furent :

Pour Saint-Dominique : François Benoît. — Claude Domenget. — François Petit. — Benoît Martin. — Pierre Ract. — François Pignier. — Claude Carron. — Dominique Cabuat. — François Roissard. — Pierre Navier. — Antoine Acé. — Claude Simond. — Silvestre Dijoud. — Pierre Pierre Marthe. — Denis Veuillet. — Claude Donjon. — Antoine Lambert. — Benoit Goguet. — Antoine Coud. — Jacques Vernaz. — Jean-Louis Laperrière. — Claude Flutat. — Jean-Antoine Rosset. — Jean Martin. — Claude Cartannas.

François Vichet. — Jean-Baptiste Quey. — Joseph Ol-

bery. — Charles Duvivier. — François Burgot. — Jacques
Milliand. — Octavian Froment. — Claude Chabord. —
Aimable Pollet. — Félix Collet. — Antoine Dijoud. —
Benoît Maloz. — André Reglaz. — Claude Pellin. — Claude
Cadregat. — Jean Vincent. — Claude Cantin. — Philippe
Rivière. — Joseph Fayard. — François Denat. — Antoine
Goguet. — Aimé Domenget. — Pierre Bellemin. — Pierre
Pollet. — Jean-Baptiste Culaz.

Vincent Sulpice. — Balthazard Carret. — Pierre Ber-
trand. — Benoît Carron. — Claude Vauteret. — Gaspard
Amand. — Jean-Claude Dunand. — Guillaume Luguet.—
François Bruère. — Antoine Chiron. — Benoît Galliand.—
Marc Lavigne. — François Couty.

Pour Saint-François : Henri Tête, bedeau. — Hyerosme
Jacquemard. — Joseph Morens. — Jacques Plantard. —
Jacques Piraud. — Thomas Jacquemard. — Joseph Roullet.
— Claude Garnier. — Charles Lempereur. — Claude
Pierron. — Benoît Tête. — Claude Denat. — Guillaume
Pierron. — Joseph Degrange. — Jacques Grumel. — An-
toine Bellemin. — Joseph Pavy. — François Bollon. —
Jean-Baptiste Lazard. — Claude Lefèvre. — Claude Pollet.
— Antoine Degrange. — Louis Poncet. — Philippe Marsat.
— Claude Combepine. — Etienne Ballardin. — Joseph
Dunand. — Jean-Baptiste Dunand. — Ignace Yvrod. —
Claude Benaud.

Joseph Boulle. — Antoine Blanc. — Claude Chapperon.
— Jacques Bonjean. — Antoine Chappuis. — François
Benoit. — François Avanie. — Hyacinthe Montfalcon. —
Benoît Venat. — Jean Berthollet. — Alexis Benoit. — Pierre
Proven. — Pierre Manche. — François Bal. — Antoine
Verdun. — Benoît Lacroix. — Jean-Claude Petit. — Pierre
Thomas. — Claude Ponçon. — Jean Martin. — Claude

Gay. — Bernard Tête. — Joseph Michellon. — Joseph
Duvivier. — Joseph Lebrun. — Claude Grantet. — Claude
Marcellard. — Coudrat Rome. — Jean-Baptiste Montmas-
son. — Jacques Renaud. — André Porrat. — Joseph Gon-
tier. — Jean-Antoine Nozier. — Jacques Chavasse. —
George Bernard. — Claude Regard. — Anthelme Vagnon.
— Claude Marjollet. — Catherin Dunand. — Etienne Curt.
— Etienne Actué. — Alix Arlée. — François Caille. —
Antoine Lefèvre. — Guillaume Treppier.

———

II

DOCUMENTS

*Teneur des patentes pour honnorable Claude Deschaux
dict Briset, maistre courdonnier et intendant de la
maistrise.*

Charles-Emmanuel par la grace de Dieu, duc de Savoye,
prince de Piémont, roy de Chipre. etc.

Désirant, à l'imitation de nos sérénissimes prédécesseurs,
conserver les arts dans leur perfection, et empêcher les
abbus qui s'y peuvent commettre, et estant informé qu'en
celuy des courdonniers, taneurs et corroyeurs, il y a tousjours eu un maistre de cette profession, choisy et deputé
pour surveiller à ce que un chacun fit son devoir, et qu'il
ne se commit aucune fraude, tant dans la marchandise, que
dans la facture et débit d'icelle, laquelle charge et surintendance a esté exercée en dernier lieu par François Bérenger, maistre courdonnier et bourgeois de nostre ville de
Chambéry, qui avait succédé à Me Blard, maistre courdon-

nier de nostre ville d'Annissy, qui avait exercé pareillement ladicte charge fort longtemps de ladicte surintendance et maistrise auparavant luy, à laquelle, comme vacante par le décès dudict François Bérenger, voulant maintenant pourvoir, et estant informé de la probité et capacité de Claude Deschaux dict Briset, maistre courdonnier en nostre dicte ville de Chambéry ;

Pour ces causes et autres dignes de respect, à ce nous mouvant, par ces présentes signées de nostre main, nous avons ledict Claude Deschaux faict, nommé et député, faisons, nommons et députons pour exercer ladicte maistrise et surintendance sur les courdonniers, taneurs et corroyeurs de nostre dicte ville de Chambéry et autres lieux de nos Estats de là les Monts, pour l'exercer en la mesme forme et manière que faisait François Bérenger et autres ses prédécesseurs, et procurant particullièrement qu'on ne vende aucun cuir, qui ne soit de la bonté requise, et que personne ne soit receu à la maistrise desdicts arts de courdonnier, taneur et couroyeur, sans avoir donné des preuves de sa capacité devant les maistres à ce par luy députés, et ce, avec les honneurs, autorités, privilèges, droicts et prérogatives, qui en dépendent et dont ont jouy ses prédécesseurs en ladicte charge.

Ci donnons en mandement à nos très chers, bien amés et féaux conseillers, les gens tenant notre Sénat de Savoye, de veriffier les présentes, et du contenu d'icelles faire jouir l'impétrant, selon leur forme et teneur, car tel est nostre plaisir.

Donné à Turin, le sixiesme février mil six cent septante un. Signé CHARLES-EMMANUEL, V⁴ BUSQUET, V⁴ GRANERY, R^{ta} CARRON et contresigné CAULY[1].

---

[1] *Archives du Sénat,* vol. XLV, fol. 250 v°, 1664-1672.

*
* *

*Teneur de délibération faicte entre les maistres courdonniers
de la présente ville de Chambéry.*

L'an mil six cent soixante neuf et le vingt-quatre jour du
mois de julliet, ont comparu pardevant moy notaire ducal
soubsigné, honnorable François Béranger, intendant des
maistres courdonniers, et les quatre maistres assistants
sçavoir : Pierre Guillet, Philibert Francoz, Jean Rousseau,
les prieurs Pierre Desgranges et René Vulliod, comme
encore tous les cy après nommés, sçavoir :

Claude Campet, Pierre Cognet, Antoine Chambon, Rolet
Bergeret, Claude Merle, Louys Chappaz, André Campet,
Claude Deschaux, Jean Méritel, Félix Galliard, Jean Excof-
fon, Joseph Ferragus, Pierre Pacoret, Pierre Ricard, Cathe-
rin Santet, corroyeur, Antoine Rolet, Claude Rebotton,
François Virand, Jean-Claude Rossillion, Pierre Bourg,
Barthélemy Miguet, Claude Jomard, Claude Collomb, Jean-
Claude Mattel, Claude Dumollin, Claude Jance, Antoine
Bertrand, Pierre Vincent, Pierre Dupra, Nicolas Bally,
Claude Vulliod, Antoine Jacquiod, Pierre Desgranges l'aîné,
Pierre Blanchet, Claude Blanc, Claude Pulvin, Jean Crotel,
Maurice Sattet, corroyeur, Andé Favre dict Réglaz, Antoine
La Racine, Jean Jeanthon dict La Marche, Claude Vibod,
Pierre Ronjon, Charles Bellet, Pierre Gaidioz, Louys Favre
dict Réglaz l'aîné, Jean Sautet, corroyeur, Claude Pichon,
tanneur, Jacques Richard, taneur, Cesar Dupra, taneur,
Antoine Dupra et François Bally, taneur, Martin Bardin,
Claude Martin et Catherin Simond, secrétaire de ladicte
confrérie, tous maistres, courdonniers, taneurs et cor-

royeurs, lesquels, d'un commun consentement, ont délibéré comme s'ensuit, sçavoir :

Que touts garçons courdonniers, qui dès ores en avant ce passeront maistres, payeront lhors de leur réception la somme de vingt florins dans la boette de la chapelle de saincts Crespin et Crespinian, comme aussy ceux qui passeront maistres taneurs et corroyeurs, sauf les fils des maistres, qui ne payeront que deux florins lhors de leur dicte réception de maistres ; et de mesme, les apprentifs seront aussi obligés de payer dans ladicte boette lesdicts deux florins, et que les maistres qui les prendront seront obligés de les faire payer ou payer eux mesmes ; toutes lesquelles choses, ils veulent estre employées aux frais qu'ils ont supportés pour obtenir de Sa Saincteté les bulles à eux accordées, comme aussy pour les réparations, maintien et entretien de ladicte chappelle, qui est en fort pauvre estat, qui a obligé touts les susnommés à faire telle déliberation, n'avoir en cy devant aucunes indulgences ; et, présentement en ayant pour cinq festes principales de l'année, il leur convient avoir de quoy faire faire le divin service auxdicts jours.

De tout quoy les susnommés m'ont requis acte, que de mon office leur ay octroyé en présence d'honnorable Antoine Pernet, bourgeois de Chambéry, et Me Jean-Baptiste Masson, huissier extraordinaire au Sénat, tesmoings requis. Signé en ma minutte, Bérengier, Claude Deschaux, Louys Chappaz, Rolet Légeret, Philibert Francoz, Pierre Riccard, Jean Rossiaud, Claude Campet, Jean Méritel, Joseph Ferragus, Antoine Rolet, Pierre Pacoret, Claude Rebotton, Catherin, Jean Excoffon, André Campet, Antoine Chambon, Pierre Cugnet, Félix Galliand, Claude Merle et Catherin Simon, secrétaire de ladicte confrérie, Pernet, présent.

Mascon, présent, et non les autres, pour ne scavoir, de ce enquis, et, moy notaire ducal de ce recepvoir requis. Signé BOURGEOIS, notaire [1].

***

Règlement pour les Courdonniers, Taneurs et Coroieurs, 1726.

1° Le corps des courdonniers, dans lesquels sont compris les taneurs et coroieurs, s'assemblera le dimanche avant la fête de saint Crépin, pour établir un prieur à leur confrérie, lequel sera une année courdonnier, et l'autre, taneur ou coroieur. Ils établiront aussi, le même jour, quatre maîtres sardes, soit jurés, dont deux seront courdonniers, et deux taneurs ou coroieurs. Ces élections se feront à la pluralité des voix, sans qu'aucun puisse refuser tels emplois, à peine de deux écus d'or d'amende applicables à la confrérie, sauf cependant ceux qui les auront déjà occupés l'année précédente, qui ne pourront pas continuer deux années de suite. Après cette élection, l'on lira dans l'assemblée, à haute et intelligible voix, les règlements et statuts qui regardent ledit corps, et l'on remettra tous les livres de la confrérie au nouveau prieur, qui s'en chargera et recevra à l'assistance des quatre anciens maîtres jurés, les comptes de l'ancien prieur, qui aura dû exiger les droits de ladite confrérie pendant l'année.

2° L'ancien prieur fera le pain bénit, le jour de la fête de saint Crépin, de la grosseur qu'il voudra, sans être obligé de faire aucune dépense, et chaque maître paiera, dans la quinzaine auparavant, dix sols pour être employés,

---

[1] *Archives du Sénat*, vol. XLV, fol. 203, v°, 1664-1672.

aussi bien que les autres droits et amendes, pour le service et maintien de notre chapelle.

3° Les maîtres sardes se représenteront, le lendemain de l'élection, au bureau du vicariat, où ils prêteront serment de veiller exactement à l'observance des présents statuts, et de bien et fidèlement procéder aux visites des cuirs et autres marchandises, qui regardent leurs arts. Ils seront obligés de faire ces visites, au moins trois fois l'année, et particulièrement dans le temps que les marchandises sont arrivées des foires ; et lorsqu'ils trouveront quelqu'une des marchandises, qui ne sera pas de la qualité requise, ou quelque contravention aux présens statuts, ils en donneront incessamment avis au bureau du vicariat, pour y être pourvu, ainsi qu'il appartiendra, le tout sous la même peine que dessus.

4° Personne ne pourra travailler, comme maître, des métiers de courdonnier, taneur ou coroieur, soit en boutique, soit en chambre, qu'il n'ait été examiné, reçu et approuvé par le prieur et deux maîtres jurés, et travaillé fidellement de ladite profession pendant quatre ans, sçavoir: deux années comme apprenti, et deux années comme sarrons, de quoi il fera conster par le certificat des maîtres, chez qui il aura travaillé ; il paiera ensuite pour cette admission huit livres à la confrérie, s'il est sujet de S. M., et seize, s'il est étranger ; et, s'il est fils de maître, habitant de présente ville, il ne paiera qu'une livre ; et quiconque paiera, en outre, deux livres au prieur, et à chacun des deux maîtres jurés ; et au cas que quelcun vienne à travailler desdites professions comme maîtres, sans avoir exécuté tout ce que dessus, paiera à ladite confrérie deux écus d'or d'amende, outre la confiscation des marchandises, que l'on trouvera chez eux, dont le prix sera aussi appliqué à la confrérie.

5° Si quelque maître gaste quelque ouvrage que l'on lui aura donné à faire, il sera obligé de dédommager l'intéressé, sur l'estimation qui en sera faite par les jurés, au sentiment desquels s'en tiendra le vicaire de police, après avoir reçu leur serment ; et paiera, en outre, quatorze livres à la confrérie.

6° Il est défendu à toute sorte de personnes, sauf aux maîtres approuvés comme dessus, de vendre des souliers dans la présente ville, faubourgs et franchises, à peine de confiscation, et d'un écu d'or d'amende applicable à la confrérie, sauf cependant dans les foires franches établies par les souverains, et notamment par l'édit du 9 juillet 1677.

7° Les maîtres ne pourront prendre aucun apprenti pour un temps moindre de deux années, et les apprentis paieront à la confrérie, en entrant en apprentissage, une livre dont les maîtres seront responsables, et, à cet effet, consigneront entre les mains du prieur les apprentis qu'ils auront pris, dans quinze jours après qu'ils les auront, à peine de cinq livres applicables comme dessus.

8° Aucun maître ne pourra recevoir un sarron, qu'il ne lui conste qu'il a fini son apprentissage, à peine de deux écus d'or d'amende.

9° Le temps de l'apprentissage expiré, les apprentis seront tenus de tirer quittance de leurs maîtres, et de la faire enregistrer sur les registres de la confrérie, où ils se feront inscrire pour compagnons.

10° Dès qu'un compagnon sera convenu avec un maître de rester chez lui un temps fixé, il ne pourra pas en sortir avant l'expiration d'icelui ; et dès qu'il ne sera pas engagé pour un temps fixe, il sera obligé d'avertir le maître, huit jours avant que d'en sortir, sans quoi aucun autre maître

ne pourra le recevoir, à peine de cinq livres, à moins que
ce ne soit du consentement du susdit maître.

11° Pour éviter les dépenses que font ordinairement faire
les sarrons courdonniers, qui sont chez des maîtres, aux
autres qui n'y sont pas, sous prétexte de leur chercher et
faire trouver de la besogne, la confrérie nommera un maître,
qui sera appelé embaucheur, à qui tous les sarrons devront
s'adresser pour avoir de la besogne, et aucun maître ne
pourra recevoir un sarron, si ce n'est des mains dudit
embaucheur, à peine de dix livres d'amende ; et il sera
payé audit embaucheur six sols pour chaque sarron étranger, et trois sols pour ceux qui auront fait leur apprentissage dans cette ville, et c'est chaque fois qu'ils changeront
de boutique.

12° Les veuves des maîtres pourront continuer de tenir
boutique et avoir des compagnons, et même faire achever
aux apprentis de leurs maris le temps de leur apprentissage,
sans toutefois qu'elles puissent prendre aucun apprenti
nouveau.

13° Les compagnons qui épouseront les filles des maîtres,
ne paieront à la confrérie, pour la maîtrise, que la moitié
des droits cy devant[1].

Comme la plupart des autres anciennes corporations de
Chambéry, celle des cordonniers, tanneurs et corroyeurs,
subsista, sous les constitutions que l'on vient de voir, jusqu'en 1792. Depuis l'affreuse tourmente révolutionnaire,
celle-ci s'est réformée avec un caractère purement spirituel
et s'est maintenue avec plus ou moins d'éclat jusqu'en ces

---

[1] *Archives départementales de la Savoie.* n° 1050.

dernières années. En ce moment, on compte comme maîtres, dans les trois catégories d'artisans qui composaient l'ancienne confrérie :

Cordonniers

Ariane, portiques. — Baboulaz, faubourg Reclus. — Brunet, faubourg Reclus. — Burdin, rue d'Italie. — Calabrin, rue Saint-Réal. — Claret, faubourg Reclus. — Cotteville, rue des Casernes. — Casset, faubourg Montmélian. — Chambon, faubourg Reclus. — Chappaz, rue Macornet. — Charquet, rue Juiverie. — Châtelain, rue de Lans. — Charvet, rue de Boigne. — Cheminet, rue du Lycée. — Chevron, Portiques. — Chevron, rue de Boigne. — Dumaz, faubourg Montmélian. — Droguet, faubourg Maché. — Droguet, rue d'Italie. — Dupraz, place de l'Hôtel-de-Ville. — Exertier, rue Saint-Antoine. — Eymond, place du Marché-Couvert. — Favre, rue Juiverie. — Favre, rue de Maistre. — Garnier, rue Saint-Antoine. — Hyvroud, rue Croix-d'Or. — Lapierre, place Saint-Dominique. — Martin, rue Saint-Antoine. — Meffret, Portiques. — Meffret fils, faubourg Montmélian. — Minet, faubourg Maché. — Pellet, rue Juiverie. — Pellet, faubourg Reclus. — Pellet, rue de la République. — Perrier, rue Juiverie. — Pirraud E., rue Saint-Antoine. — Pirraud, rue Saint-Antoine. — Pin, rue Saint-Antoine. — Pollet, rue d'Italie. — Rigaud, faubourg Montmélian. — Schœfert, faubourg Maché. — Sermet, faubourg Montmélian. — Tardy, faubourg Reclus. — Thévenon, rue d'Italie. — Turgaz, Boulevards. — Vuillerme, rue Croix-d'Or.

Tanneurs, Corroyeurs

Bal, à la Revériaz. — Gotteland, rue du Lycée. — Masson, rue Sainte-Barbe.

CORPORATION DES BOULANGERS ET DES PATISSIERS

I

SOMMAIRE HISTORIQUE

La corporation des boulangers et des pâtissiers renouvela ses statuts par-devant le notaire Plattet, le **22** avril **1674**, et obtint leur approbation du Sénat, le **27** avril de la même année.

Ceux de ces industriels, qu'on voit figurer en cette circonstance, sont : Claude Rollin, Pierre Sonnet, Joseph Bernard, Claude Bossu, François Vallin, Mathieu Chaboud, Germain Fermier, Thomas Christien, Michel Chapperou, Benoît Chanterel, Jacques Voiron, Henri Gagnère, Claude Thevenet, Octavien Mantel, Jean Drouz, Bernard Chiron, François Chavonex, Joseph Tevenel, François Rollin, Guillaume Domenget.

Les dispositions du nouveau règlement sont, quant au fond, assez analogues aux statuts des autres corporations d'arts et métiers qu'on a vues jusqu'ici, et n'en diffèrent guère que sur les points essentiellement particuliers. Elles envisagent successivement les devoirs des sociétaires, sous les deux points de vue ordinaires de la religion et de la profession.

La confrérie aura pour patron saint Honoré, et sa chapelle sera dans l'église des religieux de Saint-François.

Le prieur sera élu chaque année en cette dernière église, quinze jours avant la fête patronale, dans une assemblée générale, à laquelle tous les membres de la corporation devront prendre part, sous peine de deux livres d'amende, et d'où tout étranger sera rigoureusement repoussé.

Outre la messe solennelle qui sera célébrée le jour de la fête de saint Honoré (16 mai), il y aura le lendemain, dans la chapelle de la confrérie, un chantal aussi solennel pour tous les membres défunts. De plus, chaque dimanche, il sera dit pour les confrères, une messe basse, à six heures du matin en été, suivant l'ancienne coutume, et à sept heures en hiver.

Le prieur sera tenu principalement de prendre soin du luminaire et des ornements destinés à la célébration des saints offices — d'offrir à ses frais, chaque dimanche, avant la messe, un pain bénit, qui sera ensuite distribué aux confrères — d'envoyer deux flambeaux, avec leurs écussons, pour accompagner le Saint Sacrement porté à quelque membre malade, lorsqu'il sera de la confrérie — de faire parvenir également à la maison mortuaire, pour la sépulture d'un sociétaire, les mêmes écussons destinés aux flambeaux, qui figureront au convoi — de fournir, à ses frais, une livre de cire blanche formant autant de petits cierges qu'il y aura de maîtres, et une demi-livre de même matière divisée également en autant de petits cierges qu'il y aura de maîtresses — de se pourvoir lui-même, à ses dépens, d'un gros flambeau dont il se servira dans les processions et dans les autres cérémonies religieuses — enfin, de donner, suivant ses moyens, le jour de son entrée en charge, une collation à ses confrères.

Il sera de même obligé de donner avis, à chaque membre, des assemblées qui auront lieu, et de faire, huit jours avant la fête patronale, en compagnie de son prédécesseur, une quête auprès de tous les maîtres de la confrérie et de ses bienfaiteurs, tant de la ville que de ses faubourgs. Le lendemain de cette même fête, après le chantal des morts, il rendra compte à tous les maîtres assemblés de sa gestion pendant l'année.

Mais, ce qu'il y a de plus saillant et à quoi il semble être donné la plus grande importance, dans ce règlement des boulangers et des pâtissiers, c'est naturellement ce qui regarde le pain bénit de la fête patronale.

La cérémonie était des plus solennelles.

Tous les maîtres, à tour de rôle, étaient obligés de faire une semblable offrande. Le dernier qui s'acquittait de ce devoir, escorté de tous les maîtres et maîtresses, portait en grande pompe le crochon à celui qui devait lui succéder l'année suivante. Celui-ci le retenait alors à collation, ainsi que sa suite. Dans le cas où il venait à mourir avant d'avoir fait son offrande, sa veuve devait le remplacer.

Le pain à faire bénir comprenait quatre grosses tourtes en pâtisserie, et était préparé deux jours à l'avance, pendant lesquels les maîtresses s'appliquaient elles-mêmes à l'orner de fleurs, d'images et de bouquets.

Le jour de la solennité, il était porté de la maison de l'offrant à l'église, en une procession aussi curieuse qu'originale, ayant en avant de lui l'offrant avec un flambeau, et à sa suite tous les maîtres et maîtresses, ainsi qu'une « bande de violons. »

La bénédiction faite, quatre maîtres choisis à l'avance et munis de serviettes s'employaient à le distribuer aux assistants.

Quant à ce qui concernait le côté purement professionnel de la corporation, tout garçon, qui était admis à lever boutique, devait, à sa réception parmi les maîtres, payer cinq livres de cire blanche pour le luminaire, ou dix florins pour les réparations de la chapelle, sauf les fils de maîtres qui étaient exempts de cette contribution.

De même, tout maître qui recevait un apprenti, était tenu de payer, pour la première année d'apprentissage de ce dernier, une livre de cire blanche ou un quart d'écu, et pour chacune des années suivantes, six sous pour la messe.

En outre, chaque maître boulanger, et chaque cuisinier ou cabaretier ayant four et faisant de la pâtisserie, était redevable annuellement, le premier de quinze sous pour la messe, et le second de cinq livres de cire blanche ou de dix florins, pour l'entretien de la chapelle.

A ces divers détails sur l'ancienne corporation des boulangers et des pâtissiers de Chambéry, j'ajouterai maintenant quelques renseignements sur les conditions dans lesquelles ils exerçaient leur profession, et sur leur distinction respective.

Soixante ans avant la date des statuts que je viens d'analyser, c'est-à-dire le 26 août 1614, les syndics et conseillers de cette ville avaient eux-mêmes établi, conformément à l'ordonnance de Son Altesse Royale le duc Charles-Emmanuel Ier, une réglementation sur le trafic du blé et du pain.

D'après ce règlement qui subsista longtemps depuis, il fut défendu généralement à quiconque de faire des provisions de blé au delà de son nécessaire, de vendre, d'acheter et même d'arrher aucune espèce de céréales, en dehors de la grenette, où le vendeur, du reste, était tenu de déclarer préalablement sur un registre le prix de sa marchandise, sans pouvoir ensuite l'augmenter.

Les revendeurs, les pâtissiers, les boulangers de la ville, et les étrangers ne pouvaient, à peine de vingt-cinq livres d'amende, entrer dans la grenette, les jours de marché, avant trois heures du soir.

Quant aux boulangers et aux pâtissiers, en particulier, ils étaient soumis à des ordonnances qu'ils ne pouvaient impunément transgresser.

En premier lieu, ils devaient être reconnus par l'autorité municipale et inscrits sur le registre des approbations. Nul autre ne pouvait exercer leur industrie dans la ville, sous peine, outre la confiscation de la marchandise, de vingt-cinq livres d'amende, s'il était solvable, ou du banissement, s'il ne pouvait payer.

Les boulangers se distinguaient des pâtissiers en ce que les premiers ne pouvaient confectionner, sous la même peine que précédemment, « aucuns gâteaux, riottes, carquelins, biscuits, cachemuseaux, tallamuses, gauffres, etc., » qui étaient spécialement du domaine des pâtissiers. Les boulangers étaient obligés de faire des pains « bien apprestés et conditionnés » d'un sou et de deux sous, suivant le poids fixé par la municipalité. Chacun devait donner à son pain une marque particulière et distincte. Il était, du reste, interdit à quiconque de ces industriels de vendre et de débiter en même temps d'autres denrées alimentaires [1].

En 1733, on trouve cités, dans les actes de la confrérie, comme prieurs : Antoine Bay, Florentin Platte, Jean-Louis

[1] *Archives municipales de Chambéry*, n° 1050.

Girod, Claude Bollon ; et comme procureurs : Claude Monet, Joseph Gontier. Obligés de faire, à cette date, un rapport au Sénat sur l'état de leurs revenus, ces officiers déclarent que la corporation, ne possédant ni fonds, ni fondation, n'a d'autre ressource financière que dans la cotisation de quinze sous payée annuellement par chaque membre. Ils ajoutent que, comme la somme obtenue par ce moyen est insuffisante pour rémunérer le service religieux de la fête patronale, ainsi que les messes des dimanches de l'année, le prieur était réduit à solder lui-même ce qui manquait [1].

Actuellement, le commerce du pain et de la pâtisserie est à peu près entièrement libre, et n'est soumis à aucune entrave de la part des municipalités. A Chambéry, la plupart des boulangers réunissent la pâtisserie à la boulangerie. Les divers individus qui, en qualité de maîtres, exercent cette double industrie, unie ou séparée, sont au nombre de quarante-sept, et portent les noms qui suivent :

Barlet, Portiques. — Blein, Pont-de-la-Garatte. — Blumet, rue Juiverie. — Bollon, rue Croix-d'Or. — Bourbon, Pont-de-la-Garatte. — Bouvier, place Caffe. — Brancaz, rue Jean-Jacques Rousseau. — Buguard, rue du Lycée. — Cachoud, rue de Boigne. — Cardinal, faubourg Reclus. — Carron, rue Vieille-Monnaie. — Charbonnier, rue Denfert-Rochereau. — Cochet, place Saint-Léger. — Coudurier, faubourg Maché. — Denarié, place de l'Hôtel-de-Ville. — Déplante, place Saint-Léger. — Desplantes, rue Saint-Antoine. — Dufour, rue Favre. — Durand, rue Croix-d'Or. — Exertier, rue Saint-Réal. — Faure, rue Juiverie. —

[1] *Archives du Sénat* (Dossiers divers).

Ferroud, rue Saint-Antoine. — Forest, rue de Maistre. — Forest, rue du Larith. — Gallet, rue d'Italie. — Gaillard, faubourg Nezin. — Gaime, place Saint-Léger. — Guiguet, Portiques. — Jeanton, faubourg Montmélian. — Lhérithier, place de l'Hôtel-de-Ville. — Liaudet, rue de la Gare. — Michaud, place Saint-Léger. — Mithieux, faubourg Maché. — Mollard, rue Croix-d'Or. — Monnard, faubourg Reclus. — Morens Jean, boulevard de la Colonne. — Morin, faubourg Reclus. — Parpillon, faubourg Montmélian. — Perrier, faubourg Montmélian. — Perrin, faubourg Montmélian. — Pugeat, rue Basse-du-Château. — Quenard, rue Sainte-Barbe. — Rassat, faubourg Maché. — Sulpice, rue Sainte-Barbe. — Tochon, rue d'Italie. — Vallet, place Saint-Léger.

II

DOCUMENTS

Teneur de coustume ancienne que tous les pâtissiers et bollongiers de la confrérie de Saint-Honoré doivent observer.

Premièrement, le prieur, qui sera estably, sera obligé de se charger du luminaire que l'on luy remettra, et tous austres ornements, qui seront à laditte chapelle, et desquels en sera fait inventaire touttes les années, et du tout rendre bon compte.

Item, ledit prieur sera tenu faire dire la messe, toutes les dimanches, et à l'heure de six du matin en esté, et en hiver à sept, la première comme est de coustume.

Item, sera aussy tenu fournir, à ses dépens, un pain de deux sols, pour bénir avant ladite messe, et, après la messe, en sera par luy distribué aux assistants.

Item, ledit prieur sera tenu advertir tous les maistres pâtissiers et bollongiers, quand il sera requis faire quelque assemblée.

Item, sera aussy tenu, quand il viendra l'heure que l'on voudra porter le Saint Sacrement à quelque confrère ou confréresse, de porter ou faire porter deux flambeaux de laditte confrérie, avec les excussons d'icelle, et y faire compagnie.

Item, sera aussy tenu, quand il viendra que quelque confrère ou confréresse mourront, il portera, à leur enterrement, les excussons, pour avoir deux flambeaux pour assister audit enterrement, et, en après, estre mis lesdits deux flambeaux pour le service de ladite chapelle.

Item, seront tenus les maistres faire assemblée générale dans Saint François, quinze jours avant la feste de saint Honoré, pour faire eslection de prieur, et venant à manquer, estants advertys par ledit prieur, payeront deux livres de cire blanche.

Item, que le jadis prieur sera tenu advertir tous lesdits maistres, pour assister à ladite assemblée pour laditte eslection, sans qu'auxdittes assemblées puissent assister que ceux qui auront fait les charges et le pain bénist.

Item, que ledit jadis prieur, avec celuy qui sera esleu, seront tenus porter la boëte, huict jours avant la feste dudit saint Honoré, et iront par toutes les maisons des maistres et bienfaiteurs de la ville et faubourgs d'icelle, et c'est annuellement.

Item, que tous les prieurs, chacun à leur tour, seront tenus achepter, à leurs despens, une livre et demy de cire blanche, sçavoir, une livre en petites chandelles pour les maistres, et demy livre pour les maistresses, et que ladite demy livre fera autant de nombre de chandelles que laditte livre.

Item, que tous les prieurs entrant en leur priorat seront tenus fournir, à leur despens, un flambeau, lequel luy servira à la procession, en sortant de ladite charge, et, après ce, demeurera pour le luminaire de la chapelle.

Item, que ledit prieur qui sera esleu, sera tenu de faire une collation aux maistres, lorsque l'on luy remettra la boëte, selon la faculté de ses biens.

Item, que celui qui recevra le crochon pour faire le gros pain bénist, l'année suivante, sera tenu accompagner celuy qui aura faict le pain bénist, à la procession, et achepter à ses despens une chandelle blanche de demy livre, laquelle il deslivrera à la femme de celuy qui offrira ledit pain bénist.

Item, sera tenu faire la collation aux maistres et maistresses, et à ceux qui accompagneront le crochon.

Item, que celuy qui sera tenu faire le gros pain bénist, le fera de quattre pains en pâtisserie, garnys d'images et bouquets.

Item, sera tenu à faire venir, à ses despens, la bande de violons pour assister à la procession et à la remission du crochon, si du moins payer un ducaton applicable au luminaire de la chapelle.

Item, sera aussy ledit prieur tenu de faire lesdits quattre pains bénists, deux jours avant la feste dudit saint Honoré, et supportera les charges et frais à l'accoustumée, selon ses moyens.

Item, que, venant celuy qui aura receu le crochon à mourir la mesme année, la vefve, si elle continue à tenir

boutique ouverte, sera tenue et obligée de faire ledict pain
bénist, selon ses facultés.

Item, que touttes les maistresses seront tenues de porter
des bouquets pour fleurir les susdits pains.

Item, que celuy qui fera lesdits pains pour bénir, sera
tenu achepter son flambeau à ses despens, lequel il portera allumé à la procession, et, en après, sera remis au
proffict de la chapelle.

Item, seront aussy tenus les maistres et maistresses, le
jour dudit saint Honoré, accompagner lesdits pains bénists
à la procession et remission du crochon.

Item, que les quattre maistres, qui seront esleus par celuy
qui aura faict ledit pain, seront tenus faire la distribution
d'une partie desdicts pains par l'esglise, après la bénédiction faicte d'iceluy, en leur fournissant à chacun une
serviette.

Item, le lendemain de la feste, tous les maistres seront
tenus se trouver au chantal général, et, après ce, à la position du compte du prieur, estant par un préallable iceux
advertis par ledit prieur, à peine de deux livres de cire
blanche, sauf qu'il y eut excuse légitime.

Item, que tous les garçons, qui voudront s'installer et se
passer maistres audit mestier de leur boutique, seront
tenus, à leur réception, de donner à ladite confrérie la
quantité de cinq livres cire blanche pour le luminaire, ou
dix florins pour la réparation de ladite chapelle, comme a
esté cy devant représenté, excepté les fils de maistres.

Item, que la messe, qui se paye annuellement par tous
les maistres, sera tout au moins de quinze sols, comme a
esté cy devant observé.

Item, que tous cuysiniers et autres tenant cabarest, faisant
pâtisserie et ayant four, seront tenus de payer les droicts

de la chapelle, qui sont cinq livres de cire blanche, soit dix florins.

Item, que tous les maistres, qui recevront apprentifs, seront tenus, la première année, de deslivrer au prieur, qui sera lhors estably, une livre de cire blanche, ou bien un quart d'escu, et, les autres années, six sols pour la messe.

Item, que tous ceux qui ne satisferont et observeront le contenu en tous les articles cy dessus mentionnés, seront tenus de l'amende de deux livres de cire blanche applicables au luminaire de la chapelle, ainsi qu'a esté cy devant observé.

Lesdits articles, ayants esté dressés et publiés, à forme de l'acte d'assemblée cy joinct, par moy soubsigné, et, en foy de ce, ay signé. Chambéry, ce vingt deux april mil six cents septante quattre. Signé PLATTET, notaire [1].

Anciens sommaires de divers actes des archives de Chambéry, concernant les pâtissiers, boulangers et meuniers.

1. La connoissance et pouvoir d'établir le prix à tout bled, à l'exclusion de tous autres magistrats, est donné aux scindiqs de Chambéry par Amed Ier, duc de Savoye, afin de subvenir aux oppressions et nécessités du public, inhibant à son conseil et juge mage d'en prendre connoissance, advis de leur prester tout secours et assistance, par patentes données à Thonon, le 8 septembre 1415.

2. N'est permis d'achepter du bled pour le revendre, mais simplement pour ses usages et sa famille, si ce n'est

---

[1] *Archives du Sénat,* vol. L, 1672-1674.

que ce fut par la permission et consentement des s^rs scindicqs de Chambéry, avec l'advis de six conseillers de ladite
ville, par patentes de Bonne de Bourbon, mère et tutrice
d'Amédée, duc de Savoie, données à Chambéry, le 14 février 1392.

3. Est inhibé aux pâtissiers, bolangers et meuniers et
autres revendeurs du bled d'entrer dans la grenette aux
jours de marché, ny de marchander le bled dans icelle, ou
s'enquérir du prix d'iceluy, sous la peine que sera établie
par le magnifique conseil de Chambéry, suivant ordonnance,
soit règlement fait par les nobles scindicqs de ladite ville,
confirmé et voire concédé en titre de privilège par lettres
patentes du duc Charles données à Turin, le 29 janvier 1525.

4. Arrest rendu, le 7 décembre 1605, contre les bolangers et pâtissiers de la ville de Chambéry, qui avoient fait
construire des petits fours, sans la permission des nobles
scindicqs de la ville.

5. Tout le bled et légume, de quelque espèce et qualité
qu'il soit, se vendra et débitera dans la ville de Chambéry,
sera mesuré ès mesures justes et certaines qu'à ces fins
seront establies par les nobles scindiqs de ladite ville selon
le vray eschandal dressé et érigé en lieu commode.

Pour lequel mesurage de chaque vaisseau de bled et légumes, S. A. impose, au profit commun de la ville, la mesure
d'un demy moudurier, et pour chaque quartan, le huictain
d'un modurier, payable ladite imposition en même espèce
de bled et légumes, sans aucune exemption de personne,
par patentes d'Emmanuel-Philibert données à Turin, le
14 mars 1566, vérifiées par arrest de la Chambre du 7 mai
suivant, et par arrest du 30e aoust, même année, sauf pour
regard de ladite nouvelle imposition de bled pour la susdite
mesure, par laquelle ledit Sénat et Chambre ordonne que

les bourgeois, habitants et autres intéressés seront ouys et appelés.

6. Est inhibé à toutes personnes, de quelque état et qualité qu'elles soient, de vendre et achepter aucun bled dans la ville de Chambéry ou faubourg d'icelle, sinon à la grenette et lieu accoustumé, et sans le mesurer en icelle, et ne l'aller errer, ledit bled, en lieu que ce soit, hors ledit marché, à peine de confiscation dudit bled et autres amendes arbitraires, a la connoissance des scindiqs et conseil de ladite ville, auxquels S. A. attribue telle juridiction et connoissance contre les délinquants, avec pouvoir de prompte et précise exécution, nonobstant opposition, appellation, empêchements, et sans préjudice d'icelle, comme pour denier du fisque, par les susdittes patentes du 14 mars 1566, vérifiées par la Chambre, le 7 may, et par le Sénat, le 30 aoust suivant.

7. Tous ceux qui veulent peser du bled à la grenette, doivent payer un denier fort blanchet, que sont à présent deux quarts, tant pour le poids que pour sortie d'icelluy, à celuy qui sera étably par les Nes scindiqs, ainsi que par patentes de Charles, duc de Savoye, du 13 décembre 1508, publiées le 16 dudit mois et 3 novembre 1509.

8. Dans le sac nº 45, sont les procédures faittes par le procureur de ville, demandeur, en cas de contravention aux ordonnances rendues contre les muniers, portant qu'ils ne doivent entrer en la grenette, et arrest du Sénat sur la poursuite.

9. Les pâtissiers et boulangers de Chambéry, ayant construit de petits fours sans la permission de la ville, furent condamnés par ordonnances de la ville des 21 janvier 1598 et 6 mars 1599, desquels s'étant rendus appellants, il y eut arrest du 7 décembre 1605, par lequel l'appellation fut

mise au néant, et, en émendant, les pàtissiers furent quittes et absous des fins et conclusions contre eux prises par le procureur de ville pour la nouvelle imposition de dix florins par eux demandée pour chaque petit four construict par lesdits appellants, sauf auxdits scindiqs de se prévaloir de l'offre à eux faite, pour ce regard, au procès, le tout sans préjudice des privilèges concédés à ladite ville et du droit de prohibition de construire nouveaux fours sans leur consentement, à la forme desdits privilèges.

10. Les R^{ds} Pères gardien et procureur de Saint-François de la présente ville ont fait une promesse, par laquelle ils se sont obligés de ne se servir d'un four par eux construict dans leur maison, que la ville prétendait faire démolir, pour autres que pour y cuire des pâtés et tourtes, sans y vouloir faire cuire du pain, du 22 may 1412.

Contract d'acquis de la place où est la grenette, fait par les nobles scindicqs des Srs de Lescheraine et Poypon, des 8 et 10 novembre 1575.

Prix fait de la nouvelle grenette, du 28 may 1578, ainsi qu'une ordonnance de payer 100 florins aux religieux de Saint-François, pour les dommages d'avoir enlevé la grenette de leur cimetière [1].

---

[1] *Ancien sommaire des Archives de Chambéry*, p. 1, 14, 26, 27 et 29. (Archives de M. le conseiller Fr. Mugnier.)

CORPORATION DES APOTHICAIRES

I

SOMMAIRE HISTORIQUE

La corporation jurée des apothicaires ou pharmaciens de Chambéry, ne fut établie qu'en 1679. Provoquée par les représentants de cette industrie, Martin Tonce, Arestan, Mermoz, Panvin, Gabet, Peyssard et Bonican, qui en dressèrent les statuts, et en demandèrent l'approbation au Sénat par une requête du 22 mai de cette même année, elle fut confirmée et reconnue par la Cour souveraine, le 29 du même mois.

Dans une préface qu'on lit en tête de ce règlement, on trouve relatées les raisons qui militaient, suivant les requérants, en faveur de cette institution. Telles sont, entre autres, la supériorité des pharmaciens sur les chirurgiens, le concours nécessaire qu'ils apportent aux médecins, l'immense avantage de prévenir les abus, en même temps que de faire progresser l'art par une réglementation sage et un contrôle actif.

Malheureusement, le style empesé et légèrement amphigourique de cet exposé nuit un peu à sa clarté et à son effet dans l'esprit du lecteur.

Néanmoins, les prescriptions sont des plus sages et témoignent de la sollicitude qu'on avait alors pour le plus grand honneur de cette industrie.

Naturellement, ces honnêtes artisans n'ont garde d'oublier la religion dans l'exercice de leur art.

La patronne de la confrérie sera sainte Marie-Madeleine, qu'on honorera dans une des chapelles qui lui sont dédiées en quelqu'une des églises de la ville. Le jour et le lendemain de la fête de cette sainte (22 et 23 juillet), les maîtres feront célébrer une grand'messe, à laquelle tous devront assister, et pour laquelle chacun paiera deux florins.

En ce qui concerne les devoirs de la profession, on remarque surtout les ordonnances suivantes, au sujet des maîtres, des compagnons et des apprentis.

Chaque année, le lendemain de la fête patronale, il sera nommé deux jurés ou prieurs, dont l'un sera pris parmi les maîtres les plus anciens, et l'autre, parmi les maîtres les plus nouveaux de la corporation. Les élus prêteront serment de remplir fidèlement les obligations de leur charge.

Tout maître devra se rendre exactement aux assemblées auxquelles il sera convoqué. Les délibérations prises, ainsi que toutes les propositions faites et les conclusions adoptées dans ces réunions, seront inscrites dans un registre spécial et signées de tous les assistants. Nul ne devra se laisser aller, en cette circonstance, à des paroles injurieuses ou inconvenantes, sous peine de six florins d'amende.

Les deux maîtres jurés, ou prieurs, auront tout pouvoir de fixer la cotisation annuelle à payer par chaque membre de la corporation, d'inspecter chaque année, avec l'assistance d'un médecin, les boutiques des maîtres, et de poursuivre sans merci les contraventions au règlement.

Les examens des aspirants à la maîtrise seront faits par les prieurs et par tous les maîtres réunis, qui tous devront signer les lettres d'admission. Celui d'entre eux, qui n'aura pas assisté, surtout, à l'épreuve du chef-d'œuvre, sera passible de trois florins d'amende pour la première fois.

Les veuves de maîtres seront autorisées à continuer l'industrie de leurs maris, avec l'aide d'un garçon reconnu capable.

Chaque maître sera tenu de tenir sa boutique approvisionnée de tous les médicaments composés de la pharmacopée de Lyon. Aucun ne pourra vendre et débiter des drogues simples ou composées, à essence ou à base vénéneuse, si ce n'est aux artisans et aux industriels honnêtes qui en auront besoin pour leurs travaux.

L'industrie des apothicaires sera privilégiée. Aucun individu, épicier, confiseur, marchand-droguiste, colporteur, barbier, et même chirurgien ne pourra, dans la ville, vendre des médicaments, soit en boutique, soit en lieu privé. Par contre, les apothicaires ne pourront tenir, ni débiter aucune denrée alimentaire, tels que huile de noix, fromage, poissons secs, etc.

Quiconque aspirera à la maîtrise devra préalablement justifier qu'il a fait, outre son temps d'apprentissage, au moins trois ans de compagnonnage chez des pharmaciens de quelques villes renommées. Ensuite, il sera tenu de subir, devant les prieurs et les maîtres réunis, comme il a été dit précédemment, trois examens oraux, dans l'espace de deux mois, et de faire deux chefs-d'œuvres, dans un délai de quinze jours. Un seul aspirant sera admis à se présenter le même jour. Il aura, parmi les maîtres, un parrain qui l'assistera dans les épreuves, mais qui ne pourra, ni prendre part au vote, ni même être présent à la délibération des examinateurs.

Ce même aspirant paiera, avant tout, à la boîte de la corporation, pour la convocation de l'assemblée, deux flo-

rins par chaque maître — à chacun des deux prieurs
présidant les examens, sept florins — à chaque maître
présent, trois florins — enfin à la même boîte de la confrérie, dix florins pour les lettres d'admission.

Les compagnons que les veuves de maîtres emploieront
pendant leur viduité, devront subir eux-mêmes un examen
de capacité devant les prieurs et les maîtres, et payer six
florins, sans que cet examen puisse servir pourtant de titre
à une maîtrise.

Tout compagnon servant dans la ville de Chambéry devra
être catholique romain et de bonne vie. Aucun ne pourra
passer du service d'un maître pharmacien à celui d'un
autre pharmacien, sans le consentement explicite du premier, et à moins qu'il n'ait fait, dans l'intervalle, un séjour
de six mois hors de la ville.

Quiconque voudra entrer en apprentissage de pharmacien
sera tenu de connaître la grammaire, d'avoir au moins l'âge
de quinze ans, et de payer quatre florins pour être employés à secourir les compagnons nécessiteux de passage
à Chambéry[1].

*
* *

Le règlement de 1726 ne modifia que très peu ces ordonnances.

La confrérie continua à honorer sainte Marie-Madeleine,
comme sa patronne.

Elle fut aussi gouvernée par deux prieurs, qui étaient
élus, non plus le lendemain, mais le jour même de la fête
patronale, et qui ne pouvaient refuser leur charge, sous
peine de deux écus d'or d'amende, à moins qu'ils ne l'eussent déjà remplie l'année précédente.

---

[1] *Archives du Sénat*, vol. XLVII, fol. 116, 1678-1680.

Ces officiers prêtaient serment le lendemain de leur élection entre les mains du vicaire de police. Ils avaient principalement l'obligation de veiller à l'observation du règlement — de dénoncer les abus professionnels qui se commettaient — de convoquer l'assemblée des maîtres dans les cas réglementaires, ainsi que dans les cas urgents où les intérêts de la corporation se trouvaient engagés.

Aucun maître ne pouvait s'exempter d'assister aux réunions générales, sans un motif légitime.

Nul individu ne pouvait exercer la profession d'apothicaire dans la ville et ses dépendances, qu'il ne fût catholique romain, et qu'il n'eût subi auparavant deux examens et fait avec succès deux chefs-d'œuvre, en présence du vicaire de police, d'un médecin et de tous les maîtres apothicaires.

Le jour et l'heure de ces examens étaient fixés par le vicaire de police. L'aspirant devait avoir accompli, outre le temps de son apprentissage, trois ans de compagnonnage dans quelque autre ville. Il était assisté d'un parrain, comme il a été dit précédemment. Chacun des maîtres, à commencer par le plus moderne, lui posait successivement des questions, et tous lui indiquaient ensuite, d'un commun concert, les chefs-d'œuvre à faire. Avant ces diverses épreuves, le vicaire de police recevait à sa part, pour chacune d'elles, un écu d'or — le médecin, la moitié de cette somme — chaque maître assistant, deux livres dix sous. Lorsque l'admission était prononcée, il était remis six livres à la confrérie.

Le dernier maître reçu devenait en quelque sorte l'agent des jurés, ou prieurs, dans les affaires de la corporation, et devait se tenir constamment à leurs ordres.

Les assemblées devaient garder, en toute circonstance, un caractère digne et élevé. Aucune parole injurieuse ou inconvenante ne devait y être prononcée, sous peine de quatre livres d'amende contre celui qui se serait oublié.

Aucun maître ne pouvait employer un sarron, ou compagnon, sorti du service d'un autre maître de la ville, sans le consentement de celui-ci, ou avant un intervalle de trois mois passés hors de Chambéry. Le compagnon étranger devait prouver qu'il était de bonnes mœurs et qu'il appartenait à la religion catholique romaine.

Nul individu n'était reçu apprenti, s'il n'avait quinze ans, et s'il ne connaissait la grammaire.

Dans l'exercice de leur profession, les maîtres étaient soumis à une discipline sévère. Aucun médicament vénéneux ne devait être délivré, sans une ordonnance du médecin. Lorsqu'il s'agissait de composer un remède, la présence de l'un des prieurs et d'un médecin, qui attestaient sur un registre particulier la nature de chaque substance et leur mélange, était absolument requise. L'apothicaire ne pouvait s'ingérer en aucune manière dans la cure d'un malade, sauf le cas d'urgente nécessité. Il devait exécuter strictement les ordonnances du médecin, à moins qu'il n'eût des doutes sérieux sur la nocuité des substances prescrites. Dans ce cas, il était tenu de faire ses remarques au médecin et d'attendre ses nouveaux ordres.

Tout maître qui avait manqué trois fois gravement à ses devoirs professionnels, était déchu de son droit et ne pouvait plus exercer son art, sous peine de cent livres d'amende.

Il en fut ici, comme dans toutes les autres corporations jurées. Les diverses peines pécuniaires encourues par les délinquants, ainsi que les cotisations annuelles des confrères, servaient aux réparations de la chapelle de la confrérie, à la célébration des offices religieux et aux autres dépenses nécessitées par les circonstances.

*
* *

Entre tous les pharmaciens qui se sont fait une renommée durable à Chambéry dans les anciens temps, je citerai particulièrement la famille Bonjean qui, dès l'année **1482**, a produit consécutivement, de père en fils, quatorze maîtres en cet art. Dans les cinquante ans qui viennent de s'écouler, sont également à remarquer Pierre-Antoine Bebert, les Bouchet, les Saluce, les Calloud, les Bochet.

Les pharmaciens que renferme actuellement Chambéry sont :

Bebert, Portiques. — Bonjean, place Saint-Léger. — Chenu, rue Croix-d'Or. — Pavèse, rue Croix-d'Or. — Pollet, rue Croix-d'Or. — Revil, place du Marché-Couvert. — Vellat, rue Juiverie.

II

DOCUMENTS

Statuts des maistres apothicaires de la ville de Chambéry, octroyez par le souverain Sénat de Savoye en l'année 1679, homologués et modifiés par ledit Sénat et enregistrés en ladite année 1679.

1. Comme vrays chrétiens et catholiques, les maistres apothicaires de cette ville et fauxbourgs d'icelle seront tenus de faire dire une messe haute, le jour de Ste Magdeleine, à l'autel que l'on aura choisy, dédié à cette saincte,

lesquels services se feront aux dépens de la boëte, et les dicts maistres seront obligés d'assister auxdicts services, tant du jour de la feste, que du lendemain, à peine de deux florins, sauf en cas de maladie ou cause légitime ; et, pour cet effect, pour la première fois, et pour la première année du susdit establissement, les maistres qui sont dès à présent, seront obligés de donner la somme de deux florins, pour commencer à subvenir aux fraisqu'il faudra supporter, pendant la susdite première année.

2. Toutes les années, ils s'assembleront le lendemain de la feste de saincte Magdeleine, dans le lieu que l'on aura choisy pour faire leur assemblée, pour procéder à l'eslection des deux maistres jurés, soit de deux prieurs, sçavoir, un des anciens et un des modernes, lesquels presteront serment, entre les mains des prieurs précédents, de bien et deuement faire leur charge.

3. A ces deux jurés, sera donné tout pouvoir de taxer les parties, de faire, toutes les années, la visite des drogues et compositions, dans les boutiques des maistres apothicaires de cette ville et fauxbourgs d'icelle, en l'assistance du médecin estably ; comme aussy, de faire les poursuites contre ceux qui voudront contrevenir au présent reiglement, sans toutes fois qu'ils puissent transiger, ny accorder aucune chose que ce ne soit de la plus grande partie du corps des maistres apothicaires et du consentement d'iceux, lesquels prieurs poseront leur compte, le susdit jour de l'assemblée, et, s'ils fesoient quelques difficultés, ils payeront, la première fois, la somme de six florins, et, en cas d'opiniâtreté, payeront la somme de douze florins, pour à quoy faciliter ils seront obligés de tenir des livres, l'un pour les délibérations qui seront faittes dans les assemblées, l'autre de leur recepte et dépance,

comme aussy pour la visite des boutiques et pour tous les
actes des aspirants.

4. Seront semblablement tous lesdits maistres apothicaires tenus, estant convoqués par lesdits jurés, de se
trouver à l'heure qui sera préfigée des assemblées, qui se
feront concernement leurs affaires, autrement laditte heure
estant passée, s'il s'en trouve trois assemblés avec lesdits
jurés, tout ce qu'ils auront réglé et délibéré sera autant
valable que sy tous y eussent assisté.

5. Celuy qui voudra se présenter à la maistrise de pharmacie, s'adressera aux jurés, pour faire convoquer l'assemblée dans la chambre et lieu destiné, et, à mesme temps,
lecture luy sera faite des statuts par un des jurés, affin
qu'il n'en prétende cause d'ignorance, et sera obligé de
donner à chasque maistre, pour le droict d'assemblée, la
somme de deux florins, qui seront mis dans la boëte.

6. Aucun ne sera receu à se présenter à l'examen, qu'il
ne rapporte attestation en bonne et probable forme, bien
légalisée, d'avoir pratiqué la pharmacie en bonnes villes,
l'espace de trois années, outre le temps de son apprentissage, duquel il rapportera acquit.

7. Lequel sera pourveu dudit art et office d'apothicaire,
ayant préalablement satisfait à ce que dessus, et luy sera
donné jour préfigé et parrain, ou conducteur, par les deux
jurés, affin d'estre ouy et examiné, en l'assistance du susdit
médecin estably, des seigneurs commissaires généraux ; et
sera payé par l'aspirant à chascun la somme de sept florins,
pour une fois tant seulement, et à chaque maistre assistant
la somme de trois florins six sols, pour les trois actes,
toutes lesquelles sommes seront consignées, un jour auparavant chasque examen, par l'aspirant entre les mains des
jurés, pour estre ledit argent distribué à chascun.

8. Lequel aspirant souffrira trois examens et fera deux chefs-d'œuvre, le premier desquels examens sera faict et commencé par le dernier maistre tenant boutique, chascun à son ordre et rang, et l'on mettra le temps de deux mois pour accomplir et parachever les susdicts trois examens et deux chefs-d'œuvre, leur donnant la distance de quinze en quinze jours, estant le temps nécessaire pour les mettre en exécution, tous les aspirants à la maistrise estant obligés de les souffrir et subir.

9. Aucuns des parents, ny alliés, de ceux qui aspireront parvenir audit estat, soit médecin, pharmacien ou chirurgien, ne pourront assister auxdits examens, ny à leurs chefs-d'œuvre, sy ce n'est qu'il ayt esté trouvé bon par l'assemblée que feront lesdicts maistres apothicaires préalablement pour y deslibérer.

10. Lesdicts jurés, après les examens faicts et receuz, prescriront à l'aspirant deux chefs-d'œuvre, ayant esgard à ses moyens et facultés, et lesquels chefs-d'œuvre sera tenu et obligé de faire, dans le temps et lieu par eux ordonné, le tout à ses dépends, et les chefs-d'œuvre luy demeureront, et, pour cest effect, seront les voix des assistants recueillies par les jurés, aux fins d'estre par eux jugés de sa capacité ou incapacité, avant que de procéder à sa réception.

11. Il n'y aura qu'un seul aspirant sur les rangs et à la fois, à la charge que l'on procédera incessament aux examens d'icelluy, et un autre ne se pourra présenter que le premier n'ayt entièrement satisfait ; s'il estoit renvoyé par incapacité, un autre se pourra présenter pour estre examiné.

12. Celuy qui présentera et conduira, comme parrain, un aspirant, ne pourra assister, quand on opinera, pour y avoir voix délibérative, ny àutrement.

13. Le poursuivant estant receu, il payera, pour le droict de boëte, la somme de dix florins pour ayder et subvenir aux frais et nécessités de la communauté desdits apothicaires, laquelle somme sera payée, avant que de luy expédier ses lettres de réception.

14. Ne pourra ledit aspirant ouvrir boutique, bien qu'il ayt ses lettres et expéditions, qu'en la présence et assistance desdicts jurés et maistres apothicaires, qui sy voudront trouver, et le tout sans fraix.

15. L'aspirant, estant receu maistre, il sera tenu et obligé de faire ce que luy sera ordonné par les deux jurés, concernant leur estat et affaires de la communauté, comme estant le dernier venu et receu, et jusque à ce que quelqu'autre soit receu, qui fera les mesmes charges concernant les affaires susdictes.

16. Sera fait un livre auquel on inscrira les propositions et conclusions prinses et faites dans leurs assemblées, pour s'en servir selon les occurences, lesquelles conclusions seront signées par les deux jurés et tous les autres maistres assistants.

17. Aux assemblées qui se feront, ne se commettra, ny proférera aucun blasphème, courroux, ny paroles injurieuses, les uns contre les autres, et se porteront tout honneur et amitié, et c'est à peine de six florins contre les contrevenants, applicables, la moitié aux pauvres, et l'autre moitié à la boëte pour leurs affaires communes.

18. Ne sera permis à aucun maistre de recevoir en sa boutique un serviteur, qui vienne de servir un aultre maistre dans la mesme ville ou faubourgs d'icelle, que ce ne soit de l'avis et consentement de ce premier maistre, à moins que ledit serviteur n'eut demeuré hors ladite ville, l'espace de six mois ; comme aussy, seront obligés lesdicts

maistres de ne prendre, ny recevoir que des serviteurs de bonne vie, catholique romain, et espérience requise, du fait desquels ils demeureront responsables, et mesme, s'il se trouve quelques maistres qui passent les ordres obtenus par le souverain Sénat, ils seront condamnés à la somme de vingt florins pour la première fois, lequel argent sera mis dans la boëte, pour les nécessités de la confrérie.

19. Les veuves des apothicaires pourront tenir leurs boutiques ouvertes pendant leur viduité, tant seulement à la charge qu'elles auront pour l'administration d'icelles un serviteur capable et suffisant, estant recogneu tel par un examen qu'il souffrira par les deux jurés, en l'assemblée des maistres apothicaires, ou partie d'iceux, une fois seulement et sans frais, sauf que ledit serviteur payera la somme de six florins, lequel examen ne luy pourra servir en cas qu'il voulust se passer maistre, et la première dispensation qu'il fera ne luy sera permis de la parachever, sans que premièrement elle n'ayt esté veue par lesdicts jurés, ou autres par eux commis, pour sur icelle estre examiné, comme il appartiendra ; ne luy estant permis, de mesme, de prendre, ny enseigner aucun apprentif, à peine de nullité dudit apprentissage.

20. Les apprentifs que les maistres recevront en leurs boutiques, ne pourront estre receus en apprentissage, qu'ils n'ayent connoissance de leur grammaire, et qu'ils ne soient d'aage compétant, ayant du moins l'aage de quinze années, et payeront les apprentifs la somme de quatre florins applicables pour les pauvres fraters passagers, et, à faute de ce faire, les maistres demeureront responsables.

21. Il est très expressément défendu auxdits maistres apothicaires de ne ballier, vendre, ny débiter aucuns médicaments vénéneux, simples ou composés, comme arcniq.

réagal, sublimé, et autres semblables, sans expresses
ordonnances des médecins approuvés, si ce n'est à gens
qui leurs soient connus en prud'homie, et qui, en leur art et
métier, se servent nécessairement de ces drogues, et les
advertiront de les employer incontinant, sans les laisser à
l'abandon, et qu'ils n'en abusent, à peine de punition
corporelle ; et de mesme est défendu auxdicts maistres
apothicaires, soit pharmaciens, de vendre, ny tenir dans
leurs boutiques des marchandises méchaniques, comme
huile de noix, beurre, ou fromage, et poissons de caresme,
et autres [1].

23. Pour empescher cy après les abus qui régnent en
cette ville, lesquels ne procèdent des apothicaires, mais
bien des espissiers, chirurgiens, confiseurs, marchands-
droguistes, contreporteurs, religieux, religieuses et autres,
qui se meslent de distribuer des remèdes dans la ville, et
est deffendu à tous de distribuer et mesme de tenir dans
leurs boutiques aucuns médicaments composés, et, particulièrement aux chirurgiens et barbiers, de ne donner
aucunes médecines dans la ville, lesquelles seront débitées
seulement par les maistres apothicaires, et fournyes à leurs
pratiques, suyvant les ordonnances desdits médecins.

24. Ne sont compris au présent règlement les fils des
maistres apothicaires de cette ville, qui ne souffriront qu'un
examen et ne feront qu'un chef-d'œuvre, tant seulement en
payant pour une fois aux seigneurs commissaires généraux
et mesdecins establys la somme de sept florins à chacun ;
tout de mesme payeront, pour une fois, à chaque maistre
la somme de trois florins six sols, et mettront la somme
de dix florins dans la boëte, pour le droict de réception,

---

[1] Un article portant le nº 22 fut supprimé dans l'approbation
donnée par le Sénat.

n'estant de mesme compris les fils des maistres, qui, dès quelques années en çà, ont travaillé sous la direction de leur père, lesquels seront tenus pour maistres, après la mort de leur dict père, et tiendront rang auparavant les aspirants qui seront receus cy apprès, lesquels ils pourront interroger, à l'absence de leurs pères dans leurs rangs, n'estant pas croyable qu'il ne leur ayt donné tous les documents nécessaires pour les rendre habiles dans leur profession.

25. Seront obligés lesdicts maistres apothicaires de tenir leurs boutiques garnies de compositions suivant la pharmacopée de Lyon.

26. Le nouveau maistre, ou le dernier receu apothicaire, sera obligé de servir les pauvres malades de la Charité de la présente ville, sans espoir de payement, l'espace de six mois.

27. Que si quelqu'un des maistres vouloient quitter de travailler, par maladie ou autrement, dans sa boutique, et et la remettre à un serviteur, il en doit être responsable, et de toutes ses actions, et ledit serviteur ne pourra prendre aucun apprentif, et sera par au préallable examiné, en présence du médecin et des maistres jurés.

28. Les deux jurés establys feront poser deux serrures avec deux clefs aux coffres, soit placcards de laditte confrérie, et ne pourront y aller, l'un sans l'autre, lesquelles clefs ils remettront aux jurés modernes, après leurs comptes rendus.

29. Est ordonné à tous les maistres d'assister à tous les actes et chefs-d'œuvre des aspirants, à peine de trois florins, sauf en cas de maladie et cause légitime, pour la première fois, et de plus grands aux autres[1].

[1] *Archives du Sénat*. vol XLVII, fol. 116, 1678-1680.

*
* *

Règlement des Apothicaires en 1726.

Le corps des apothicaires s'assemblera tous les ans, le dimanche avant la fête de sainte Madeleine, dans le lieu destiné à leurs assemblées, pour procéder à l'élection de deux maîtres jurés, soit prieurs de leur confrérie. Cette élection se fera à la pluralité des voix, sans qu'aucun ne puisse refuser tels emplois, à peine de deux écus d'or d'amende applicable à la confrérie, sauf cependant ceux qui les auront déjà occupés l'année précédente, qui ne pourront pas être obligés à continuer deux années de suite. Après cette élection, l'on lira dans l'assemblée, à haute et intelligible voix, les règlements et statuts qui regardent le corps, et l'on remettra tous les titres de la confrérie au plus ancien des nouveaux élus, qui s'en chargera, et l'on recevra le compte du plus ancien des deux prieurs précédents, qui aura dû exiger les droits de la confrérie pendant l'année précédente.

Ces deux maîtres jurés se représenteront, le lendemain de leur élection, au bureau du vicariat, où ils prêteront serment de veiller exactement à l'observance des présents statuts, et d'y donner avis des abus qu'ils découvriront dans leur art.

Tous les maîtres apothicaires, étant convoqués par lesdits jurés, seront obligés de se trouver à l'heure qui sera assignée pour quelque assemblée, concernant les affaires de la confrérie, à peine de deux livres applicables à la confrérie, sauf qu'ils fassent conster de quelque excuse légitime ; et, l'heure étant passée, s'ils se trouvent trois maîtres avec lesdits jurés, ce qu'ils auront réglé sera aussi valable, comme si tous eussent assisté.

Personne ne pourra exercer la profession d'apothicaire comme maître, dans les fauxbourgs et dépendances, qu'il ne soit catholique, apostolique romain, et qu'il n'ait subi deux examens, fait deux chefs-d'œuvre, à peine de cent livres d'amende, comme dessus. Les examens se feront en présence du vicaire de police, et d'un médecin qui sera par lui choisi à cet effet, et il y aura un mois d'intervalle de l'un à l'autre.

Ceux qui voudront se présenter à la maitrise, s'adresseront aux maitres jurés qui en donneront avis au vicaire de police, qui leur fixera le jour auquel l'assemblée devra être convoquée.

Aucun ne sera reçu à cet examen, qu'il ne rapporte attestation, en due et probante forme, d'avoir pratiqué la pharmacie dans quelque ville, l'espace de trois ans, outre le temps de l'apprentissage, duquel il rapportera acquit.

Dans ces examens, les interrogats seront commencés par le dernier maître, et ensuite chacun en son ordre et rang, sans qu'aucun parent ou allié de l'aspirant puisse faire des interrogats, ni y assister, de même qu'aux chefs-d'œuvre.

Après les examens faits et reçus, les jurés prescriront à l'aspirant deux chefs-d'œuvre, qu'il sera obligé de faire dans le temps et lieu qui lui seront ordonnés, à ses dépens, et les chefs-d'œuvre lui demeureront.

Tous ces actes faits, les jurés recueilleront les voix des autres maitres qui y auront assisté, et l'aspirant sera ensuite reçu ou renvoyé, selon qu'il sera jugé capable.

L'aspirant sera présenté à ces actes par un maitre qui lui sera donné par les jurés, et qui l'assistera dans chaque acte comme parrain, et ne pourra avoir voix, ni être présent aux opinions.

L'aspirant sera obligé de payer au vicaire de police un écu d'or pour chaque acte, la moitié moins aux médecins, et deux livres dix sols à chaque maître assistant, pour tous les actes, toutes lesquelles sommes seront consignées, avant ledit examen, entre les mains d'un des jurés.

L'aspirant, étant reçu, paiera à la boîte la somme de six livres, pour aider la communauté à subvenir aux frais qui lui sont nécessaires, après lequel paiement lui seront expédiés les actes de réception, et il pourra ensuite ouvrir boutique en présence et assistance des jurés, sans frais, ayant auparavant prêté serment, entre les mains du vicaire de police, d'observer les présents statuts.

Le dernier maître reçu sera obligé de faire ce qui lui sera ordonné par les deux jurés, concernant les affaires de la communauté, à peine de deux livres d'amende applicables à la confrérie.

Il est défendu à tous les maîtres de proférer aucune parole injurieuse ou mauvaise dans les assemblées, à peine de quatre livres d'amende applicables à la confrérie.

Nul maître ne pourra recevoir un sarron apothicaire, qui aura servi chez un autre dans la présente ville et fauxbourgs, sans en avoir donné avis au précédent maître, sous la même peine que dessus, à moins que ledit sarron n'eût demeuré hors de la ville, trois mois après en être sorti.

Ils ne recevront aussi aucun sarron étranger, qu'il ne rapporte son attestation de vie et mœurs, qu'il ne soit catholique romain, et qu'il ne rapporte acquit de son apprentissage, le tout à peine de dix livres d'amende applicables à la confrérie.

Les maîtres ne pourront recevoir aucun apprenti qui soit

au-dessous de l'âge de quinze ans, et qu'il n'ait connaissance de la grammaire, à peine de dix livres applicables comme dessus, et chaque apprenti paiera à la confrérie, en entrant en apprentissage, deux livres, dont les maistres seront responsables et donneront note, à cet effet, au juré qui aura l'exaction des revenus de la confrérie, des apprentis qu'ils prendront, dans quinze jours après qu'ils les auront.

Il est défendu à tout maître apothicaire de vendre, bailler ou débiter aucun médicament vénéneux, simple ou composé, sans expresse ordonnance des médecins approuvés, si ce n'est à gens qui leur sont connus en prodomie et qui dans leurs arts et métiers se servent nécessairement de ces drogues, qu'ils ne leur donneront qu'en présence de deux témoins, en les avertissant de les employer d'abord, et des dangers qu'il peut y avoir de les laisser à l'abandon, et c'est à peine de trente livres d'amende applicables, comme dessus.

Tous les maîtres seront obligés de tenir leurs boutiques garnies de tous les médécinaux et compositions nécessaires, selon la pharmacopée du lieu.

Aucun maître apothicaire ne pourra faire des compositions qu'en la présence d'un médecin, et d'un des maîtres jurés, qui feront leurs attestations dans un livre que les maîtres seront obligés de tenir à cet effet, d'avoir vu la dépensation des drogues, et d'en avoir vu faire le mélange, à peine de vingt-cinq livres d'amende applicables, comme dessus.

Il est défendu aux maîtres apothicaires de s'ingérer à traiter des malades et entreprendre des cures, sans l'ordonnance par écrit du médecin, si ce n'est en cas de forte nécessité et d'absence du médecin, sous les mêmes peines que dessus.

Il est ordonné à tous les apothicaires d'exécuter les ordonnances des médecins, sans y rien ajouter, ni diminuer, à peine de cinquante livres d'amende ; et au cas qu'ils croient quelques unes des drogues portées par l'ordonnance, nuisibles à celui pour qui elles sont destinées, ils en avertiront le médecin, sans pouvoir rien retrancher ou augmenter à ladite ordonnance, que le médecin ne l'ait écrit et signé au bas de ladite ordonnance.

Les jurés seront obligés de donner avis au bureau du Vicariat de toutes les contraventions au présent règlement, et dès qu'un maitre aura manqué trois fois, dans les cas essentiels de la profession, il n'en pourra plus travailler, à peine de cent livres d'amende applicables, comme dessus.

Tous ceux qui, quinze jours après la publication du présent, travailleront en leur particulier de ladite profession, sans avoir été admis et approuvés, et avoir juré d'exécuter ce que dessus, paieront cent livres à la confrérie, lesquelles, aussi bien que les autres peines pécuniaires cy dessus, seront exigées chaque année par les jurés, et serviront pour les réparations de la chapelle, célébration des offices divins, et autres frais qu'il conviendra de faire à la confrérie, et chaque contrevenant devra les payer sans pouvoir prétexter d'aucun privilège ou exemption [1].

[1] *Archives municipales de Chambéry*, n° 1050.

CORPORATION DES BLANCHISSEURS
CHAMOISEURS, GANTIERS ET PELLETIERS

I

SOMMAIRE HISTORIQUE

La corporation des blanchisseurs, chamoiseurs, gantiers et pelletiers, avait pour patron saint André, apôtre, et sa chapelle dans l'église des Antonins.

Elle ne fut constituée officiellement que le 1er décembre 1681, où ses membres, réunis dans l'arrière-boutique de Guillaume Besson, située près de Saint-Antoine, firent rédiger leurs statuts par le notaire Renaud.

Les membres présents à cet acte furent : Amé Pougué, prieur dès le 29 novembre précédent, Jean Revil, les frères Benoît et Maurice Domenget, Guillaume Besson, François Janin, Etienne Latout, Antoine Cantin, Etienne Darie, Michel Didier, Joseph Baccard, tous bourgeois ou habitants de Chambéry. Il fut convenu et stipulé que la nouvelle corporation serait régie de la manière suivante.

Chaque année, le dimanche qui précédera la fête de saint André, les maîtres se réuniront dans l'église de Saint-Antoine et éliront leur prieur.

Celui-ci paiera, pour l'année de son priorat, quatre florins, une livre et demie de cierges, et offrira, suivant ses moyens, un pain bénit, le jour de la fête patronale de saint André (30 novembre).

Outre une grand'messe qui sera célébrée le jour de cette même fête, et une autre messe également solennelle qui aura lieu le lendemain, il en sera dit une basse le premier dimanche de chaque mois, suivant la fondation qu'on aura soin de faire.

Tant pour ces offices religieux que pour les réparations de la chapelle, il sera payé annuellement par chaque maître entre les mains du prieur, le jour de la fête patronale, un florin, et, à titre de droit d'entrée, par chacun de ceux qui lèveront boutique en la ville, vingt florins, à l'exception des fils de maîtres qui ne paieront rien. De même, les apprentis, en entrant en apprentissage, seront tenus à cinq florins une fois pour toutes, et, annuellement, à six sous pour la messe.

Tout l'argent de la confrérie, comme tous les titres qui la concerneront, sera enfermé dans une boîte à deux clefs, dont le prieur en détiendra une, et le plus ancien maître, l'autre.

Le lendemain de la fête de saint André, le prieur rendra compte de sa gestion financière pendant l'année, et remettra les registres, avec les fonds en caisse, à son successeur. Tous les maîtres devront assister à cette double opération, sous peine d'un florin d'amende pour tout manquant.

D'ailleurs, ce même jour où furent stipulées ces ordonnances, le 1er décembre 1681, il fut passé, par-devant le même notaire Renaud, une convention entre le couvent de Saint-Antoine et la confrérie. Les religieux Antonins présents furent le R. P. commandeur Grataz, le R. P. Joseph Crose, sacristain, et le R. P. Louis Ponce.

De son côté, la corporation fut représentée par les mêmes maîtres cités plus haut.

Par ce nouvel acte, les religieux s'engagèrent :

1° A célébrer solennellement, dans la chapelle de la confrérie, avec diacre et sous-diacre, une grand'messe, le jour de la fête de saint André, patron de la confrérie.

2° A célébrer, aussi solennellement, avec diacre et sous-diacre, le lendemain de cette fête, une grand'messe pour les morts, suivie de l'absoute.

3° A dire, chaque premier dimanche du mois, entre sept et huit heures du matin, tant en été qu'en hiver, une messe basse.

4° A faire sonner eux-mêmes, ou à laisser faire sonner par les maîtres la grande cloche et le carillon de l'église du couvent, la veille et le jour de la fête patronale de la confrérie.

5° A célébrer solennellement, avec diacre et sous-diacre et absoute, le lendemain du décès de l'un des membres de la corporation, un service funèbre pour le repos de l'âme du défunt.

En retour de ce concours des religieux, la confrérie s'obligea elle-même à payer en premier lieu, chaque année, le lendemain de la fête de saint André, la rente fixe de vingt florins monnaie de Savoie, pour les messes de la fête patronale, du lendemain de cette fête et des premiers dimanches des mois, ensuite à salarier les gens que les religieux emploieront à sonner les cloches du couvent, la veille et le jour de la fête de saint André ; enfin, à solder pour chaque messe *de obitu*, célébrée pour les défunts de la confrérie, un quart d'écu.

Ce second acte, ainsi que le premier, fut approuvé et homologué par le Sénat de Savoie, le 13 décembre 1684, sur la requête qui lui en fut présentée le 28 novembre précédent.

*** * ***

On compte aujourd'hui, parmi les chefs d'ateliers de ces diverses industries :

Blanchisseurs

Berget, rue des Bernardines. — Cholet, rue Juiverie. — Crolet, faubourg Nezin. — Déplante, rue Bonivard. — Dumaz, place Saint-Léger. — Granier, rue de la République. — Gorin, rue Croix-d'Or. — Joly, rue du Verger. — Marjollet, rue Sommeiller. — Pellatier, faubourg Nezin. — Triquet, au Chanay.

Gantiers

Paradis, place Saint-Léger. — Sorbon, rue Croix-d'Or. — Trouillet, rue Favre.

Chamoiseurs et Pelletiers

Bal, à la Revériaz. — Flutaz, rue Sainte-Barbe. — Galloz, rue Sainte-Barbe.

II

DOCUMENTS

Teneur de règlements et statuts en faveur des maistres blanchisseurs, chamoiseurs, gantiers et peletiers de la ville de Chambéry.

L'an mil six cent huictante un et le premier décembre, par devant moy notaire ducal soubsigné, et présents les

tesmoints soubs nommés, se sont personnellement establis
et constitués,

Honnorables Jean Revil, Benoit et Maurice Domenget,
frères, Guilliaume Besson, François Janin, Estienne Latoud,
Antoine Cantin, Estienne Darie, Michel Didier, Joseph
Boccard, Amé Pougné, prieur estably en leur confrairie,
le vingt neuf norembre dernier, par Vulliod et Antoine
Forestier,

Tous maistres blanchisseurs, chamoiseurs, gantiers et
pelletiers, partie bourgeois et habitants de la présente ville,
lesquels dheuement assemblés dans l'arrière boutique dudit
Guillaume Besson, située proche de Saint-Antoine, et désirant pour la plus grande gloire de Dieu et du glorieux saint
André, apostre, qu'ils ont dès longtemps eslu pour leur
patron, et se mettre soubs sa protection, et pour maintenir
leur confrairie érigée soubs le vocable dudit saint André,
dans l'église des R^{ds} Pères de Saint-Antoine de la présente
ville, ce jourdhui, ainsy que par contract receu par moy
notaire soubsigné, ont faict et font d'un commun accord et
consentement les conventions suivantes :

En premier lieu, que l'élection du prieur de ladite confrairie se fera toutes les années, le dimanche auparavant
la saint André et dans l'église des R^{ds} religieux de Saint-
Antoine, tous les maistres estant dheubement assemblés,
ou du moins tous ceux qui s'y pourront rencontrer ; que le
prieur sera obligé de payer, l'année de son priorat, la
somme de quatre florins, une livre et demy de cire, et fera
un pain bénist selon ses facultés, le jour de saint André,
patron de leur confrairie.

Item, que tous les maistres seront obligés de payer chascun, toutes les années, audit jour et feste de saint André,
un florin entre les mains du prieur, pour les messes et pour

le mainctien de ladite confrairie, et qu'ils seront obligés, tant que faire se pourra, d'assister aux grandes messes qui se diront, tant le jour de saint André que le lendemain.

Item, que le prieur aura soin de faire dire la messe fondée devant leur chapelle, tous les premiers dimanches de chasque mois.

Item, que tous ceux qui voudront lever boutique et travaillier des proffessions en chef, dans la présente ville, ou dans les franchises d'icelle, seront obligés de payer au prieur, chascun vingt florins pour les réparations de ladite chapelle, à la réserve des fils de maistres, qui ne payeront rien.

Item, que tous les maistres, qui prendront des apprentifs, seront obligés de leur faire payer la somme de cinq florins pour une fois, lesquels seront de mesme payés au prieur pour les réparations de ladite chapelle, comme aussy lesdits apprentifs payeront six sols pour la messe, pour le temps de leur apprentissage, et que, faute ce, le maistre desdits apprentifs restera obligé de payer le tout, à son propre et privé nom.

Item, qu'on fera faire une boitte, dans laquelle on mestra l'argent qui viendra à ladite confrairie, qui fermera à deux clefs, dont le prieur moderne sera saisy d'une, et le plus ancien maistre de la profession, de l'autre, que l'on acheptera un livre, dans lequel on mestra en escript tous ceux qui payeront leur confrairie, comme aussy tout l'argent que l'on recevra et que l'on deslivrera.

Item, que, si le prieur vient à faire quelque despence pour la poursuite du payement de ce qui sera dheub à ladite confrairie, ou faire autre dépense nécessaire, ladite despence luy sera rendue le lendemain de saint André, jour auquel il sera obligé de poser compte entre les mains des autres maistres, en faisant apparoir de ladite despence.

Item, que tous ceux qui manqueront sans cause légitime, estant advertis, à la position dudit compte, payeront un florin d'amende, qui sera mis dans ladite boitte, et ledit compte posé le prieur eslu pour l'année suivante se chargera de ce qui luy sera remis, avec promesse de le représenter lhors qu'il sortira de son priorat, et tout ce que dessus, lesdits susnommés ont promis et promettent observer, et faire observer à l'advenir de point en point, selon sa forme et teneur, et de n'y contrevenir, n'y permettre estre contrevenu directement, ny indirectement, en manière que ce soit, à peine de tous despens, dommages et intérests, soubs l'obligation respective de tous et un chascun, leurs biens présents et advenirs, qu'à ces fins, ils se constituent tenir, et, ce, ont faict soubs et avec toutes autres dheubes promesses, serment presté, soubmission à toutes causes, renonciations à tous droits à ce contraires, et clauses requises.

Faict et prononcé à Chambéry, dans ladite arriesre boutique dudit Guilliaume Besson, en présence d'honnorable Jacques, fils de feu François Dubois, d'honnorable Antoine, fils de feu François Bellemain, tous deux cordonniers, habitant audit Chambéry, tesmoins requis. Signé sur ma minutte, François Janin, E. Darie, Maurice Domenget, Latoud, Benoist Domenget, Michel Didier, présent, Besson, présent, et Antoine Cantin, les autres maistres cy devant nommés, non plus que lesdits tesmoints, n'ont signé, pour ne sçavoir, de ce enquis, et moy notaire ducal soubsigné recevant, requis, ay le présent expedié auxdits maistres, ce requérant. Signé RENAUD, notaire [1].

---

[1] *Archives du Sénat,* vol. XLIX, fol. 78 v°, 1682-1687.

*
* *

Teneur de la convention passée entre les religieux de Saint-Antoine et la corporation des blanchisseurs, gantiers, et pelletiers de la ville de Chambéry.

L'an mil six cent huictante un et le premier décembre, par devant moy notaire ducal soubsigné, et présents les tesmoings soubs nommés, se sont personnellement establis et constitués à sçavoir :

Le R^d Père Grataz, commandeur de la commenderie de Saint Antoine de Chambéry et des despendances, le R^d Père Louys Ponce, de ladite commenderie, le R^d Père Joseph Crose, sacristain de ladite maison, tous religieux dudit Saint Antoine, d'une part ; et honnorables Jean Revil, Benoist Domenget, François Janin, Estienne Latoud, Antoine Cantin, Estienne Darie, Michel Didier, Joseph Baccard, Amied Pougné, prieur, Antoine Forestier, Guillaume Besson, Maurice Domenget, Jean Vulliod, tous maistres blanchisseurs, chamoiseurs, gantiers et pelletiers, travaillant en peau en la présente ville, lesquels, de leur bon gré, pour eux et leurs successeurs, ont faict et font les conventions suivantes avec lesdits R^{ds} prieur et religieux :

Seront tenus et obligés, toutes les années, de célébrer une grande messe solennelle, le jour et feste de saint André, apostre, patron desdits maistres pelletiers, devant l'hautel de Saint-André, autrefois Sainte-Anne, et pendant laquelle grande messe, lesdits R^{ds} religieux feront jouer de leurs orgues.

Item, le lendemain, ils célébreront aussy une grande messe de morts, avec diacre et soubsdiacre, avec le *Libera me* ensuitte d'icelle ; que, tous les premiers dimanches de chasque mois, ils diront, devant ledit authel, une messe basse, entre sept et huict heures, tant en esté qu'en hiver ; que la veille et jour dudit saint André, ils feront sonner leur grande cloche et le carillon, en payant pour lesdits maistres ceux qui sonneront, ou il leur sera permis de les faire sonner ;

Et le tout ce que dessus, lesdits R^ds religieux sont obligés de faire, moyennant la cense annuelle de vingt florins monoye de Savoie, qui leurs seront payés touttes les années, le lendemain dudit saint André ; et, cas advenant qu'il vienne à mourir quelcun des confrères, pendant l'année, lesdits R^ds religieux, de ce estant advertis, seront tenus et obligés de faire dire une grande messe de mort, avec diacre et soubsdiacre, et devant le susdit autel, le lendemain du décès dudit confrère, avec aussy le *Libera me* ; pour raison de quoy, lesdits maistres seront tenus et obligés de leur payer un quart d'escu pour chascune desdictes messes, le lendemain de la Saint-André, avec le reste de la susdite cense.

Et le tout ce que dessus, tant lesdits R^ds religieux, que lesdits maistres, ont promis observer chascun en ce qui les concerne, et promettent respectivement de n'y jamais contrevenir, ny permettre estre contrevenu directement, ny indirectement, à peine à sçavoir : desdits R^ds religieux, de tous leurs biens temporels et lesdits maistres soubs l'obligation solidaire de tous et un chascun, leurs biens présents et advenir, qu'ils se constituent respectivement tenir avec renonciation au bénéfice de division et ordre de discussion, par foy et serment presté, les R^ds religieux la main à la poitrine à la magnière des prestres, et, ce, ont faict lesdites parties, soubs et toutes autres dheues promesses, serment presté, obligation respective de biens, constitution d'iceux, soubmission, renonciation et autres clauses requises.

Faict et passé à Chambéry, dans la maison desdits R^{ds} religieux, en présence d'honnorable Guillaume Vignolle, maistre sellier, habitant audit Chambéry, et honneste Antoine, fils de feu François Bellemin, maistre courdonnier, habitant audit Chambéry, tesmoints requis. Signé sur ma minutte, Jacques Grataz, F. Ponse, procureur, Joseph Crosé, sacristain, Benoist Domenget, Maurice Domenget, Latoud, F. Janin, présent, Antoine Cantin, Es. Darie, Besson présent, Michel Didier, présent, et Vignole, présent. L'autre tesmoin, ny les autres maistres n'ont sceu signer, de ce enquis, et moy notaire ducal soubsigné recepvant requis. Signé RENAUD notaire [1].

[1] *Archives du Sénat,* vol. XLIX, 1682-1687.

COLLÈGE DES MÉDECINS

I

SOMMAIRE HISTORIQUE

La première institution de la corporation jurée des médecins remonte seulement à l'année 1684. Empruntant l'ancienne terminologie des corps d'artisans romains, on donna à la nouvelle société le nom de collège. De même, on désigna son chef par l'appellation de doyen, et le membre chargé de gérer ses intérêts matériels par celle de procureur ou syndic.

Les promoteurs de cette institution, ou plutôt ceux qui adressèrent au Sénat de Savoie une requête pour la faire approuver, furent les nommés Pottat, père, Pottat, fils, Jarre, Audé, George, Seigle et Ferragus, tous médecins de la ville de Chambéry. La raison qui les détermina à entreprendre cette œuvre, fut qu'à l'exemple de ce qui se pratiquait dans les autres villes bien policées, il convenait qu'il ne se commît à Chambéry, la principale ville des États de Savoie, aucun abus dans l'exercice de la médecine, et qu'il y eût un corps de médecins instruit, honorable et digne en toutes choses.

Le règlement qui fut présenté, dans ce but, à l'approbation du Sénat, le 17 novembre 1684, contient dans l'un de ses articles, d'un côté, que nul ne pourra désormais exercer la médecine dans la ville et ses faubourgs, s'il n'est membre du collège, et, d'un autre côté, que les conditions, pour recevoir une telle agrégation, seront que l'aspirant soit docteur d'une Université reconnue, qu'il ait exercé la médecine à domicile fixe, hors de la ville et de ses faubourgs, au moins pendant cinq années entières, enfin qu'il soit catholique, apostolique romain.

Les autres dispositions de ce même règlement témoignent d'une non moindre sollicitude pour tout ce qui pouvait concourir à l'honneur du corps médical et au bien public.

Le collège aura toute autorité pour examiner, avec l'assistance des jurés apothicaires, la nature et la composition des médicaments et drogues qu'ont coutume de colporter et de débiter les saltimbanques, charlatans, triacleurs et autres gens de cette sorte.

La religion était alors honorée également par toutes les classes de la société. C'est à elle qu'étaient dues cette honnêteté de sentiments et cette force de caractère qui distinguaient nos ancêtres. Les médecins, pour être plus instruits et plus élevés que le vulgaire, ne se croyaient pas exempts de recourir à ses salutaires bienfaits et d'en inscrire la pratique dans leurs statuts.

Tous les docteurs agrégés se réuniront en assemblée générale, chez le doyen, le jour de la fête patronale (18 octobre), pour entendre la lecture du règlement. De là, ils se rendront à leur chapelle entendre la sainte messe. Ils se garderont aussi d'oublier leurs confrères défunts. Le lendemain de la fête de saint Luc, tout le collège assistera au service funèbre qu'il fera célébrer pour le repos de leurs âmes. En outre, quand l'un d'eux décédera, tous les autres agrégés, dont quatre seront choisis pour tenir les coins du drap, auront l'obligation d'accompagner le corps du décédé au lieu de sa sépulture et de donner une messe pour lui.

Lorsqu'il sera nécessaire ou simplement utile de délibérer en commun sur une question d'hygiène publique ou sur quelque affaire grave intéressant le collége, le doyen s'empressera de convoquer l'assemblée générale des agrégés. Chacun de ceux-ci sera avisé par un billet particulier porté à son domicile, et aucun d'eux ne devra manquer de se rendre à l'appel.

Pour assurer la conservation des pièces authentiques relatant les actes de la corporation, il existera un coffre en noyer, fermant à trois clefs, dont l'une sera gardée par le doyen, la seconde par le procureur, et la troisième par un agrégé. Ce coffre renfermera principalement le livre des aphorismes d'Hippocrate à commenter par les récipiendaires dans leurs examens, le registre des délibérations, et tous autres titres ou documents de la Société.

Tout agrégé paiera annuellement, entre les mains du procureur, la somme de huit florins monnaie de Savoie, pour les dépenses obligatoires de la corporation.

Le doyen présidera le collège et sera toujours le plus ancien docteur ; les autres agrégés suivront, pour la préséance entre eux, l'ordre de leur admission dans la Société.

Le procureur ou syndic sera élu à la majorité des suffrages, pour trois années consécutives. Il percevra les cotisations des membres du collège, paiera les dépenses de la Société, et rendra, à l'expiration de sa charge, un compte exact de sa gestion entre les mains de l'ancien doyen et du doyen nouvellement nommé.

Toutefois, le point sur lequel les statuts insistent le plus, concerne l'agrégation des nouveaux membres. Tout d'abord l'aspirant, en formulant sa demande, devra payer, entre les mains du procureur, deux cents florins, s'il est étranger au collège par sa famille, et seulement cent florins, s'il est fils d'un agrégé. Cette somme sera destinée à la boite commune du collège.

Outre les membres de la Société, un commissaire spécial, nommé par le Sénat, et le procureur général de la haute Cour, assisteront aux épreuves qui auront ensuite lieu. Les uns et les autres recevront chacun des honoraires particuliers.

Les examens auront lieu en public, c'est-à-dire dans un local dont la porte restera ouverte, et les docteurs agrégés seront en robe et en bonnet carré.

Dans une séance préliminaire, le récipiendaire sera tenu de présenter d'abord ses lettres de docteur et les attestations authentiques de ses cinq années de pratique préparatoire. Ensuite, de trois mois en trois mois, il aura successivement à développer un aphorisme théorique d'Hippocrate et un aphorisme pratique du même. Ces sujets, inscrits dans un volume composé dans ce but, seront tirés au sort, au moyen d'une épingle, par le sénateur commissaire.

Après le discours du récipiendaire, chaque agrégé aura le droit de lui poser des questions sur la même matière. Néanmoins, si l'aspirant tient ses lettres de docteur d'une des Universités renommées, comme celle de Paris ou de Montpellier, on pourra se contenter de juger de sa capacité sur ses seules harangues.

Enfin, lorsque ce même aspirant sera agréé, deux agrégés en robe le conduiront auprès du seigneur commissaire et du procureur général, pour y prêter serment d'observer fidèlement les statuts du collège. Si, au contraire, il a été jugé d'une science insuffisante, il pourra être renvoyé par les examinateurs à une date ultérieure et déterminée, pour se représenter à une nouvelle épreuve.

Toutefois, le Sénat, qui entérina ce règlement, le **18**

novembre 1684, en modifia les articles relatifs au privilège
pour les agrégés d'exercer exclusivement la médecine à
Chambéry, ainsi qu'aux droits à payer par les récipiendaires, soit au collège, soit aux examinateurs. Dans le
premier cas, contrairement à ce qui avait été proposé, il
laissa loisible aux particuliers de se servir, dans leur maladie, des médecins qui leur plairaient davantage, bien que
ceux-ci ne fissent point partie de la corporation et résidas-
sent hors de la ville. Dans le second cas, il arrêta que les
candidats ne seraient tenus de payer à la confrérie que la
moitié de la somme d'abord fixée, c'est-à-dire cent florins.

Les examinateurs auront aussi leurs honoraires limités,
le sénateur commissaire et le procureur général à une pistole, le doyen à une demi-pistole, et chacun des agrégés à
un ducaton seulement. Quant à l'intervalle de temps entre
les diverses formalités de l'admission, il sera loisible à
l'aspirant de les abréger, suivant sa convenance.

Malgré la sagesse de ces ordonnances, le collège des
médecins dura peu. Une note, placée en marge de la page
du registre où sont inscrits les statuts, mentionne la prompte
disparition de cette Société [1].

En dehors des personnages de cette profession qui sont
cités plus haut, je rappellerai maintenant quelques-uns de
ceux que l'on trouve dans le catalogue du regretté docteur
Louis Guilland [1] : *13e siècle,* Pierre du Bourget. — *14e
siècle,* Palmerius, Guido Albini, Boni. — *15e siècle,* Denis,
Michael, Dissipatis, Anuci, Amédée, juif converti, Joseph

---

[1] *Archives du Sénat,* vol. XLVIII, fol. 24, 1680-1683.
[2] *Mémoires de la Société savoisienne d'histoire et d'archéologie,*
vol. XXIII.

Ami. — *16ᵉ siècle,* Joseph-Antoine Bocca. — *17ᵉ siècle,*
les deux Arestan, Guillaume Pichon, Amé Brondel, Demotz,
Amédée de la Charrière. — *18ᵉ siècle,* Claude Pugin, Brun,
Origan, François Gresy, Jacques Perroux, Jean-Baptiste Bo,
Pierre Boissat, Joseph Dacquin, Amédée Pillet, Ritaud. —
19ᵉ siècle, les deux Guilland Jean-François et Louis, père
et fils, Claude-Francisque Chevallay, Joseph Besson, Char-
les-Jacques François, Amédée Rosset, Joseph-Marie Son-
geon, Etienne-Edouard Revel, Joseph Carret, Pierre-Marie
Déage, Joseph Bebert, Gaspard-Antoine Denarié, Auguste-
Joseph-Marie Chamousset, Alphonse Perrotin.

Actuellement on remarque :
Auguste Basin, boulevard du Théâtre. — Louis Buthod,
rue de la Trésorerie. — François Carret, place Octogone.—
Jules Carret, rue Croix-d'Or. — François Chiron, rue
Favre. — Amédée Denarié, rue du Château. — Antoine
Denarié, Portiques. — François Fusier, passage de la
Cathédrale. — François Grand, place Château. — François
Jarrin, place Saint-Léger. — Albert-Marie Masson, quai
Nezin. — Hippolyte Prallet, rue Juiverie. — Louis-Antoine
Reymondon, place Saint-Léger. — Jean Tissot, rue de la
Banque. — Charles Vacary, rue Vieille-Monnaie. — Ernest
Veyrat, rue Juiverie.

II

DOCUMENTS

*Règlement et statuts dressés pour l'institution du Collège
de médecine de la ville de Chambéry.*

Comme il est ordinaire, dans toutes les bonnes villes bien
policées, de prendre un soin particulier pour la conservation des citoyens d'icelle, Chambéry, qui est la principale
des Estats de Savoye, n'y doit pas moins penser que les
autres, en taschant d'éviter les abus qui y peuvent avoir
esté commis jusqu'à présent, et qui s'y pourraient glisser
à l'advenir par l'introduction des personnes qui se diroient
médecins, sans en avoir les degrés, ni le mérite, à ces fins,
la bonne police, qui s'y observe d'allieurs dans toutes les
professions, n'exige pas un moinsdre soin pour celle-cy, qui
est la plus importante pour la santé et pour le bien public,
que pour les aunstres : et ainsy on s'est advisé d'y establir
un collège de médecine, de mesme que dans les autres villes
circonvoisines, afin que personne ne puisse s'ingérer dores-
navant de pratiquer, en cette ville, la médecine, sans y estre
agrégé.

Pour ce sujet, le souverain Sénat de Savoye, agréant le
service et cognoissant le mérite des médecins qui y sont à
présent establis, les reçoit selon l'ordre du temps du doctorat que chascun pourra avoir, les obligeant à ces fins
d'apporter leurs lettres devant le commissaire qui sera
ordonné, pour, selon icelles, leur donner le pas et la préséance qui leur sera dheue, et a dressé les articles suivants,
que chascun des collégiés sera tenu d'observer par foy et

serment, qu'il prestera par devant le seigneur commissaire qui sera estably par le Sénat.

1. Que les docteurs agrégés seront obligés et tenus de s'assembler toutes fois et quantes qu'ils en seront invités par des billiets, que le doyen leur envoyera, pour délibérer, tant sur la santé publique, que pour les affaires particullières du collège, lesquels billiets seront portés à chaque docteur agrégé par bedeau choisy et gagé par ledit collège.

2. Que tous les docteurs aggrégés seront tenus et obligés de payer, entre les mains d'un des aggrégés, qui sera estably et choisy par la pluralité des voix, de trois en trois années, pour procureur, soit scindicq dudit collège, la somme de huit florins monoye de Savoie, pour estre employée aux urgentes nécessités dudit collège, ou pour faire prier Dieu pour les docteurs aggrégés qui viendraient à décéder, à l'enterrement et au service desquels tous les aggrégés seront tenus d'assister et de faire porter les quattre coins du drap par les quattre derniers aggrégés, estant en robbe tous, lesquels médecins seront encor obligés de donner, le jour du décès de leur confrère, une messe chacun, pour le repos de l'âme du deffunt.

3. Que toutes les fois que l'on changera de procureur, soit scindicq, celuy qui sortira de la charge, sera tenu et obligé de rendre compte par devant le doyen, le procureur nouveau élu, et tel autre aggrégé, que le collège nommera, et de remettre au nouveau élu procureur, soit scindicq, l'argent dont il se trouvera redevable au collège.

4. Que le collège fera faire, de l'argent qu'il donnera toutes les années au premier jour de l'an, un coffre de noyer fort, fermant à trois clefs, dont le doyen en aura une, le procureur une autre, et la troisième sera entre les mains de tel des aggrégés que le collège nommera, lequel coffre

sera gardé par le doyen, dans lequel l'on enfermera les livres de probation cy après, les archives et le livre que l'on fera faire pour escrire tous les actes des assemblées qui se feront par ledit collège, tant générales que particullières, que ledit procureur, soit scindicq, sera obligé de mettre par escript, en présence du collège assemblé ; tous lesquels actes seront signés par tous les docteurs aggrégés, suivant la pluralité des voix dont celle du doyen en vaudra deux.

5. Que le pas et la préséance sera donné à chasque aggrégé, selon l'ordre de sa réception au collège, parmy lesquels le plus ancien receu tiendra lieu de doyen et aura la préséance sur les autres, dans toutes les occasions qui se présenteront.

6. Nul ne pourra exercer, ny pratiquer la médecine, dans la ville, ny les fauxbourgs, qu'il ne soit aggrégé audit collège, auquel personne ne pourra se présenter, qu'il ne soit docteur d'une Université recognue, et qu'il n'aye pratiqué la médecine, hors ladite ville et fauxbourgs, l'espace de cinq ans entiers dont le récipiendaire sera tenu d'apporter bonne et vallable attestation, en bonne et dheue forme, faicte par devant les juges mages, ou chastelains des lieux, où il aura praticqué ; lesquels lieux on laisse à son choix, sans que pourtant le temps des voyages que font les jeunes docteurs pour leur éducation, despuis leur doctorat jusqu'à ce qu'ils ayent fixé leur demeure, pour exercer la médecine dans un lieu certain de la province de Savoye, entre dans le susdit terme de cinq années de leur exercice.

7. Le récipiendaire sera catholique, appostolique et romain, dont il sera tenu de faire paroistre au collège par des certifficats ou attestations authentiques, qu'il apportera, avec ses lettres de docteur, audit collège assemblé chez le doyen d'iceluy, et que le tout soit en bonne forme et hors de contredit.

8. Que le doyen ne donnera point de billiet au récipiendaire, pour assembler le collège, qu'il n'aye un certificat de procureur, soit scindicq, dudit collège, que le récipiendaire a consigné entre ses mains la somme de deux cents florins monoye de Savoye, excepté que le récipiendaire fust fils d'un des docteurs aggrégés dudit collège, auquel cas il ne payera que la somme de cent florins, et ce, pour la bourse commune dudit collège, pour une fois seulement, outre l'argent qu'il sera tenu de ballier pour les séances de nos seigneurs du Sénat et des docteurs aggrégés, lesquelles consignations seront réglées à la modération du Sénat telles qui s'ensuivent, différentiant néanmoints les consignations des assemblées particullières, qui se feront chez le doyen, d'avec les générales et publiques.

9. Le collège, ayant examiné les lettres de docteur du récipiendaire et les susdites attestations de pratique, chez le doyen, où il aura esté assemblé et les ayant aggréé, donnera trois mois audit récipiendaire, pour faire les informations de vie, mœurs, religion, et estude en philosophie, lesquelles ayant esté aggréées par ledit collège, il assignera trois autres mois audit récipiendaire, pour faire son premier acte, qui sera un aphorisme d'Hippocrate qu'il fera sur le champ, *ad aperturam libri,* dans le lieu que le Sénat ordonnera pour faire ses assemblées générales, qui se feront à portes ouvertes et devant tout le monde, *in habitu decenti,* avec la robbe et le bonnet carré, sans qu'il soit permis à l'aspirant de faire aucune harangue, pour ne plus abuser du temps de messieurs du Sénat et des docteurs aggrégés, comme aussy il ne sera permis à aucun des aggrégés d'examiner le récipiendaire que sur ce qu'il aura dit dans son discours, et sur l'explication qu'il aura faicte.

10. Le collège, ayant aggréé cet acte, donnera au réci-

piendaire trois autres mois, pour faire son acte de pratique, *ad aperturam libri*, de la mesme manière et au mesme lieu que le précédent, lequel estant aggréé, le récipiendaire, accompagné de deux docteurs aggrégés en robbe, ira trouver le doyen en présence des seigneurs commissaires et généraux, entre les mains duquel il prestera serment d'observer exactement tout le contenu dans les présents articles.

11. En cas que le récipiendaire ne satisfasse pas par les explications et par les responses, il sera loisible audit collège de le renvoyer, pour tel temps qu'il jugera à propos, affin qu'il se rende plus capable.

12. Pour recognoistre la cappacité du récipiendaire, le collège, assemblé au lieu susdit en robbe et bonnet, présentera par les mains du procureur, soit scindicq, le livre de probation faict pour chaque acte écrit à la main, dans le premier desquels seront tous les aphorismes d'Hippocrate, escripts chascun sur son feuillet et si bien entremeslés que l'on n'en puisse pas deviner la suite ; dans l'autre seront les tittres de chasque maladie escripts de la mesme façon que dessus ; le procureur, soit scindicq, présentera lesdits livres, à chasque acte, au doyen, lequel en ouvrira les crochets en pleine assemblée et l'ira présenter à monsieur le commissaire pour picquer dedans, et donner la matière et le suject au récipiendaire, lequel, ayant faict son discours, il sera permis à chasque aggrégé de luy proposer trois arguments, ou trois questions, sur ce qu'il aura dit seulement, sans qu'on s'en puisse écarter, à moins que le récipiendaire soit docteur d'une Université très célèbre, comme Paris ou Montpellier, car, en ce cas, on jugera de sa capacité sur le discours qu'il aura faict, sans autres interrogations, ny arguments.

13. Apprès les examens susdits, faicts publiquement et à portes ouvertes, le collège, en présence des seigueurs commissaires et généraux, agréant le récipiendaire, l'associera à tous les honneurs, prérogatrices et immunités des aggrégés.

14. Qu'il sera permis aux aggrégés, qui auront des enfants docteurs en médecine, de leur faire faire leur exercice auprès d'eux, les jeunes médecins, devant de bonne heure s'instruire des coustumes, des tempéraments et manières de vivre de ceux de qui ils doivent ménager la santé toute leur vie. Il est néantmoins deffendu auxdits jeunes docteurs de rien faire auprès des malades, sans les advis de leurs pères, pendant l'espace des trois premières années.

15. Qu'il plaira au Sénat de donner authorité audit collège pour éviter tous les abus qui se pouroient commettre dans la débite des drogues et dans leurs préparations, telles que sont ordinairement celles des saltimbanques, charlatans, triacleurs, et tous autres se disant opérateurs, lesquels seront obligés de se présenter audit collège, pour faire examiner les drogues et compositions qu'ils veulent débiter, en présence néantmoins des maistres aposthicaires.

16. Quant à la visite des drogues, qui se doit faire chez les maistres appothicaires deux fois toutes les années, le collège nommera deux des aggrégés par la pluralité des voix, qui accompagneront ceux qui seront commis pour ladite visite.

17. Que tous les docteurs aggrégés seront obligés chaque année, au jour et feste de saint Luc (18 octobre), qu'ils choisissent pour leur patron, de s'assembler chez le doyen, pour y faire lecture des présents statuts, affin de les remémorier à chascun, et, de là, iront tous ensemble à la messe

que l'on faira dire à une chapelle dédiée à saint Luc, et, le lendemain, une autre pour les âmes de leurs confrères deffuncts.

18. Que nos seigneurs du Sénat seront les protecteurs dudit collège, et qu'ils en soustiendront les intérests, affin qu'on puisse éviter les grands abus qui se peuvent glisser dans la médedine.

Signé Jarre, Audé, George, Potot, fils, Fr. A. Seigle, Ferragude[1].

[1] *Archives du Sénat,* vol. XLVIII, fol. 24, 1680-1683.

CORPORATION DES MEUNIERS

I

SOMMAIRE HISTORIQUE

Cette corporation existait depuis longtemps à Chambéry, lorsque, déchue de son ancienne renommée par certains abus qui s'étaient glissés en son sein, quelques-uns de ses membres prirent l'initiative de la reconstituer.

Elle avait pour patron saint Martin, évêque, et sa chapelle se trouvait dans l'église de Saint-Léger.

Les maîtres de cette profession étaient, en **1688**, au nombre de vingt et portaient les noms qui suivent ; François Porral, Michel Dianant, Simon Chiron l'aîné, fils de feu Étienne Chiron, François George, Benoit Porcier, Louis Gomet, François Chiron, fils de feu Pierre Chiron le jeune, François Poguet, Claude, fils de Pierre Chiron, Louis Chambon, Pierre Porral, Claude Moulin, Michel Rogay, Benoit Borner, Nicolas Roncin, Benoît Gaillard, Simon Chiron, François Chiron, Bernard, Jean-Pierre et Jean Burdet.

Les douze premiers de ces artisans, suivant leurs propres paroles « cherchant la plus grande gloire de Dieu et du glorieux saint André, leur patron, qu'ils ont esleu dès longtemps dans l'esglise de Sainct Léger, » se réunirent, le 9 novembre **1688**, par-devant le notaire ducal Excoffon, et convinrent de renouveler les statuts de la confrérie. Les huit autres, absents de cette assemblée, déclarèrent d'un commun concert, le **12** du même mois, par-devant le même notaire, ratifier et accepter les décisions des maîtres précédents.

Les statuts et ordonnances, qui devinrent dès lors la nouvelle loi de la corporation, contenaient principalement les dispositions suivantes :

Les confrères s'assembleront quinze jours avant la fête patronale de saint Martin, pour élire un prieur et un procureur, ou syndic, de la confrérie. Tous devront assister à cette réunion, sous peine d'une livre de cire, ou d'un quart d'écu d'amende.

Le prieur devra faire célébrer une messe solennelle, le jour même de la fête de saint Martin (**11** novembre), un chantal aussi solennel pour les défunts de la confrérie, le lendemain, enfin une messe basse, chaque dimanche de l'année. Tous les confrères seront rigoureusement tenus d'assister aux deux premiers de ces offices religieux, sous peine d'une livre de cire d'amende, à moins d'en être empêchés par la maladie, ou par une absence hors de la ville.

Il sera absolument interdit à tout membre de la corporation, ainsi qu'aux gens à son service, de battre le blé, de faire moudre, de réparer les artifices du moulin et de promener sa voiture dans la ville, le jour de la fête patronale, sous peine de cinq florins d'amende.

Enfin, pour subvenir aux dépenses obligatoires de la confrérie pour les services religieux, l'entretien de la chapelle et autres objets, chaque confrère, outre les amendes que devront payer les contrevenants au règlement, sera tenu de remettre annuellement au procureur, le jour de l'élection des officiers, quinze sous, et, le jour du chantal pour défunts de la confrérie, la même somme.

Le procureur devra rendre compte de sa gestion financière pendant l'année, le lendemain de la fête patronale de
saint Martin. Dans le cas où il aurait eu à faire quelques
dépenses pour la perception des cotisations et autres revenus de la Société, elles lui seront restituées en ce moment[1].

Je ferai observer, à propos de ces détails sur l'organisation et la vie de la confrérie des meuniers, que l'industrie
de ces artisans était, d'ailleurs, soumise à une réglementation
sévère de la part de l'autorité civile. Outre les prescriptions
générales du règlement de police de la ville de Chambéry,
qui interdisait, comme on l'a vu à l'article des pâtissiers et
des boulangers, l'accaparement des blés et leur achat en
dehors de la grenette, il était, par exemple, en 1614, rigoureusement défendu aux meuniers, sous peine de vingt-cinq
livres d'amende pour chaque contravention, d'entrer personnellement sans permission dans la grenette elle-même et
d'y introduire aucun bétail pendant la durée du marché[2].

Actuellement, on compte seulement cinq maîtres meuniers sur le territoire de la ville :

Cellière, au faubourg Nezin. — Chiron, à Mérande. —
Chiron, à la Revériaz. — Chiron, au Bocage. — Morion, à
la Revériaz.

[1] *Archives du Sénat,* vol. L, fol. 105, 1687-1691.
[2] *Règlement des syndics et conseillers de Chambéry,* du 26 août
1614 (Archives municipales de Chambéry, n° 988).

II

DOCUMENTS

*Teneur d'actes de délibération pour les susdits confrères
de la confrérie de Saint-Martin.*

· L'an mil six cent huictante-huict, et le nefviesme jour du
mois de novembre, ont comparu par devant moy notaire
ducal soubsigné, et présents les tesmoins bas nommés dans
le lieu dit la Grenette :

Honnestes François Porral, Michel Dianant, Simon Chiron l'aîné, fils de feu Estienne Chiron, François Georges,
Benoist Porcier, Louys Gomet, François, fils de feu Pierre
Chiron le jeune, François Poguet, Claude, fils de Pierre
Chiron, Louys Chambon, Pierre Porral et Claude Moulin,
tous mugniers et confrères de ladite confrérie de saint
Martin, érigée dans l'esglise de Saint-Léger de la présente
ville et au grand autel d'icelle, et, voyant qu'il s'y commettait abus, ont fait et font d'un commun consentement et
accord les conventions portées par les articles cy après par
je dit notaire soubsigné receus, et ensuite du présent acte
de délibération, lesquels articles ils veulent estre inviolablement observés.

Item, que, si le procureur, qui sera estably en ladite
confrérie, fait quelque despense nécessaire pour la poursuite de ce qui sera deubt à ladite confrérie, la susdite
despense luy sera rendue le lendemain de la feste de saint
Martin, jour auquel il sera obligé de poser compte de son
exaction, en faisant apparoir. Le tout quoy, les susdits
confrères ont promis observer, comme aussy les susdits

articles cy après, et faire observer, et ny contrevenir directement, ny indirectement, à peine de tous damps, soubs l'obligation de leurs biens présents et advenir qu'à ces fins ils se constituent tenir, serment presté, obligation, soubmission, renonciation, et clauses requises.

Fait et prononcé, au lieu de la grenette, en présence d'honneste Claude Merloz, serviteur de ville, et d'honneste Claude, fils de feu Jacquemaz Marret, habitant à Chambéry, tesmoins requis. Signé sur la minutte, François Chiron, C. Merle présent, les autres n'ont signé, pour ne sçavoir escrire, de ce enquis, et moy Antoine Excoffon, notaire ducal soubsigné, recevant requis. Signé Excoffon, notaire[1].

*
* *

Teneur des reigles et statuts establys par les confrères de la confrérie de Saint-Martin.

Premièrement, que le prieur qui sera estably par lesdits confrères le jour de l'assemblée, sera tenu et obligé de faire célébrer, touttes les dimanches de l'année, une petite messe en la chapelle de ladite confrérie, et, le jour de la feste de saint Martin, une grande messe, avec un chantal le lendemain.

Item, que, pour faire célébrer lesdittes messes et faire faire le service divin, lesdits confrères seront obligés de payer touttes les années audit prieur la somme de trente sols chascun, sçavoir, quinze sols le jour de leur assemblée, et les autres quinze le jour du chantal.

Item, que tous lesdits confrères s'assembleront quinze jours auparavant la feste de saint Martin, pour eslire un

---

[1] *Archives du Sénat*, vol. L, fol. 105, 1687-1691.

prieur, touttes les années, lesquels confrères seront advertis par le prieur moderne de ladite confrérie, et celui qui
manquera à assister à ladite assemblée, estant adverty, sera
obligé de payer à ladite confrérie, soit au procureur estably
en icelle, une livre cire blanche, ou un quart d'escu, pour
les réparations de ladite chapelle.

Item, que, si l'un desdits confrères, ou plusieurs, ou
quelqu'un de leur part, font aucune voiture en la présente
ville, avec leur asne ou asnesse, ou feront moudre, battre
ou travailler à aucun des artifices des moulins où ils demeureront, ledit jour de la feste de saint Martin, payeront la
somme de cinq florins applicables aux réparations de ladite
chapelle.

Item, que tous lesdits confrères seront tenus et obligés
d'assister à la grande messe, qui se célébrera en ladite
esglise de Saint Léger et en ladite chappelle, le jour de la
feste de saint Martin, comme aussy, le lendemain, au chantal, et ceux qui manqueront, à moins qu'ils ne soient dehors
ou malades, payeront une livre cire blanche applicable à
ladite chappelle. Signé, EXCOFFON, notaire [1].

[1] *Archives du Sénat,* vol. L, fol. 105, 1687-1691.

CORPORATION DES CIERGIERS, CONFISEURS ÉPICIERS ET DROGUISTES

I

SOMMAIRE HISTORIQUE

Sept ans après la reconstitution de la corporation des meuniers, dont il vient d'être parlé, la confrérie des marchands ciergiers, confiseurs, épiciers et droguistes, entra dans la même voie.

Déjà ancienne, cette dernière Société avait été dotée, le 20 mai 1664, par le pape Alexandre VII, de faveurs spirituelles en tout semblables à celles qu'on a vues précédemment octroyées aux tailleurs, aux tisserands et aux charpentiers.

Le 4 janvier 1695, sur l'initiative de son prieur, Joseph Lard, marchand cierger et bourgeois de Chambéry, elle arrêta et stipula, par-devant le notaire ducal Chanterel, des statuts nouveaux, qui furent approuvés par le Sénat, dans la même année.

Les membres présents et absents, qui prirent et acceptèrent cette délibération, furent, en outre du prieur Joseph Lard, Joseph Bastien, épicier, Claude Vichet l'aîné, Joseph Dardel, Joseph Villat, Philippe Gaymoz, Jean-Baptiste Clavel, Jean Calvet, Estienne Romanet, Alexandre Le Vigier, Jean Debesche, Bénigne Boulanger, Joseph Delphin, Aimé Rambert, Claude Barrier, Claude Vichet le jeune, Claude

Bastien, Claude-François Villat, Claude Lard, René Verney, Jean-Joseph Brunet.

Très peu des nouvelles ordonnances se rapportent aux devoirs professionnels des sociétaires ; la plus grande partie d'entre elles, au contraire, concernent leurs offices religieux.

La confrérie reconnaît sainte Geneviève pour patronne, et a sa chapelle dans l'église de Sainte-Marie-Egyptienne [1].

Chaque année, la fête patronale (3 janvier) sera célébrée « ponctuellement » par les confrères. Prévenus à l'avance de la solennité, ils devront tenir rigoureusement, ce jour-là, la porte de leurs boutiques fermée, à peine, contre le contrevenant, d'un écu d'or d'amende au profit de la confrérie.

De même, le lendemain de cette fête, il sera célébré une messe solennelle pour tous les confrères défunts.

Les honoraires dus pour les services divins, en ces deux circonstances, seront pris sur le produit des cotisations annuelles des membres de la corporation jurée.

Chacun de ceux-ci devra payer annuellement, le jour de la fête de sainte Geneviève, à savoir : le maître deux florins, le compagnon dix-huit sous et l'apprenti un florin.

De plus, lorsque quelqu'un passera maître et lèvera boutique, il sera tenu d'abord à la solde d'un louis d'or d'introge, ensuite à la redevance annuelle d'un quart d'écu, payable également le jour de la fête patronale. Les fils de maîtres n'auront à s'acquitter que de cette dernière contribution.

Toutes les cotisations et tous les droits provenant ainsi des sociétaires seront perçus par le procureur élu de la Société et renfermés dans une boîte gardée par celui-ci et dont le prieur tiendra la clef.

---

[1] Située vers le Bocage, sous la montée de Saint-Martin, elle est aujourd'hui détruite et remplacée par la caserne de cavalerie.

Aucune somme ne pourra en être distraite qu'en présence et du consentement de ce dernier.

Le procureur, lorsqu'il aura accompli sa perception et payé les frais des services religieux, devra, à la fin de chaque année, en présence du prieur et des confrères, rendre un compte exact de sa gestion financière. L'excédant des recettes sur les dépenses du culte sera employé, suivant les délibérations de la confrérie, à ses autres besoins.

Toutefois, il est à remarquer que ces diverses industries, et particulièrement celle des ciergiers, ne laissa pas de provoquer à plusieurs reprises l'intervention, soit de la cité, soit du Sénat.

Le 14 juillet 1655, la ville avait déjà fait la défense de vendre sur tout son territoire aucun cierge, flambeau ou bougie, qui ne fût de cire pure et où il entrerait, pour une part, de la graisse, de la poix, du suif ou toute autre substance de ce genre ; en même temps, il fut enjoint, comme garantie contre toute contravention à cette ordonnance, que chaque fabricant apposerait sur ses produits une marque particulière, dont le double serait remis aux archives municipales [1].

Plus tard, le 22 janvier 1710, les nobles syndics et conseil de Chambéry durent encore porter une semblable inhibition, qui, combattue cette fois devant les tribunaux par les nommés Claude Lard, Antoine Veyret et Jean Colat, amena, le 8 janvier 1713, un jugement confirmatif de la Cour souveraine.

---

[1] *Archives Mugnier* (Ancien sommaire des actes des archives de la ville de Chambéry).

Enfin, par suite des réclamations du public contre le prix élevé du luminaire en cire pure et sur la remontrance du procureur général Deville, le Sénat, revenant sur sa précédente décision, permit, par arrêt du 18 février 1715, à tout marchand ciergier de fabriquer et de vendre des cierges, bougies et flambeaux, soit de cire pure, soit de cire mélangée, à la seule condition que chaque sorte de ces objets serait désignée par une marque distinctive. Le même jour, pour empêcher que sa décision fut rendue vaine, il fit inhibition aux communautés de faire aucun accaparement des suifs et des graisses de la localité, et enjoignit aux bouchers de vendre ces substances à tout individu qui en aurait besoin [1].

*
* *

Dans le nombre des marchands et fabricants qui exercent aujourd'hui individuellement, à Chambéry, les industries de ciergiers, confiseurs et épiciers, on remarque :

Ciergiers

Carret, boulevard du Théâtre. — Gandy, rue Macornet.— Girard, rue Métropole. — Michelon, route de Lyon. — Vagnon, faubourg Maché.

Confiseurs

Bonnefond, place Saint-Léger. — Mlle Barlet, Portiques. — Dufour, rue Favre. — Veuve Frumy, place de l'Hôtel-de-Ville. — Mollard, rue Croix-d'Or. — Roché, rue Sommeiller. — Teissier, rue Saint-Réal.

---

[1] *Archives départementales.* série C, n° 718.

Épiciers

Angelier, rue du Théâtre. — Arbarétaz, rue Sainte-Barbe. — Barandier, place Maché. — Barlet, faubourg Montmélian. — Bauquis, faubourg Montmélian. — Bernard, rue de la Trésorerie. — Belis, rue des Nonnes. — Biollay, faubourg Montmélian. — Blanc, place Saint-Léger. — Blanchet, rue Dessaix. — Bossu, faubourg Reclus.

Collat, faubourg Maché. — Cattet, rue Denfert-Rochereau. — Challier, rue Sommeiller. — Chambon, Croix-Rouge. — Charléty, rue des Bernardines. — Clerc, place Saint-Léger. — Dancet, place Saint-Léger. — Démonaz, rue Saint-Antoine. — David et Cie, place de l'Hôtel-de-Ville. — Denat, place du Marché-Couvert. — Domenget, Boulevards. — Degrange et Cie, avenue du Champ-de-Mars. — Gaide, rue de la Banque. — Dupuis, faubourg Maché.

Geny, rue du Larith. — Gilly, rue Doppet. — Gros, faubourg Reclus. — Guichon, faubourg Reclus. — Guichard, place Caffe. — Guinet, rue Favre. — Huret, faubourg Reclus. — Janin, place Saint-Léger. — Joly, faubourg Nezin. — Lansard, place Saint-Léger. — Lansard, rue de Boigne. — Latard, rue Saint-Réal. — Lée, avenue du Champ-de-Mars. — Luret, faubourg Reclus.

Malod, Portiques. — Marin, rue Saint-Antoine. — Martin, rue de la Gare. — Maurienne, faubourg Maché. — Mentel, faubourg Reclus. — Miguet, faubourg Montmélian. — Noiton, place Maché. — Perrin, rue Croix-d'Or. — Perrin, rue Denfert-Rochereau. — Pin, rue Saint-Antoine. — Quay-Thevenon, place de l'Hôtel-de-Ville.

Rapelli, rue d'Italie. — Raffin, faubourg Maché. — Rassat, faubourg Maché. — Rassat, rue de la Gare. — Richard, rue d'Italie. — Roche, rue du Sénat. — Roché, rue Sommeiller. — Roissard, place Saint-Léger. — Rousseau, faubourg Maché. — Routin, rue Croix-d'Or. — Roux, faubourg Montmélian. — Serpollet, faubourg Reclus. — Sevez, rue du Lycée. — Sordoillet, rue Croix-d'Or. — Sylvestre, rue Freizier. — Tardy, faubourg Maché. — Teppaz, rue Juiverie. — Thomas, Favorite. — Turinaz, place Saint-Léger. — Usannaz, rue de la Banque. — Vattier, boulevard du Musée.

II

DOCUMENTS

Teneur de contract des conventions faites par les marchands ciergiers, confiseurs, espiciers, droguistes de la ville de Chambéry.

L'an mil six cent nonante cinq et le quatrième janvier, par devant moi notaire royal soubsigné, et présents les tesmoings basnommés, se sont establis et constitués en leurs personnes :

Le sieur Joseph Lard, marchand ciergier et bourgeois de Chambéry, prieur de la confrérie de Sainte-Geneviève, érigé dans l'église de Sainte-Marie-Egyptienne, hors la ville de Chambéry, esleu prieur de ladite confrairie par les cy après nommés le sieur Joseph Bastien, marchand espicier, le sieur Claude l'aisné Vichet, le sieur Joseph Dardel, le sieur Joseph Villat, Philippe Gaymoz, Jean-Baptiste Clavel, Jean Calvet, Estienne Romanet, Alexandre Le Vigier, Jean Debesche, Benigne Boulanger, Jean Delphin, tant en leur nom que

des sieurs Aymé Rambert, Claude Barrier, Claude le jeune
Vichet, des sieurs Claude Bastien, Claude-François Villat,
Claude Lard, René Vermey, Jean-Joseph Brunet, absens,
tous tant maistres ciergiers, épiciers, confiseurs, que droguistes, lesquels, de gré pour eux et les leurs, ont fait et
font les couventions suivantes, sçavoir est :

Que toutes les années le jour et feste de sainte Geneviève
(2 janvier) sera faite l'eslection d'un nouveau prieur, après la
messe qui sera ditte à Sainte-Marie, suivant le contract fait
aujourd'hui avec lesdits R^{ds} Pères, receu par je notaire soubsigné, lesdits confrères dheuement assemblés, du moins les
deux parts excédant, les trois faisant le tout, lequel prieur
sera esleu suivant la pluralité des voyx, bien entendu qu'un
prieur n'y pourra estre pendant deux années de suite, et
que ce sera selon l'eslection qui en sera faitte.

A esté convenu que tous les maistres, tant présents que
à l'avenir, desdittes professions, bailleront, toutes les années,
ledit jour et feste de saincte Geneviève, chacun deux florins,
les garçons chacung dix-huit sols, et les apprentis chacun
un florin, lequel argent sera remis entre les mains du sieur
Claude l'aîné Vichet, procureur estably par les susnommés.

De plus, a esté convenu que chaque maistre, qui voudra
s'establir nouvellement dans l'une desdittes professions,
sera obligé, lhors de son establissement, de payer un louys
d'or, pour une fois, et un quart d'écu, touttes les années,
audit jour de sainte Geneviève ; comme aussy que tous ceux
qui voudront faire apprentissage, et que, pour le payement
d'iceux, l'on ne s'en prendra qu'aux maistres qui les auront
pris pour apprentifs, lesquels apprentifs bailleront aussy
annuellement un florin audit terme, à la réserve des fils de
maistres qui ne seront tenus de payer, ny ledit louys d'or,
ny lesdits douze florins six sols, ains tant seulement ledit
quart d'écu ;

Ladite confrairie ayant de mesme esleu pour sacristain en icelle le sieur Philippe Gaymoz, iceluy sieur Claude l'aisné Vichet, procureur susdit, avec ledit sieur Gaymoz, icy présents et ladite charge acceptant, lesquels ont promis de s'acquitter de leur charge autant bien qu'il leur sera possible.

A esté convenu aussy qu'il sera fait une boette fermant à la clef, dans laquelle sera mis l'argent provenant de ladite confrairie, qui sera remis au procureur establly, et autre à l'avenir, lequel posera compte de son exaction et deslivrance, touttes les années, au mesme terme, entre les mains du prieur qui aura esté establly l'année précédente, et autres confrères qui seront choisis, laquelle clef demeurera entre les mains dudit sieur prieur, avec convention qu'on ne pourra l'ouvrir, ny deslivrer aucun argent, qu'en sa présence et de son consentement, lequel procureur payera annuellement, de l'argent provenu de ladite confrairie, auxdits R^{ds} Pères de Sainte-Marie, la somme de quarante florins le lendemain de la feste dudit jour de sainte Geneviève, comme a esté convenu par le susdict contract, dont il retirera quittance, laquelle sera remise audit sieur prieur,

Avec conventions expresses que ledit jour et feste sera observé ponctuellement par les susnommés et autres à l'avenir, dont leur sera donné nottice, comme une feste solennelle, et tiendront leurs bouttiques ledit jour fermées, et en cas de contraventions seront tenus de payer les contrevenants chacun un écu au proffit de ladite confrairie, sans qu'il soit receu aucune excuse, quelle qu'elle soit.

Ayant de mesme esté convenu que, en cas que l'on aura payé ce qui sera nécessaire pour le service divin et utilité de ladite confrairie, comme aussy que, venant l'un desdits confrères à mourir, ils seront tenus de faire dire une grande messe de *Requiem*, pour le repos de son âme, incontinent après son décès.

Et, s'il reste quelque argent dans la boette, il sera employé pour les nécessités de la mesme confrairie, suivant que sera avisé par les sieurs prieurs, procureurs et confrères d'icelle dheument assemblés, du moins les deux parts excédant, sans quoy ne pourra estre diverti aucun argent de ladite boette ;

Ayant lesdittes parties pour l'establissement de ladite confrairie, présentes audict contract, deslivré, sçavoir, les maistres chacun un demy écu neuf, valant trois florins trois sols six deniers, pour l'année présente tant seulement, et à l'avenir annuellement un quart d'écu, et les garçons chacun dix-huit sols, et les apprentifs chacun un florin annuellement, lequel argent a esté présentement deslivré, tant par les maistres, garçons, que apprentifs,

Voyant moy dit nottaire et témoings,

Audit sieur Claude l'aisné Vichet, procureur, à forme de l'annotation mise sur un livre par luy tenu et signé, promettant lesdittes parties d'avoir tout le contenu au présent jour agréable, ferme et stable, et de n'y venir contre directement, ny indirectement, à peine de tous dépens, dommages et intérests, et soubs l'obligation de tous et chacun de leurs biens présents et advenir, qu'ils se constituent respectivement tenir en faveur de l'autre et de ladite confrérie, déclarant avec serment qu'ils veulent et entendent que tout le contenu au présent soit inviolablement observé, et pour la plus grande validité, il sera en tant que de besoin homologué pour future mémoire.

Et ce, ont fait lesdictes parties soubs et avec touttes

dheues promissions, soumissions, obligations, serment presté, renonciations et autres clauses requises.

Fait et passé à Chambéry, dans la maison de noble François de More, en présence de M. Louys, fils de feu M. Pierre Bugnard, practicien, habitant à présent Chambéry, tesmoings requis. Les parties présentes et témoings ont signé sur la minutte, à la réserve de Jean-Baptiste Clavel, l'un des confrères qui n'a sceu signer de ce enquis, et moy Nicolas Chanterel, notaire royal apostolique et bourgeois de Chambéry soubsigné au présent contrat de convention, expédié en faveur des sieurs prieurs, procureurs et confrères de la confrairie de Sainte-Genevieve érigée en l'église des R[ds] Pères de Sainte-Marie-Egyptienne de Chambéry, iceux ce requérant, tant pour eux que pour leurs successeurs à l'advenir, bien que d'autre main soit escript, signé CHANTE-REL, notaire[1].

[1] *Archives du Sénat,* vol. LII, 1698-1701.

CORPORATION DES PERRUQUIERS

I

SOMMAIRE HISTORIQUE

Les perruquiers ne s'érigèrent en confrérie, paraît-il, qu'en 1726, au moment où, suivant les lettres patentes du roi Victor-Amédée II, de l'année précédente, les statuts de tous les anciens corps de métiers furent révisés.

Ils prirent pour patron le Bienheureux Amédée, duc de Savoie (Amédée IX).

En général, le règlement qu'ils adoptèrent ne différa guère, quant aux points essentiels, de ceux des autres associations qu'on a vues jusqu'ici. Seules quelques dispositions particulières sont à remarquer.

Le dimanche, avant la fête du Bienheureux Amédée, les perruquiers réunis en assemblée générale devaient élire, à la majorité des suffrages, un prieur et deux jurés, qui ne pouvaient refuser ces offices, sous peine d'un écu d'or d'amende, à moins qu'ils ne les eussent déjà remplis l'année précédente. Après cela, l'ancien prieur rendait ses comptes de l'année écoulée et remettait les titres à son successeur.

Le lendemain de ce même jour, le nouveau prieur, ainsi que les deux jurés, prêtaient, entre les mains du vicaire de police, serment de veiller à l'observation des statuts par les confrères, et de remplir lui-même fidèlement son emploi. Il était spécialement chargé de percevoir les cotisations annuelles des membres de la corporation et les amendes encourues par les contrevenants aux statuts.

Les jurés étaient tenus de faire, deux ou trois fois pendant l'année, la visite de la boutique des maîtres, et de s'assurer ainsi qu'aucun d'eux ne s'écartait des articles du règlement, qui lui traçaient ses devoirs.

Tout maître devait payer annuellement, dans les quinze jours qui précédaient l'assemblée générale, dix sous, pour être employés, avec les amendes encourues et les autres droits casuels, à faire, en dehors des réparations à la chapelle, célébrer une messe solennelle, le jour de la fête patronale du Bienheureux Amédée de Savoie (30 mars), et un service funèbre pour les défunts de la confrérie, le lendemain de cette fête.

En ce qui concerne l'exercice de la profession, il était expressément défendu aux maîtres de teindre ou de blanchir les cheveux qui entraient dans la confection des perruques, sous peine de la confiscation de la marchandise et d'un écu d'or d'amende. Il était de même interdit, à peine de deux écus d'or d'amende, de vendre aucune de ces coiffures, faites en tout ou en partie de vieux cheveux, sans en prévenir les acheteurs.

Nul ne pouvait exercer la profession de perruquier dans la ville et ses dépendances, soit en boutique, soit en chambre, qu'il n'eût auparavant subi un examen de capacité et fait avec succès un chef-d'œuvre. Toutefois, aucun compagnon ne pouvait être admis à l'examen qu'il n'eût travaillé précédemment de son art, au moins cinq ans chez des maîtres, y compris le temps de son apprentissage, et s'il était étranger, qu'il n'eût justifié, par des attestations authentiques, de ses bonnes mœurs et de sa qualité de catholique romain.

Quant aux apprentis, ils ne pouvaient convenir d'un terme moindre de deux ans pour leur apprentissage, ni travailler chez un autre maître, avant l'expiration de ce temps.

Il était également défendu aux sarrons, ou compagnons, de quitter le service du maître auprès duquel ils s'étaient engagés pour un temps déterminé, avant d'avoir exécuté en tous points les clauses de leur convention. S'il n'y avait aucun contrat de ce genre, ils étaient tenus d'avertir de leur départ, quinze jours d'avance.

Le 9 mai 1726, François Billon, élu syndic, prêta serment au consulat d'être fidèle au roi, d'exercer son emploi en homme de bien et d'honneur, de dire la vérité sur la défectuosité des ouvrages et des marchandises qui lui seraient soumis, d'en faire une juste expertise, enfin de faire observer par les maîtres et d'observer lui-même les articles du règlement.

Les maîtres perruquiers ou coiffeurs, qui exercent actuellement leur industrie à Chambéry, sont au nombre de dix-neuf :

Baujat, rue de Boigne. — Bosso, rue Croix-d'Or. — Carron, rue d'Italie. — Cholat, rue Trésorerie. — Donnat, faubourg Montmélian. — Droguet, rue de Boigne. — Emery, rue Saint-Antoine. — Fouilloux, faubourg Reclus. — Gassier, rue Croix-d'Or. — Genevier, Boulevards. — Grand, rue de Boigne. — Guillermet, rue de Boigne. — Lapérouse, place Saint-Léger. — Nant, rue Croix-d'Or. — Ossemand, place de l'Hôtel-de-Ville. — Pillet, rue de Boigne. — Rey, rue Juiverie. — Rubin, place Saint-Léger. — Vincent, faubourg Maché.

II

DOCUMENTS

Règlement des Perruquiers, 1726.

Le corps des perruquiers s'assemblera, le dimanche avant la fête du Bienheureux Amédée qu'ils ont choisi pour leur patron et s'éliront, ce jour-là, un prieur et deux maîtres jurés ; cette élection se fera à la pluralité des voix, et aucun ne pourra refuser ces emplois, à peine d'un écu d'or applicable à leur confrérie, sauf ceux qui les auront déjà occupés l'année précédente, qui ne pourront pas être contraincts de les garder deux années de suite.

Après cette élection, l'on lira dans l'assemblée, à haute et intelligible voix, les règlements et statuts concernant leur art, et l'ancien prieur remettra ensuite au moderne tous les titres concernant leur confrérie, et ce dernier s'en chargera et recevra, en l'assistance des deux jurés, le compte de l'ancien prieur, qui aura dû exiger tous les droits et revenus de ladite confrérie, sans qu'il puisse refuser de rendre ledit compte ce jour-là, à peine d'un écu d'or applicable comme dessus.

Le prieur et maistres jurés se représenteront, le lendemain de l'élection au bureau du vicariat, où ils prêteront serment de veiller exactement à l'observance des présents statuts, et d'observer réellement se comporter dans leur emploi.

Chaque maître paiera tous les ans dix sols, dans quinze jours avant l'assemblée ci-dessus, et cet argent sera appliqué, aussi bien que les amendes et autres droits de la confrérie, pour faire dire une grande messe, le jour du Bienheureux Amédée, et une messe de morts, le lendemain, pour le repos des âmes des maîtres perruquiers défunts, pour les réparations et maintien de la chapelle, et pour les autres nécessités de la confrérie.

Personne ne pourra, à l'avenir, exercer la profession de perruquier comme maître, soit en boutique, soit en chambre, dans la présente ville, fauxbourgs et dépendances, qu'il ne soit reçu maître et nommé capable, ensuite de l'examen qu'il devra subir, après avoir fait un chef-d'œuvre en présence de ceux qui seront députés par le corps à cet effet, et, pour cette maîtrise, l'on paiera à la confrérie un écu d'or, si c'est un sujet de S. M., et deux, si c'est un étranger, sauf le fils de maître, sujet de S. M., et ceux qui épouseront des filles ou veuves des maîtres, qui ne paieront que deux livres de cire ; l'on paiera, en outre, deux livres au prieur et à chaque maître juré.

Aucun ne pourra être reçu à l'examen, qu'il n'ait travaillé cinq ans de la profession, chez des maîtres, y compris l'apprentissage ; de plus, ceux qui voudront être admis à la maîtrise seront obligés de rapporter des certificats en authentique forme, de même que de leur vie et mœurs, si ce sont des étrangers, qui ne devront point être admis qu'ils ne soient catholiques, apostoliques romains.

Aucun apprenti ne pourra convenir, pour son apprentissage, pour un temps moindre de deux ans, sans qu'il puisse travailler chez un autre maître, avant que d'avoir rempli ce terme et ses obligations envers son maître, à peine de deux écus applicables comme dessus contre les autres maîtres qui les recevront, sauf que les apprentis n'eussent quelque cause légitime et agréée telle par le vicaire de police, et chaque apprenti paiera, en entrant en apprentissage, une livre à la confrérie, dont les maîtres seront responsables, et ils donneront à cet effet une note au prieur des apprentis qu'ils prendront, dans quinze jours après qu'ils les auront pris, et le prieur devra enregistrer le nom, surnom, passé de l'apprenti, et le nom du maître chez qui il est.

Les sarrons qui auront convenu de travailler chez un maître pour un temps fixe, n'en pourront point sortir, sans juste cause, avant l'expiration d'icelui, et n'ayant pas convenu pour un temps fixe, ils seront obligés d'avertir le maître quinze jours avant que d'en sortir, à peine de dix livres d'amende applicables comme dessus, laquelle encourront aussi les maîtres qui les recevront chez eux, sans qu'ils aient exécuté ce que dessus.

Et comme on ne peut pas absolument empêcher l'abus de faire des perruques de vieux cheveux, en tout ou en partie, les maîtres qui en vendront de cette qualité devront fidèlement l'expliquer et déclarer aux acheteurs, à peine, au cas de contravention, de deux écus d'or d'amende, et de la perte de la perruque, applicables comme dessus. Les maîtres pourront cependant, sans encourir aucune peine, refaire des vieilles perruques pour des particuliers qui les leur auront remises.

Il est défendu, sous la même peine, à aucun maître de teindre ou blanchir des cheveux, sauf les noirs, et de rien faire à aucun qui en puisse changer la nature, et comme cela arrive souvent par le fait même de ceux qui vendent les cheveux, il est défendu à toutes sortes de personnes d'en vendre de cette qualité, à peine de confiscation des cheveux, et d'un écu d'or pour chaque livre, applicable comme dessus.

Les maîtres jurés seront obligés de faire, deux ou plusieurs fois l'année, la visite chez tous les maîtres, dans le temps qui leur sera ordonné par le vicaire de police, et dans ces visites, les maîtres seront obligés, à l'arrivée des jurés, d'ouvrir leurs boutiques, chambres, garderobes, et autres endroits, que les jurés leur ordonneront, et leur montrer toutes les perruques et cheveux qu'ils auront, tant en œuvre que autres, pour être le tout visité et examiné, si les perruques sont bonnes et bien faites, à peine de deux écus d'or en cas de contravention, applicables comme dessus.

Tous ceux qui travaillent aujourd'hui pour leur compte, comme maîtres, de la profession de perruquiers, seront regardés comme maîtres, sans être obligés de subir aucun examen, ny faire aucun chef-d'œuvre ; ils devront à cet effet, un mois après la publication du présent, se présenter aux prieur et maîtres jurés établis pour lors, desquels ils tireront des certificats d'avoir travaillé, comme maître, pour leur compte, et le prieur inscrira leurs noms dans les registres de la confrérie, et, à défaut de ce, ils ne pourront plus être reçus qu'en subissant l'examen et passer les incombances portées par les articles ci-dessus, et toutes les peines pécuniaires ci-dessus seront exigées chaque année par le prieur, et serviront pour les réparations de la chapelle, célébration des offices divins et autres frais qu'il conviendra de faire à la confrérie, et chaque contrevenant devra payer sans pouvoir prétexter d'aucuns privilèges ou exemptions[1].

[1] *Archives municipales de Chambéry,* n° 1050.

CORPORATION DES FROMAGERS — CONFRÉRIE DES ARTISANS

I

CORPORATION DES FROMAGERS

En inscrivant ici les noms de la corporation des fromagers et de la confrérie des artisans, je satisfais plus ma sollicitude de ne rien négliger de ce qui peut rendre mon travail moins incomplet, que je n'ai le bonheur de pouvoir décrire leur vie. Mes renseignements à l'égard de ces Sociétés, sauf ce qui concerne leur existence, sont des plus restreints.

Tout ce que je suis parvenu à découvrir de la corporation des fromagers, c'est qu'elle subsistait encore au dernier siècle et qu'elle avait sa chapelle dans l'église de Lémenc.

II

CONFRÉRIE DES ARTISANS

La confrérie des artisans n'était pas, en réalité, une association de membres du même art ou du même métier, ayant en vue le meilleur exercice de leur profession ; mais elle était une réunion d'ouvriers de tout genre et reposait seulement sur un but religieux.

Érigée, dès le dix-septième siècle, dans l'église des Jésuites, elle avait pour directeurs les Pères de cette Compagnie.

L'organisation de son bureau ne différait guère de ce qui existait dans les corporations ouvrières particulières, si ce n'est que le premier de ces membres portait le nom de préfet, au lieu de celui de prieur. Les quelques officiers qui me sont apparus, dans mes recherches, appartiennent surtout au dernier siècle. Tels furent : en 1724, François Cavoret, préfet ; Humbert Chardon, trésorier ; Charles Guilliet, natif de Dullin, marchand d'habits, ex-préfet ; Claude Garin, procureur ; Antoine Dégrange, conseiller, — en 1733, François Jourdan, maître perruquier, préfet.

Cependant, la confrérie possédait un certain nombre de rentes dont le produit était surtout destiné à secourir ses membres malades et nécessiteux. D'après l'état qui fut fourni en 1733, sur l'ordre du roi Charles-Emmanuel III, ces divers revenus comprenaient :

1° Une rente annuelle de soixante dix florins anciens, monnaie de Savoie, provenant d'une donation, du 17 janvier 1686, de Claude Grange, natif de Thônes, marchand d'habits à Chambéry ;

2° Un loyer de soixante florins, d'une maison située au faubourg Reclus et léguée, dans son testament du 19 juillet 1678, par François Chavoneu, natif de Sonnaz, boulanger à Chambéry ;

3° Une rente annuelle de cent livres de Savoie, provenant d'aumônes, de quêtes et d'économies capitalisées, et due, suivant acte de rentes constituées du 13 juin 1724, par Joachim Vachon, avocat au Sénat, né à Cluses et habitant à Thyez.

LES BOUCHERS

I

SOMMAIRE HISTORIQUE

Quant aux bouchers de Chambéry, je n'ai rencontré, non plus, jusqu'ici, aucun acte qui démontre qu'ils aient jamais formé une confrérie jurée. Malgré cela, je ne crois pas hors de propos de dire, en ce moment, quelques mots de la condition dans laquelle ces industriels exercèrent autrefois leur profession.

Dès un temps reculé, leur industrie fut soumise à une sévère réglementation, de la part du Gouvernement et de l'autorité municipale.

Déjà, le 11 août 1425, le Conseil d'État résidant à Chambéry avait édicté des dispositions, que le duc Amédée VIII renouvela et confirma par lettres patentes du 20 du même mois.

A ce moment, les bouchers de notre ville étaient au nombre de dix et se nommaient, les frères Pierre et Jacques Morel, Hugues Falseu, Thomas Machinicher, Hugues Portier, Jacques Roy, Jean Bussi, Ainard Dars et Pierre Debut.

En vertu des ordonnances du souverain, les gens de cette profession devaient prêter d'abord serment de remplir exactement et fidèlement les obligations qui leur étaient imposées.

Celles-ci étaient énumérées à peu près en ces termes :

Les animaux tués seront écorchés, à la vue de tout le

monde, dans un local destiné à cette opération, et jamais dans les maisons particulières des bouchers, ni dans aucun lieu secret.

Les viandes à débiter devront être tenues aussi exclusivement dans des boucheries ou boutiques aménagées à cet effet, et nulle part ailleurs. Elles seront vendues au poids, sauf les têtes et les *brelaudes*[1], qui seront vendues aux pièces.

Les bouchers seront obligés de livrer leur marchandise à tout acheteur, depuis une demi-livre au-dessus, et ne pourront en refuser à personne au prix fixé.

Les viandes vendues seront aussitôt enlevées de l'étal et cesseront d'être exposées[2].

Ce règlement, qui paraît avoir subsisté longtemps après sa promulgation, fut renouvelé et complété en 1737. Le 18 mars de cette année, l'intendant général de Savoie, Gaspard-Marie Bonaud, comte de Monteu, publia, sur le même sujet, les prescriptions qui suivent :

Aucun boucher ne pourra tuer d'animal, vendre et débiter de la viande ailleurs que dans « l'escorcherie » et dans la boutique qui seront déterminées, sous peine de la confiscation de la marchandise et de vingt-cinq livres d'amende.

Un inspecteur visitera les bêtes à abattre et les viandes

---

[1] Dans l'article des capitulations des bouchers de 1425, rapporté dans l'ancien sommaire des actes des Archives de Chambéry, que j'ai déjà cité, on trouve ainsi défini ce qu'on nommait alors *brelaudes* : « Il leur est défendu de peser aucunement auxdits poids et balances les testes des animaux et autres semblables parties des bestes qui ne valent rien et ne sont garnies que d'os, lesquelles ils appellent brelaudes. »

[2] *Archives municipales de Chambéry*, n° 130.

exposées. Il sera interdit de tuer et de débiter aucun gros animal qui ne soit gras et reconnu bon par cet agent ; de même, il ne sera point permis d'abattre un veau d'un poids moindre de soixante-dix livres. L'inspecteur qui tolérerait une infraction à ces dispositions serait passible lui-même de dix livres d'amende.

Tout boucher qui tuera, vendra, débitera, et même qui simplement recevra un animal mort de lui-même, ou malade, ou soupçonné tel, sera punissable d'un trait de corde.

Afin d'éviter l'accaparement des viandes par les riches au détriment des pauvres, dans les boucheries, nul ne pourra payer cette marchandise au-dessus du prix fixé par le tarif. Toute infraction à cette ordonnance rendra l'acheteur et le vendeur passibles de vingt livres d'amende.

En aucun cas, la viande ne sera vendue à la pièce, mais elle sera toujours pesée, avec un équitable mélange de bonnes parties et de parties moins recherchées.

Les hôteliers, cabaretiers et aubergistes ne devront point être servis avant les particuliers qui se trouveront en même temps qu'eux dans la boutique, sous peine de dix livres d'amende, tant contre ces industriels que contre les bouchers. De même, ils ne pourront, sous la même peine, faire acheter la viande par d'autres intermédiaires que leurs domestiques ordinaires.

Aucun boucher ne pourra vendre, sous peine de dix livres d'amende, de la graisse à d'autres personnes qu'aux habitants de Chambéry et de ses faubourgs, ni l'exporter au dehors de la commune.

Enfin, l'industrie des bouchers sera privilégiée. Nul autre que celui qui aura été inscrit et approuvé comme tel, ne pourra vendre et débiter aucune espèce de viande, comme de bœuf, de vache, de génisse, de veau, de mouton et de brebis, sous peine de la confiscation de la marchandise et de cinquante livres d'amende, aussi bien contre l'acheteur que contre le vendeur [1].

*
* *

La plupart des articles de cette ancienne réglementation des boucheries n'existent plus dans le code qui régit aujourd'hui cette industrie. Les bouchers qui tiennent actuellement boutique à Chambéry sont :

Barnier, rue Saint-Antoine. — Béchard, rue Denfert-Rochereau. — Buffin, rue du Sénat. — Charvin, rue de Lans. — Chirpaz, rue Bertollet. — Coudurier, rue du Sénat. — Déglise, place Saint-Léger. — Folliet, faubourg Maché. — Gaetaz, faubourg Montmélian. — Gerin, place Saint-Léger. — Grand, rue d'Italie. — Guerraz, faubourg Reclus. — Janin, place Saint-Léger. — Massacand, rue Croix-d'Or. — Murillon, rue d'Italie. — Pastore, place Saint-Léger. — Provent, place de l'Hôtel-de-Ville. — Quillet, rue Bonivard. — Rubin, place du Marché-Couvert.

II

DOCUMENTS

Lettres du Conseil de Savoye résidant à Chambéry, du 11 août 1425, contenant le règlement pour les bouchers de la ville de Chambéry.

Primo, ut nullus macellarius possit exercere officium macellarie in villa Chamberii, nisi prius juret in manibus

---

[1] *Archives municipales de Chambéry,* n° 130.

castellani et sindicorum dicte ville, qui nunc sunt vel pro tempore fuerunt, de vendendo carnes secundum formam ordinationum et franchiesarum superius designatarum per dictos illustres dominum Sabaudie comitem et dominam Bonam de Barbonio, prelibati domini nostri ducis prædecessores, dudum concessarum, presentibus in eisdem ordinationibus et franchesiis descriptis et declaratis ; ipsasque ordinaciones et franchesias servare juret, tam in predictis quam in excoriandis carnibus, et aliis omnibus suis punctis, aculis, clausulis et particulis universis.

Item, quod omnes macellarii presentes et futuri teneantur et debeant omnes carnes excoriare, in excoriario ad hoc ordinato ante macellum nunc existens in villa Chamberiaci, loco dicto in Viridario super aqua Albane, et in aliis macellis, tam in macello sito prope pontem Minoretarum, quam in macello Judeorum sito prope portam Machiaci, infra ipsos macellos loco publico et eminenti. Itaque, nullus sit audax in occulto excoriare, nec in domibus ipsorum macellariorum, nec etiam carnes excoriatas in aliquo loco retrahere seu ponere, nisi in ipsis macellis publicis in eminentibus locis, ubi per quascumque personas videri possint.

Item, quod omnes macellarii teneantur et debeant vendere carnes etiam in parva quantitate, secundum apetitum ementium, et hoc usque ad dimidiam libram quarumcumque carnium ; quod illam teneantur ipsi macellarii vendere et tradere cuicumque emere volenti.

Item, quod nullus macellarius possit nec audeat quascumque carnes in macellis venales et excoriatas vendere, nisi cum stateris seu bilanciis pendictis vel suspensis, et non aliis, nec cum alio pondere.

Item, quod nullus macellarius sit ausus quovismodo capita

animalium, vel alias quascumque brilaudas vendere, ad pondus quodcumque.

Item, quod nullus macellarius audeat contradicere cuique emere volenti carnes, quominus illas sibi vendat preciis statutis, et si forte ipse carnes quas quis emere velit jam sunt alteri vendite, quod, incontinenti postquam sunt alteri vendite, teneantur illas amovere ipsi macellarii de macello, et ibi, in macello vel alio loco, nullathenus venales exponere possint vel debeant.

Item, quod si contingat aliquod animal bovinum, muteminum, vitulinum, et porcinum, aut aliud certo precio majori consueto, propter ejus excellentiam, pro libra extimari, quod nullus macellarius presens vel futurus quovismodo audeat vel presumat, pretextu talis existimationis, aliud animal ejusdem precii tali precio extimato vendere, seu alio majori quam conceditur in dictis ordinacionibus et franchesiis ; et hoc sub penis in eis contentis et declaratis pro quolibet contrarium faciente, tociens quociens commictendis, et prelibato domino nostro duci irremissibiliter applicandis.

Macellariis vero superius nominatis terminum unius mensis, hac die incohandum, ad fieri faciendum et habendum prememoratas bilancias et lapides ad ponderandum carnes predictas assignamus [1].

Ancien sommaire d'autres actes des archives municipales de Chambéry, concernant les bouchers.

Bonne de Bourbon, mère tutrice d'Amédée, duc de Savoie, par patentes données à Chambéry le 14 février

[1] *Archives municipales de Chambéry*, n° 130.

1392, établit le prix à toute sorte de chair et volaille, tant pour l'hyver que pour l'esté, et, au cas que les bouchiers voulussent contrevenir audit prix et taux, elle veut qu'ils soient privés et déchassés et qu'il en soit établi d'autres en leur place par les scindicqs de Chambéry avec injonction au chastellain d'y tenir main.

Par autres patentes du 26 avril suivant, la mesme princesse veut que lesdits bouchers soient contraints de débiter leur chair au prix et taux qu'il sera établi, sous les peines y portées, et donne pouvoir aux scindicqs de Chambéry d'establir le prix et taux desdites chair et danrées, avec inhibition auxdits bouchers d'exposer en vente ladite chair qui restera le jeudi au soir, depuis les festes de Pâques jusqu'à la Saint-Michel, aux peines y portées, et commission addressante auxdits scindiqs pour cet effect.

Finalement, par autres patentes du 21 juillet suivant, ladite princesse donne pouvoir auxdits scindicqs de déchasser lesdits bouchers contrevenants et en établir d'étrangers qui observeront le taux et ordonnances de la ville, auxquels est permis de ne rien vendre à crédit, si bon leur semble, à qui que ce soit, ne leur étant permis de vendre ladite chair que dans la grande boucherie ordinaire, estant inhibé au conseil et juge mage de prendre connoissance de ce que dessus, à l'exclusion desdits sieurs scindicqs.

Par patentes du duc Charles III, du 29 janvier 1525, confirmant celles du duc Amédée VIII de 1425, lesdits bouchers seront tenus d'écorcher toutes les bestes qu'ils tueront au lieu destiné pour l'escorcherie, qui est au lieu appelé au verger sur la rivière d'Albane, au devant la boucherie publique, comme aussi au bas de la boucherie située *prope portam Minoretarum,* qui est au Reclus, qu'au bas de la boucherie des Juifs, proche la porte de Maché, et non ailleurs, sans qu'il leur soit permis d'escorcher lesdittes bestes dans leurs maisons, ny de transmarcher lesdittes chairs ailleurs que dans lesdittes boucheries publiques, où elles seront posées en lieu éminent qui puisse estre vu de tout le monde.

La duchesse Yolant, mère et tutrice de Philibert, 4e duc de Savoie, ayant donné licence et permission aux mariés Rami d'ériger une boucherie dans le faubourg de Maché, sous l'introge de cent florins de cense annuelle de six deniers gros, les bouchers de la ville de Chambéry, comme aussi les scindicqs d'icelle, auroient représenté au prince Philibert le dommage qu'ils en souffroient, et luy même en ce que les bancs de la boucherie ordinaire de la ville ne seroient plus d'un si grand revenu ;

Ce qui lui auroit baillé sujet d'abolir entièrement ladite boucherie, en dédommageant lesdits mariés Nicod de cent florins qu'ils avoient donnés, et les libérant de ladite cense annuelle, à la charge et condition qu'au cas qu'en temps de peste, guerre ou autre on vint à fermer la porte de Maché, les bouchers de ladite ville seront tenus de faire porter, vendre et débiter la chair nécessaire dans ledit faubourg au taux et prix accoustumé, avec inhibitions et défenses à toutes personnes de tenir aucunes boucheries dans ledit faubourg de ladite ville ;

Ny de vendre et débiter de chair autre part que dans la grande boucherie qui est proche la maison et église des religieuses de Sainte-Claire dans ville, à peine de confiscation de la chair qui sera vendue et débitée ailleurs, aussy avec inhibitions et défenses auxdits bouchers de surpasser le prix et taux étably par ladite ville.

Et afin qu'on ne puisse prétendre cause d'ignorance, il veut que lesdites capitulations et ordonnances concernant lesdits bouchers soient exécutés et posés au lieu le plus éminent de ladite boucherie et que chacun en puisse prendre connoissance. Par patentes données à Chambéry, le 8e juin 1480.

En l'an 1619, les nobles sciñdicqs firent les dépenses nécessaires pour la réparation des couverts de la boucherie, et du depuis rembourcées par les propriétaires des bancs, étants 16 en nombre, à raison de 206 florins chacun.

La ville par son ordonnance du 4e septembre 1669, par forme de règlement, a faict expresses inhibitions et défenses à tous particuliers de la ville et lieux circonvoisins de faire tuer, et débiter aucune chair, dans les faubourgs, que le bétail ne soit visité et la permission donnée par mess^{rs} les sindics de le vendre, à peine de cent livres d'amende et confiscation du bétail.

ANCIENNES CORPORATIONS DES ARTS ET MÉTIERS D'ANNECY

CORPORATION DES MOULINIERS EN SOIE

I

SOMMAIRE HISTORIQUE

La première corporation jurée de la ville d'Annecy qui m'est apparue dans les documents publics que j'ai consultés, est celle des mouliniers en soie.

Cette Société s'érigea en confrérie dans l'année 1634.

Les statuts, après avoir été approuvés par l'évêque de Genève, Jean-François de Sales, et à la suite de plusieurs autres formalités, furent entérinés par le Sénat de Savoie, le 7 février de la même année 1634. On y remarque principalement les devoirs de religion et de charité que les membres devaient remplir.

Les confrères reconnaîtront Notre-Dame de Pitié pour leur patronne et auront leur chapelle en l'église de Saint-Dominique.

Chaque année, ils éliront, en assemblée générale, un prieur et deux assistants, qui devront pourvoir à tous les besoins de la confrérie, et dont le mandat expirera régulièrement la veille de la fête de l'Assomption de la Sainte Vierge.

De même, il sera nommé pour une année un secrétaire, qui, sous les ordres du prieur et des assistants, sera tenu d'orner la chapelle.

Nul ne pourra faire partie de la confrérie, s'il n'a obtenu les suffrages du prieur, des assistants et des deux tiers des membres.

Chaque dimanche et chaque jour de fête solennelle, tous les confrères, à moins d'un empêchement légitime dont ils devront faire connaître la cause au prieur, auront l'obligation de se réunir dans leur chapelle, pour entendre la sainte messe, le sermon et les autres prières qui s'y feront. Pareillement, ils seront tenus de se confesser chaque mois, ainsi qu'aux fêtes de la Sainte Vierge, et de dire chaque jour cinq *Pater*, cinq *Ave* et le *Salve Regina*.

Dans le but de favoriser l'accomplissement de ces devoirs de religion, le prieur et les religieux de Saint-Dominique seront chargés d'entendre les confessions, de dire la messe des dimanches et des jours de fêtes solennelles, comme d'y prêcher. La fête de l'Assomption de la Sainte Vierge aura ceci de particulier, qu'elle sera célébrée par une grand'-messe, avec diacre, sous-diacre, accolytes et encens. En outre, les mêmes religieux devront faire, le lendemain de cette fête, avec une semblable solennité, un service funèbre pour tous les défunts de la Société.

Pour le luminaire nécessaire dans ces offices divins, comme pour toutes les autres dépenses de la confrérie, chaque membre, sur l'invitation du prieur et des assistants, fournira ce que lui dictera sa dévotion.

La charité ne devra pas moins être observée, vis-à-vis les uns des autres, par les sociétaires. Quand un confrère tombera malade, le prieur sera tenu de le visiter et de lui faire recevoir les derniers sacrements. S'il vient à mourir, le même prieur fera dire une messe pour le défunt et invitera les autres membres de l'association à y assister. Tous ceux-ci auront l'obligation d'accompagner le corps au lieu d'inhumation, et de dire le *Miserere*, s'ils savent lire, sinon, de réciter cinq *Pater* et cinq *Ave*.

Enfin, il fut convenu que, pour mieux détruire la funeste influence du voisinage de Genève, où la plupart des maîtres et des ouvriers en soie avaient fait leur apprentissage, on s'adresserait au Souverain Pontife, afin d'obtenir des indulgences semblables à celles dont étaient gratifiées les autres corporations du même métier.

Les membres qui apposèrent leur signature au bas de ces statuts, furent P. Richard, prévôt, Etienne Laurent, Antoine Gaesel, Bibay, Laurent Grumet, maîtres jurés[1].

II

DOCUMENTS

Règles et statuts de la confrérie que prétendent ériger les maistres mouliniers à soye résidant en la cité d'Annessy, dans l'esglise de Sainct Dominique et en la chapelle fondée soubs le vocable de Notre-Dame de Pitié, en attendant de recevoir les indulgences qu'il plaira à Sa Saincteté accorder comme aux aultres confréries érigées par les mêmes mouliniers et ouvriers en soye.

1. Premièrement, sera faict élection par lesdicts maistres mouliniers et ouvriers d'ung prieur et deux assistants, les-

---

[1] *Archives du Sénat*, vol. XXXVII *bis*, 1631-1674.

quels auront soing ensemblement de prouvoir à tout ce qui sera nécessaire pour la confrérie, et l'office desquels finira annuellement la ville de l'Assumtion de Notre-Dame, et seront establis les autres à leur place, et ainsy alternativement.

2. Sera de mesme faict élection d'ung secrétaire annuellement, qui aura charge, soubs le commandement du prieur et des aultres assistants, de faire tout ce qui concerne l'ornement de leur chapelle, en attendant de prouvoir d'ung plus grand nombre d'officiers, le nombre des confrères estant plus grand.

3. Tous ceux qui prétendront estre agrégés à laditte confrérie, seront obligés d'avoir la voix du prieur, des assistants et des deux tiers des confrères.

4. Tous lesquels confrères seront obligés de s'assembler dans laditte chapelle, tous les dimanches et jours des festes solennelles, pour assister à la messe, exhortation et aux prières qui s'y feront, et les défaillants seront tenus de dire leur cause de leur absence au prieur.

5. Seront obligés de mesme les confrères de se confesser et communier une fois tous les mois, oultre les jours de feste de Notre-Dame et solennelles, et dire tous les jours cinq *Pater* et *Ave* avec le *Salve Regina*.

6. Sera prié le révérend prieur de Saint Dominique de ballier ung religieux, ou plus, selon qu'il sera de besoing, pour entendre les confessions des confrères, dire une messe tous les dimanches et jours de festes solennelles, et faire des excittations, quand il sera prié par le prieur de laditte confrérie.

7. Seront obligés les révérends prieurs et religieux de Sainct Dominique, de leur assentement, de célébrer dans laditte chapelle, le jour de l'Assumtion de Notre Dame.

une grande messe avec les diacre, soubsdiacre, accolites, outre voix et encensoir, et les confrères d'y assister, se confesser et communier.

8. Le lendemain seront obligés les révérends prieurs et religieux, de leur consentement, de célébrer une messe pour les trespassés confrères, avec diacre, sousdiacre, et les confrères d'y assister sans astriction.

9. Quand un des confrères sera malade, le prieur aura soin de le faire visiter et luy faire recevoir les Saints Sacrements ; que s'il plaict à Dieu de l'appeler de ceste vie, les confrères accompagnieront son corps à la sépulture, et, le jour qu'il sera advisé par le prieur de laditte confrérie, sera ditte une basse messe pour l'âme du confrère en laditte chappelle, à laquelle lesdicts confrères assisteront sans astriction ; seront néamoings obligés lesdicts confrères de prier Dieu pour le remède de l'âme du deffunct et dire le *Miserere,* ceux qui sauront lire, et les autres cinq *Pater* et cinq *Ave.*

10. Et, pour plus grande consolation desdicts confrères, sera Sa Saincteté suppliée de voulloir accorder à leur confrérie des indulgences semblables à celles des autres confrères des maistres mouliniers et ouvriers à soye, ou plus grandes, attendu le voisinage de Genève et que la plus part desdicts maistres et ouvriers y ont faict leur apprentissage de la fabric à soye.

11. Et, pour l'entretien du luminaire et aultres faicts qu'il conviendra faire pour l'exercice et confirmation de laditte confrérie, seront invités les confrères par le prieur et assistants de fournir en ce qui leur plaira, chacun selon sa dévotion. Signé P. Richard, prévot des mouliniers, Estienne Laurent, juré des maistres, Antoine Gaesel, juré des maistres, Bibay, maistre juré, Laurent Grumet, des maistres jurés, tous signés[1].

---

[1] *Archives du Sénat,* vol. XXXVII *bis,* fol. 168, 1631-1634.

CORPORATION DES SERRURIERS, COUTELIERS
ARQUEBUSIERS, MARÉCHAUX-FERRANTS, POTIERS
FERBLANTIERS, SELLIERS
BOURRELIERS, FOURBISSEURS, HORLOGERS
TAILLANDIERS
ÉPERONNIERS, AIGUISEURS, CHAUDRONNIERS
VITRIERS, CLOUTIERS,

HISTORIQUE

De même qu'à Chambéry, il existait autrefois, à Annecy, une corporation jurée qui réunissait la plupart des artisans qui travaillaient le fer ou le cuivre.

Cette Société, ou confrérie, comprenait les seize arts qui suivent : les serruriers, les couteliers, les arquebusiers, les maréchaux-ferrants, les potiers, les ferblantiers, les selliers, les bourreliers, les fourbisseurs, les horlogers, les taillandiers, les éperonniers, les aiguiseurs, les chaudronniers, les vitriers et les cloutiers.

Elle reconnaissait aussi saint Éloi pour patron, et avait sa chapelle dans l'église de l'ancienne commanderie du Saint-Sépulcre.

Son origine remonte à l'an **1648**. Du moins, un certain nombre de ses membres, assemblés par-devant le notaire Figuet, convinrent, le **12** janvier de cette année, de plusieurs statuts, qui furent ensuite homologués par le conseil présidial du Genevois, le **28** mai suivant.

Quatre-vingt quatorze ans après cette date, le **21** juin

1742, le Sénat de Savoie confirma, de son côté, ces mêmes règlements et en rendit l'exécution obligatoire aux confrères, dont le nombre était alors de trente-six.

Depuis ce moment, la confrérie eut encore souvent recours à l'autorité civile, soit pour être maintenue dans ses anciens droits, soit pour être autorisée à édicter de nouvelles ordonnances. Vers le milieu de la seconde moitié du siècle dernier, par exemple, ayant constaté de nombreux et criants abus dans l'exercice des divers arts qu'elle embrassait, elle résolut d'y remédier, et fit stipuler dans ce but, par le notaire Balleydier, un nouveau règlement dont elle demanda l'approbation au roi.

Le rapport qui exposait l'état déplorable dans lequel étaient tombées la plupart des industries unies, ainsi que les moyens adoptés pour l'améliorer, fut transmis, le 23 avril 1776, à l'avocat fiscal général à Chambéry, M. Adami, par le nommé de Mongenis, chef du bureau de police à Annecy. Ce document, ainsi qu'une quittance faite par cette même confrérie, en 1683, était ainsi conçu :

« Il subsiste depuis plus d'un siècle, dans la ville d'Annecy, une confrérie sous le vocable de saint Éloy, qui affecte les serruriers, couteliers, arquebusiers, maréchaux, pottiers, ferblantiers, selliers, bourreliers, fourbisseurs, horlogers, taillandiers, éguiseurs, chauderonniers, vitriers, éperoniers, cloutriers, et autres personnes qui se servent du marteau.

« On voit du contract du 12 janvier 1648, Figuet notaire, dont le transun est cy joint que les personnes exerçant lesdittes professions convinrent entre elles de plusieurs règlements. Le contract fut homologué par le conseil présidial du Genevois, par décret soit ordonnance du 28 may dite année.

« Le Sénat de Savoye a accordé l'exécution de ces règlements suivant, qu'on le voit, d'un décret du 21 juin 1742. Le nombre de ceux qui sont compris dans la confrairie est d'environ trente-six.

« Elle s'est quelquefois pourvue au Tribunal de la préfecture, pour le maintien et exécution des règlements renfermés dans le contract du 12 janvier 1648, qui paroissent utiles au public. Et il seroit encor très avantageux qu'il en fut ajouté de nouveaux, soit pour assurer la bonté des ouvrages, soit pour prévenir la perfidie des ouvriers, notamment en fait des serruriers dont l'inhabileté et défaut de probité peuvent donner et donnent lieu à plusieurs vols.

« Les maîtrises établies dans les villes ne peuvent qu'être utiles, moyennant que les étrangers ne soient pas trop gênés et puissent jouir des mêmes prérogatives que les natifs du pays, en passant et se soumettant aux mêmes incombances.

« Il nous a été en conséquence représenté que tous les membres des différents corps de métier de la confrérie de Saint Éloy ex nommés dans la dernière transaction reçue par le notaire Balleydier, qu'il est très nécessaire d'avoir, dans chaque art, de bons et fidels ouvriers.

« Le corps des serruriers représente qu'il se commet beaucoup d'abbus par l'introduction des mauvaises marchandises et par la fabrication des fausses clefs et autres mauvais ouvrages ; il est donc de nécessité qu'il y ait des maîtres experts jurés commis pour examiner les ouvriers qui voudront s'établir dans la ville et fauxbourgs d'Annecy, sur leur capacité et mœurs.

« Les maîtres jurés auront droit de visiter tous les ouvrages étrangers qui se débiteront dans la ville et fauxbourgs ; s'ils ne sont pas selon l'art, le vendeur ou fabriquant d'iceux payera quatre livres d'amende applicables, la moitié à l'hopital général de cette province, et l'autre moitié au profit de la confrérie.

« De plus, il sera deffendu à tous les menuisiers d'employer, de poser aucun ouvrage étranger, sans qu'il ait été visité par les maîtres jurés ; en cas de contravention, l'ouvrage sera confisqué et le contrevenant payera dix livres d'amende comme dessus.

« Les maîtres jurés auront droit d'aller, à leur gré, faire la visite plusieurs fois dans l'année, chez les maîtres, pour examiner leurs ouvrages, et s'ils ne sont pas selon l'art, on les confisquera ; ils subiront pour la première fois l'amende de dix livres applicables comme cy-devant, pour la deuxième celle de trente livres, et la troisième celle de cent livres et seront cassés de maîtres.

« Tous les maîtres enrollés seront tenus chacun de faire chef d'œuvre, et ceux qui ne seront pas en l'état de le faire seront obligés de travailler deux années chez d'autres maîtres pour se perfectionner.

« Tous ceux qui ne sont pas enrollés dans la transaction Balleydier, notaire, seront examinés, tenus de faire chef d'œuvre et de payer le droit de maitrise, comme il est porté par icelle ; ce qui se pratiquera de la même manière à l'égard de tous les autres arts qui composent la confrérie.

« Les maîtres arquebusiers soit armuriers représentent que, dans leur art, il se commet beaucoup d'abbus par l'introduction dans le pays des mauvaises armes et souvent de celles deffendues, ce qui cause des mauvaises suites, demandent la visite pour les mêmes peines que cy devant.

« Les maîtres couteliers font les mêmes représentations, que les couteaux d'Annecy qui sont en bonne réputation dans le pays se décréditent par le vil prix des mauvaises marchandises que l'on y introduit et qui en sortent l'argent, demandent la visite et l'amende cy-dessus.

« Les faiseurs de poids à peser représentent qu'il s'en introduit qui sont marqués faux, ce qui, par un vol continuel, cause un préjudice notable au pays ; ils en demandent la confiscation et l'amende cy-dessus, dès que la vérification en aura été faitte.

« Les horlogers en petit et en gros nous représentent qu'il s'introduit dans le pays beaucoup de mauvais ouvrage qui en sort l'argent, attendu qu'il y a des bons maîtres dans l'endroit, en demandent la visite, et s'il y échoit, la confiscation et l'amende comme cy-dessus.

« Les maréchaux représentent que les ouvriers de leur art qui ne seront pas reçus maîtres, ne pourront pas tenir boutique, panser ny ferrer aucun cheval, pas même faire aucun autre ouvrage de maréchal, attendu que l'on voit l'abbus des mauvais sujets qui estropient quantité de chevaux, demandent l'examen et l'amende comme cy-dessus.

« Les éguiseurs étrangers ne pourront pas travailler en ville, ny fauxbourgs, sans se faire recevoir maîtres, sous la même peine que dessus.

« Les chauderonniers disent qu'il y a nombre de passants qui gâtent l'ouvrage plutôt que de le raccommoder, n'étant pas ouvriers en l'art, qu'ils ne pourront pas travailler en ville, ny aux faubourgs, sans être examinés et reçus maîtres, aux mêmes peines que cy-dessus.

« Les maîtres potiers et ferblantiers nous représentent qu'il s'introduit beaucoup de mauvaise marchandise, soit en étain, soit en fer-blanc ; ils demandent la visite et l'amende comme dessus ; quant à l'étain, au titre de Piedmont, étain fin, étain blanc, soudure claire, et quant aux ferblantiers, de la bonne marchandise selon l'art.

« Les selliers, fourbisseurs et bourreliers représentent qu'il y a des ignorants qui introduisent des mauvais ouvrages et marchandises, en demandent la visite et l'amende comme cy-devant, comme, en outre, qu'ils soit deffendu aux tailleurs de faire aucunes cappes, ny ousses.

« Les taillandiers représentent qu'il s'introduit quantité de mauvaise marchandise qui trompe le tiers et le quart, les marchands qui la débitent étant la plus part étrangers qui sortent l'argent du pays ; ils demandent la visite et l'amende comme cy-devant.

« Le sieur Pierre, fils de feu Pierre Gasparolle, habitant de la présente ville, maître vitrier, et le sieur Claude Marris, maître éperonnier, qui se présentent pour s'enroller dans ladite confrérie de Saint Éloy, se soumettent de se conformer au règlement porté par la transaction, et demandent de jouir des mêmes privilèges que cy-devant.

« Nous avons encor, dans Annecy, le sieur Pierre Roux, chevallier tireur de la légion savoyarde de Sa Majesté, canonier de la ville, le plus ancien et le plus expérimenté de la confrérie, maître serrurier, armurier.

« Le seul horloger en gros, faiseur de poids à peser. taillandier et machiniste, qui a inventé un moulin à tabac qui le rape, le moud et le tamise en même temps sans l'échauffer, a construit sa fabrique au millieu de la ville, à l'eau d'un moulin à blé qu'il a acheté des Révérendes Dames de la royale abbaye de Sainte-Catherine et détruit pour y placer la fabrique, qui est sous les yeux de tout le peuple et empêche beaucoup la contrebande dans l'endroit.

« Il y a dix années qu'il l'a construite, et, dès lors, il a toujours assorti tous les bureaux d'Annecy et même à trois lieues aux environs ; il ne convient pas qu'il s'en construise aucune autre, en égard que cela facilliterait la contrebande.

« Ledit inventeur l'a rapé (le tabac) jusqu'à présent et offre de le raper pour l'avenir, à huit deniers la livre poids de gabelle, le commun, et, un sol la livre, celuy d'Hollande même poids.

« Le but de tous les confrères de Saint Éloy nommés dans la transaction Balleydier, notaire, est que chaque art soit pourvu de bons ouvriers en état de servir et contenter le public, et, par ce moyen, prévenir les abbus qui s'introduisent chaque jour, et ils recevront avec plaisir au nombre des maîtres tous les bons ouvriers qui, après avoir été examinés, tant sur leur capacité que sur leurs vie et mœurs, ensuitte des certificats qu'ils devront exhiber, auront été approuvés par les maîtres jurés de l'art qu'ils exerceront, ce qui ne pourra que procurer le bien de la ville et des environs.

« La confrérie de Saint Éloy contient seize arts différents, savoir : serruriers, couteliers, arquebusiers, maréchaux, pottiers, ferblantiers, selliers, bourreliers, fourbisseurs, horlogers, taillandiers, éperonniers, éguiseurs, chauderonniers, vitriers et cloutiers.

« Le revenu annuel de la confrérie est de vingt livres, et pour le service divin, elle paye aux révérends chanoines du Saint Sépulchre la somme de vingt-cinq livres, encore celle de quinze livres pour le luminaire, de façon que pour suppléer à cette dépense qui excède le revenu, chaque maître est tenu de payer annuellement huit sols, et les compagnons, deux sols [1].

---

[1] En 1683, la confrérie possédait, au capital de cent florins, une rente de cinq florins due par Charles Garin, avocat au Sénat de Savoie *(Archives départementales d'Annecy).*

*
* *

Quittance pour spectable Charles Garin, faite par les confrères de Saint Éloy, f° 5.

Du 25 juin 1683.

L'an mil six cent huictante trois et le vingt-cinq juin, devant moy notaire et tesmoings establys en la personne d'honnorable Gabriel Baillard, maistre couttellier, bourgeois d'Annessy, comme prieur déposé de la confrérie de Saint Éloy, érigée au Saint Sépulchre de la présente ville, lequel, de son gré pour lui et les siens, tant à son nom que d'honnorable Claude Jacquemoz, prieur moderne de ladite confrérie, absent, pour lequel, au besoing, il promet de rato, a peyne de tous damps de conteste, avoir reçu de spectable Charles Garin, advocat au Sénat, aussy absent, moy notaire pour lui stipulant et acceptant, cinq florins pour les changes d'une année échue à la Saint André dernier, du capital de cent florins, léqués à icelle confrérie, que ledit sieur Garin a coustume payer tous les ans, desquels cinq florins, sans préiudice du capital, ledit Baillard tant à son nom que de celuy qu'il agist, il se quitte avec pact de jamais luy en rien demander, ny permettre estre demandé en jugement et dheors, à l'obligation de tous, un chascung ses biens présents et futurs quelconques qu'il se constitue tenir, à peyne de tous damps, toutes renonciations à ce que dessus contraire, et clauses requises ; fait et prononcé Annessy, dans ma banche, présents M. Ambroise Chatel, praticien, et honorable Claude Roux, bourgeois de ladite ville, tesmoings, lequel n'a sceu signer, de ce enquis. Ayant les autres signé la minutte et moy notaire soubsigné requis, bien que par autre soit escript. DESCOMBES [1].

[1] *Archives départementales d'Annecy.*

CORPORATIONS DES MINEURS, DES CORDONNIERS
DES TAILLEURS
DES MENUISIERS, DES MERCIERS

SOMMAIRES HISTORIQUES

Ne possédant que très peu de détails sur la vie et l'organisation des autres corporations jurées ou confréries que renfermait jadis la ville d'Annecy, je réunis dans ce chapitre ce que j'ai pu découvrir de chacune d'elles.

De la première de ces Sociétés, c'est-à-dire celle des mineurs, je ne sais même que ces trois choses, que ses membres exploitaient principalement les carrières de la Puyat, qu'elle reconnaissait sainte Barbe pour patronne et qu'elle avait sa chapelle dans l'église de Notre-Dame de Liesse. Suivant M. le chanoine Ducis, archiviste du département de la Haute-Savoie, il est aussi prouvé que le comte de Genevois, Amédée III, lui fit une donation vers le milieu du quatorzième siècle.

La confrérie des cordonniers existait déjà dès la première moitié du quinzième siècle, où le 25 octobre 1447, on la voit régler certains points de sa constitution.

Le 26 octobre 1554, par une transaction passée dans la salle du couvent de Saint-Dominique, par-devant le notaire Deservetaz, elle renouvela, au sujet du luminaire de sa chapelle, quelques dispositions fréquemment inobservées de son ancien règlement.

Les membres qui prirent part à cette délibération furent Nycod Goddet, Claude Bellod, Pierre Goddet, Pierre Bellod, Louis Quex, Pierre de Chastel, Pierre Ribitel, Louis Parent, Jean de Faug, Pierre Tabuys, Georges Nouvellet, Jacques Martin, Aguettier Luppiny, Claude Chevrier, Jean Ruff, tous maîtres cordonniers.

Il fut alors statué de nouveau que tout apprenti fournirait, à son entrée en apprentissage, une livre de cire, et que le maître qui le recevrait serait lui-même responsable de l'acquittement de ce droit, sous la garantie de ses propres biens.

Dans le même dossier des archives départementales d'Annecy, où se trouve le document dont il vient d'être parlé, on remarque plusieurs autres actes relatant également quelques-unes des circonstances de la vie, soit intérieure, soit extérieure de la corporation. Tels sont principalement : 1° Des reçus de cotisations ; 2° un acensement de la vaisselle de la confrérie à Louis Parent ; 3° un renouvellement d'acte de fondation de l'an 1500, au capital de deux cents florins d'or petit poids, dont la rente servait à payer l'honoraire des services religieux ; 4° enfin, un acte d'acceptation des Dominicains d'acquitter fidèlement ces services [1].

La Société des cordonniers honorait, ainsi qu'il a déjà été dit précédemment, saint Crépin et saint Crépinien comme patrons, et avait sa chapelle dans l'église du couvent de Saint-Dominique (nef droite), aujourd'hui église paroissiale

---

[1] *Archives départementales d'Annecy.*

de Saint-Maurice. Ses armoiries, qu'on voit encore dans les vitraux de cette chapelle, sont un couteau à couper le cuir, de la forme du tranchant d'une francisque, sur un fond soupçonné d'argent.

Cependant, cette corporation ne laissa pas, du moins à une certaine époque, d'être soumise à l'autorité des rois du métier établis par les ducs de Nemours pour leurs provinces du Genevois et du Faucigny. J'ai déjà cité, comme grand chef de la cordonnerie en ces deux pays, le nommé Louis Quex. J'ajouterai ici que cet officier supérieur conféra, par lettres patentes datées écrites à la Roche le 25 août 1564, à honnête Étienne Mestral, de cette même ville, le droit d'exercer cet art et tout autre industrie qui en dépendait. Ces lettres, rédigées par le notaire et curial de la Roche, François Monet, portent, en outre que le nouveau maître sera tenu, sous la foi du serment qu'il vient de prêter, d'exercer « fiablement, sans fraude, sans tromperie ou abus, » sa profession, et de dénoncer tous ceux qu'il saura s'être rendus coupables de semblables délits.

La corporation des tailleurs d'Annecy remontait à l'an 1441. Elle avait pour patronne sainte Marie-Madeleine et sa chapelle dans l'ancienne église de Saint-Maurice sous le Château, aujourd'hui détruite. Ses armoiries, qu'on voit encore maintenant dans l'église du même vocable, sur la rive droite du Thiou, à la base des colonnes et à la clef de voute de la chapelle de sainte Marie-Madeleine (nef gauche), sont des ciseaux en sautoir.

Cette confrérie réunissait en même temps les chaussetiers et se composait d'hommes et de femmes.

Comme toutes les anciennes jurandes, elle avait le droit de tenir des assemblées et de délibérer sur toutes les affaires qui concernaient son organisation et sa conduite.

Quant à ses statuts primitifs, qui devaient être assurément semblables à ceux des Sociétés du même art dans les autres localités de Savoie, le chef du bureau de police Mongenis, que j'ai déjà cité, dit qu'ils avaient été dûment approuvés par l'autorité supérieure et pendant longtemps scrupuleusement observés par ses membres.

Toutefois, vers 1776, comme un certain nombre d'ouvriers inhabiles, soit étrangers, soit de la ville, s'étaient mis à lever indûment boutique et faisaient ainsi naître, par leur mauvais travail, un grave mécontentement dans le public, en même temps qu'ils causaient, par leur concurrence déloyale, un réel préjudice aux maîtres reconnus, ceux-ci demandèrent au roi d'apporter à leur règlement une réforme capable d'empêcher de tels abus. La question fut longuement étudiée par le bureau de police et par celui de l'avocat fiscal général ; mais elle ne paraît pas, du moins d'après les documents qui m'ont été communiqués, avoir reçu une solution favorable.

Il en fut de même de la corporation des menuisiers et des charpentiers. Cette association, assurément établie aussi depuis longtemps à Annecy, bien qu'on ne connaisse point jusqu'ici la date précise de son origine, adressa, après la promulgation des Lois et Constitutions de 1770, un semblable placet au roi, en vue d'obtenir l'approbation de nouveaux privilèges et de nouveaux statuts. Le résultat de sa supplique ne répondit pas non plus à son attente. Sur un avis défavorable du bureau de police d'Annecy, transmis à l'avocat fiscal général, la demande de la corporation fut repoussée, le 18 juin 1877.

Enfin, au sujet des merciers, j'ajouterai ici au nom du roi de cette industrie, Antoine Quiblat, que j'ai déjà cité, celui de son successeur ou de l'un de ses premiers successeurs, pour les terres des ducs de Savoie-Nemours, dont Annecy était le siège administratif. Ce nouveau chef se nommait Bernard Mossat et avait été institué par la même dame Charlotte d'Orléans, mère et tutrice du jeune Jacques, duc de Nemours et comte de Genevois. Par lettres patentes datées d'Annecy, le 20 novembre 1538, il admit au rang des merciers, avec les formalités ordinaires, Raymond, fils de Henri Guillerme de Sevrier, près Annecy. On trouvera, dans les documents qui suivent, la copie de ces lettres qui, de même que la plupart des renseignements sur les corporations ouvrières de cette ville, m'ont été fournies par M. le chanoine Ducis, archiviste du département de la Haute-Savoie.

II

DOCUMENTS

Ordonnance des maîtres tailleurs d'Annecy,
26 octobre 1554.

L'an mil cinq cent cinquante quatre, indiction douzième, et le vingt-sixième jour du mois d'octobre, se sont établis en leurs propres personnes, messire Nycod Goddet, prieur, Claude Bellod, Pierre Goddet, Pierre Bellod, Loys Quex,

Pierre de Chastel, Pierre Ribitel, Loys Briclot, Donat Sudon, Rolet Braliard, François Fernex, Loys Parent, Jean de Foug, Pierre Tabuys, Georges Nouvellet, Jaques Mortier, Aguettier Luppiny, Claude Chevrier, Jean Ruff, maistres courdonniers en ceste ville d'Annessy.

Lesquels et ung chascun d'eux, en tant que leur appartient pour la maintenance et présignation du luminayre et des cyres de la confrairie de Monsieur Saint Crespin et Crespinien, ont ordonné, étably et fait une ordonnance perpétuelle entre les maystres preynant des apprehentis, comme à toujours durables, suyvant les coustumes par le passé, comme s'ensuyt :

Et premièrement que les courdonniers qui prendront un apprehenti, que ledict apprehenti soit entenu payer, en l'introge de son apprentissage, pour la maintenance des cyorges et luminayres de ladite confrérie, une livre de cyre, et, lesquels, lesdits maystres seront tenus de payer au nom de leurs apprehentis au prieur que pour lors sera, et desquels sera tenu, en temps, compte à ladicte confrairie ;

Comme aussy les presnommés ont promis et promectent payer audit prieur, et de ce, d'ores en avant, en leur propre debte, obligeant pour ce tous leurs biens, lesquels constituent de tenir.

Laquelle ordonnance et prononciation, lesdicts ont agréable et ycelle approuvent, ratifient et promettent de non jamais contrevenir, avec toutes promissions, renonciations, et à ce requises.

Faict à Annessy, dans la salle du couvent de Sainct Dominique, en présence de honorables François Recordon, Jean, fils de feu Barttolomé Cloutrier, de la Balme. Deservetas, notaire[1].

---

[1] *Archives départementales d'Annecy.*

* *
*

*Lettres de l'autorité civile, au sujet des corporations
ouvrières d'Annecy.*

Monsieur,

Lorsque vous pourés me renvoïer les placets dont vous
me parlez, Monsieur, dans votre lettre du 26 février dernier,
je vous prie d'y joindre celui des menuisiers de la ville
d'Annecy, attendu qu'on en demande de tems à autre des
nouvelles à ce bureau d'État.

Votre très humble et très obéissant serviteur,

CONE.

Turin, le 1er mars 1777.

M. ADAMI, avocat fiscal général, à Chambéry.

Monsieur,

D'après les judicieuses réflexions que vous avez faites,
Monsieur, dans votre paréré du 14 de ce mois sur les
placets que vous m'avez renvoïés, des tailleurs et chaussetiers de la ville d'Annecy, des menuisiers et des couteliers,
arquebusiers, serruriers et autres artisans de ladite ville, il
ne sçauroit y avoir lieu à l'octroi de leur demande de
pouvoir dresser des statuts relatifs à leurs métiers ; je vous
prie par conséquent d'en faire instruire ces différents artisans en leur faisant rendre respectivement les papiers ci-
inclus, qui sont tous ceux qui étoient joints aux requêtes
desdits tailleurs et des couteliers.

J'ai l'honneur d'être, avec une considération très distin-
guée, Monsieur, votre très humble et très obéissant serviteur, CONE.

Turin, le 18 juin 1777.

M. ADAMI, avocat fiscal général à Chambéry.

Monsieur,

Je vous communique, Monsieur, le placet ci-inclus par lequel les menuisiers d'Annecy implorent l'établissement d'une maitrise sous les conditions et règles y jointes, à côté desquelles vous trouverez des changements proposés par le juge du consulat de Chambéry. Je vous prie confidemment de prendre le tout en considération et de me dire votre avis, si, eu égard aux circonstances de la ville d'Annecy, il convient de permettre l'établissement supplié et d'approuver en conséquence les conditions susdites avec les changements proposés par ledit juge du consulat.

Votre très humble et très obéissant serviteur,

Cone.

Turin, le 13 juillet 1776.

A M. Adami, avocat fiscal général à Chambéry.

Monsieur,

J'ai d'abord remis, ce matin, au prieur de la confrérie des couteliers, serruriers, marchands, etc., nommé Rival, le le vieux titre que vous m'avez fait l'honneur de m'addresser, pour qu'il en fasse faire un transcriptum, soit extrait, bien correct et bien lisible, et me rapporter l'un et l'autre au plus tôt, afin que, sans retard, je les fasse parvenir à votre bureau.

Je vous fais mes excuses, si je ne suis pas plus prompt à vous faire parvenir les instructions que vous souhaitez, concernant ces confréries et tout ce qui est d'icelles, mais je n'ai pas encore pu avoir les notions certaines qu'on m'en a fait espérer, soit parce que les personnes mieux instruites ne sont pas icy, soit parce qu'on ne peut pas avoir la clef de leurs archives. Je vous prie d'être persuadé que je ne suis point en négligeance pour cela.

J'ai l'honneur d'être avec le plus profond respect,
Monsieur, votre très humble et très obéissant serviteur,

De Mongenis.

Annecy, ce 12 mais 1776.

Monsieur,

J'ai l'honneur, Monsieur, de vous addresser sous les litterés cy inclus, relativement aux informations qui m'ont esté
demandées de la part de votre bureau, concernant les
tailleurs pour hommes et pour femmes, et les marchands
chaussetiers établis dans cette ville qui se sont pourvus au
Roy, il y a quelques mois, par le placet sur le contenu
duquel a esté demandé le *Parere* de votre bureau. Ces
litterés établissent les articles sur lesquels m'ont esté
demandées des notions assurées, sçavoir que cette confrérie
est établie à Annecy depuis plusieurs siècles, qu'elle a eu
ses statuts duement autorisés et observés, que, pour l'observation d'iceux, on s'est addressé au tribunal de la judicature
maje contre les contrevenants à iceux. Il est certain que les
confrères ont été en usage de tenir des assemblées. J'ai fait
demander les principaux d'iceux, ainsi qu'il m'a esté prescrit, et ils m'ont déclaré ne connoître, quant à présent, aucun autre règlement, soit statut nécessaire, que ceux qu'ils
ont adjoutés aux anciens, qui sont tous recueillis dans le mémoire cy-joint.

D'ailleurs, ce ne sera pas inutile que cette confrérie
subsisse et que ses statuts soient exactement observés. Le
public en peut ressentir un avantage par la cessation de
certains abus de la part de plusieurs étrangers et mesme des
habitants du pays qui s'installent maîtres ouvriers, quoique
très ineptes dans ce métier, faisant très mal les ouvrages
qu'on leurs confie, au préjudice des bons maîtres qui ne

sont pas toujours les préférés, parce qu'ils ne travaillent pas à un aussi bon marché que les massacres ravaudeurs.

Au reste, ils m'ont tous prié de leur procurer la rémission de tous les susdits litterés, dès qu'on n'en aura plus besoin.

J'ai l'honneur d'estre, avec le plus parfait respect, Monsieur, votre très humble et très obéissant serviteur.

De Mongenis.

Annecy, ce 12 avril 1776.

Monsieur,

Les taillieurs et taillieuses d'habits de la confrérie de Sainte Magdelaine establie en cette ville, depuis 1441, n'ont pas encore pu me procurer et faire faire des transcriptums, soit extraits, des titres justificatifs de leurs establissements et règlemens, non plus que ceux de la confrairie de Saint Éloy qui comprend les orlogers, serruriers, mareschaux, chauderoniers, potiers, ferblantiers, selliers, fourbisseurs, etc., qui travaillent pour le même but. J'espère qu'ils ne tarderont plus guère de me remettre tout ce qui peut justifier la légitimité de leurs établissemens et règlements que je leur demande, pour pouvoir, Monsieur, vous les transmettre au plus tôt.

Signé, De Mongenis.

Annecy, ce 19 mars 1776.

Les vœux qu'on vient de lire n'eurent pas le succès attendu. Par une lettre du 18 juin 1776, l'avocat fiscal général répondit « qu'il n'y avait pas lieu à l'octroi de la demande de la confrérie [1]. »

----

[1] *Archives départementales d'Annecy.*

*
* *

*Lettres patentes de cordonnier délivrées par Loys Quex,
roi dudit art, 25 août 1564.*

Loys Quex d'Annessy, roi et maistre ouvrier de l'art de
cordoanerie et des aultres ars qui en dépandent, aux comté
de Genevoys, baronies de Foucigny et Beaufort, comme
appert par lettres patentes émanées de Monseigneur le duc
de Nemoux, comte de Genève et Genevoys, baron de Foucigny et Beaufort, données à Sainct Germain en Laye, le
quatrième jour d'octobre mil cinq cents soixante, scellées du
grand scel et signées de sa main et contre signées par
Duguet, secrétaire, sçavoyr faisons :

Que, ayant trouvé par expérience de honnête Estienne
Mestral, cordoanier de ladycte Roche, bourgeois, capacité
et suffizance pour faire et exercer l'art de cordoanerie et
aultres dépendant d'icelluy, et à plein informé de sa prodomie et honesteté, icelluy Mestral ayt admis et receu audict
art de cordoanerie et aultres dépendant d'icelluy, avec pouvoir de bien exercer fiablement et sans fraude, tromperie
ou abucts.

Ce que a promis et juré sus les sainctes escriptures de
Dieu, et de réveller tous ceux qui feront le contraire.

En tesmoignage de quoy lui ayt octroyé ces présentes
scellées du scel, à ce ordonnées et signées par nostre secrétaire comital soubsnommé.

Donné à la Roche le vingt-cinquième jour d'aoust mil cinq
cens soixante quatre. Et moy François Monet, notaire et
curial de la Roche, à ce recepvoir requis, combien que
d'aultre main soyt escript. Ainsy est du commandement
du roy.   LOYS.   François MONET[1].

---

[1] *Archives départementales d'Annecy* (Sur parchemin avec
sceau pendant de Savoie).

*
* *

*Patentes de mercier délivrées par Bernard Mossot, roi
dudit art, 20 novembre 1538.*

Nos Bernardus Mossot, ut rex merceriorum constantibus
litteris ducalibus ab illustrissima Domina nostra Charlotta
de Orlianis, ducissa Nemosii, comitissa Gebenensis, tutrice
illustrissimi domini nostri Jacobi de Sabaudia, ducis
Nemosii, comtisque Gebenensis, emanatis,

Quarum vigore et potestatis nobis attribute, informati
prius de probitate et industria honnesti Reymondi, filii
Henrici Guillermi de Sivriaco, prope Annessiacum in Gebe-
nesio, quem creamus et facimus mercerium, eidem dando
plenam potestatem hujusmodi artem mercerie exercendi,
utendo semper bona fide.

Ipse enim nobis promisit juramento suo, tactis sanctis
scripturis, ad hoc intervenientibus, in presentia magistrorum
Anthonii Roux de Annessiaco et Johannis Rosset de Vuachio,
merceriorum.

De quibus premissis nobis ipse ipsas petiit has litteras
quas eidem duximus concedendas per presentes datas Annes-
siaci, die vigesima mensis novembris, millesimo quingente-
simo trigesimo octavo, subque sigillo nostro pendente
apponendo. Et hic me tanquam requisitus parte suprà
nominatorum in testimonium premissorum. HUGONIS[1].

[1] *Archives départementales d'Annecy.*

ANCIENNES CORPORATIONS DES ARTS ET MÉTIERS DE MOUTIERS

CORPORATIONS DES MARÉCHAUX-FERRANTS
DES CORDONNIERS
DES BOULANGERS ET CABARETIERS
DES
AVOCATS, PROCUREURS, NOTAIRES ET PRATICIENS

HISTORIQUE

La ville de Moûtiers, en Tarentaise, renfermait, en 1772, seize confréries ayant leurs chapelles dans les diverses églises de la localité, à savoir : celles du Très-Saint-Sacrement, de Saint-Joseph, de Saint-Éloi, des Saints Crépin et Crépinien, de Saint-Claude, dans l'église métropolitaine,— celles de Sainte-Barbe, de Saint-Honoré, de Saint-Jean-Baptiste, de Saint-Yves, de Saint-Léger, du Rosaire, des Trépassés, dans l'église paroissiale, de Sainte-Marie — celles du Nom de Jésus, des Saints Anges gardiens, de Saint-Antoine de Padoue, de Sainte-Anne, de la Portioncule, dans l'église des Cordeliers — enfin, l'archiconfrérie des Pénitents blancs, dans l'église de Saint-Martin [1].

---

[1] *Archives du Sénat* (Etat général des hôpitaux, confréries. aumônes et autres fondations et œuvres pies de la province de Tarentaise, dressé par le comte de Serraval, sénateur au Sénat de Savoie, ensuite des ordres de S. E. M. le chevalier de Mouroux, ministre au département des Affaires internes, 10 décembre 1772).

La plupart de ces associations étaient, à cette date, purement religieuses. Quatre d'entre elles seulement sont explicitement désignées, dans le registre du sénateur de Serraval, comme professionnelles ; telles sont celles de Saint-Éloy, des Saints Crépin et Crépinien, de Saint-Honoré et de Saint-Yves.

*
* *

La confrérie de Saint-Éloy comprenait les maréchaux-ferrants et peut-être aussi les autres ouvriers en fer et en cuivre.

En 1772, ses revenus s'élevaient annuellement à quarante-trois livres provenant de diverses créances et de rentes constituées. Sur cette somme, elle payait onze livres dix-huit sous au sacristain de la métropole pour deux services et bénédictions ; cinq livres deux sous à ses propres marguilliers et sacristain ; seize livres pour le luminaire de sa chapelle.

Lorsqu'il décédait quelqu'un de ses membres, homme ou femme, elle faisait célébrer un service pour le repos de l'âme du défunt, et payait au célébrant un honoraire de trois livres.

L'excédant des recettes sur les dépenses était distribué chaque année, le 25 juin, jour de la fête patronale, aux prisonniers et aux pauvres honteux de la ville, à raison de trois sous par individu.

La confrérie des Saints Crépin et Crépinien réunissait ici, comme on l'a vu ailleurs, les cordonniers. Elle percevait aussi, de son côté, de diverses rentes constituées un revenu annuel de quarante-trois livres, et possédait, en outre, au village de Fontaine-le-Puits, dans la paroisse de Salins, une certaine étendue de biens immeubles, dont elle retirait d'acensement douze bichettes de froment, une demi-bichette de seigle et une demi-bichette d'orge.

Ce dernier revenu était employé à l'entretien, ou, comme on disait alors, à la manutention de la chapelle.

Du reste, les rentes en argent servaient à payer : 1° douze livres au recteur pour la grand'messe de la fête patronale du 26 octobre ; 2° dix livres seize sous pour l'assistance des chanoines ; 3° seize livres pour le luminaire ; 4° quatre livres dix sous pour le sacristain et le blanchissage des linges ; 5° cinq livres six sous pour les tailles des biens immeubles.

Mais, comme ces dépenses excédaient les revenus, on faisait alors parmi les confrères une quête dont le produit était destiné, non seulement à combler le déficit, mais encore à faire célébrer un service funèbre pour chaque membre qui venait à mourir [1].

---

[1] Il existait aussi en ce même temps, à Aime, au-dessus de Moûtiers, une confrérie sous le même vocable des saints Crépin et Crépinien, qui, très probablement, dans son ancienne constitution, réunissait les cordonniers de la localité. A la date dont il est ici question, elle se composait de neuf à dix confrères, dont un prêtre, un notaire, un insinuateur et un certain nombre de laboureurs. Son revenu annuel, provenant d'une rente constituée au capital de neuf cent quatre-vingt-quatre francs, était de quarante-neuf francs cinq sous, dont neuf livres étaient employées pour quatre messes basses, une grand'messe le jour de la fête patronale et un service pour tous les membres défunts ; une livre un sou, pour l'assistance des prêtres ; approximativement sept livres, pour les services des membres décédés dans l'année. Le surplus était distribué en aumônes à tout venant, soit en pain, soit en argent, suivant le prix moins ou plus élevé du blé.

*
* *

Les boulangers et les cabaretiers formaient la confrérie de Saint-Honoré et comptaient, en la même année **1772**, trente cinq individus.

Chacun d'eux était tenu à une cotisation annuelle de trois sous, dont le produit s'élevait à cinq livres cinq sous. De plus, la corporation percevait chaque année de diverses obligations une rente de quarante-sept livres.

Par contre, on payait annuellement : 1° au révérend curé et aux autres prêtres de Sainte-Marie quatorze livres cinq sous pour six services solennels ; 2° aux clercs et aux marguilliers de la même église une livre deux sous ; 3° au sacristain une livre quatre sous ; 4° trente-deux livres pour le luminaire.

Comme les cordonniers, les boulangers et cabaretiers faisaient célébrer, à la mort de chaque confrère, un service funèbre, pour lequel il était remis un honoraire de deux livres cinq sous.

N'ayant point découvert le texte des statuts de cette confrérie, je ne saurais dire en quoi consistaient primitivement les devoirs professionnels de ses membres. Néanmoins, on peut se rendre compte de ce qu'il en était à cet égard, sept ans après le rapport du sénateur de Serraval, par le règlement de police de Moûtiers de **1779**, que M. F. Ducloz, libraire-éditeur en cette ville, vient de rééditer en un charmant petit volume [1].

Aucun boulanger, pâtissier et panetier ne pouvait lever boutique, dans la ville ou ses faubourgs, sans une permis-

---

[1] *Règlement de police pour la ville de Moûtiers en 1779*, Fr. Ducloz, libraire-éditeur, Moûtiers-Tarentaise, 1890.

sion expresse du juge de police, qu'il devait, en outre, faire renouveler tous les six ans.

Des quatre espèces de pain qu'on avait coutume de confectionner : pain blanc, pain clair, pain bis et pain gros, le premier devait être fait de la plus pure farine de froment ; le second, de farine du même blé sans mélange de *reculée ;* le troisième, de la farine de froment avec la *reculée* ; enfin, le quatrième, d'un tiers de pure farine de seigle, d'un tiers de reculée du même grain et d'un tiers de pure farine d'orge. Tout mélange de farine de fève, de vesce ou de pois, était absolument interdit dans la composition de l'un et de l'autre de ces différents pains.

Le gros pain devait se débiter par livre, demi-livre et quart de livre, suivant la demande de l'acheteur ; comme aussi le boulanger était tenu de faire des pains d'un sou et de deux sous, d'un poids proportionnel au tarif qui, chaque lundi soir, était fixé pour la semaine par le juge de police.

Il était aussi interdit à quiconque d'exercer, dans la même ville, la profession de cabaretier, cafetier, aubergiste ou vendeur de vin, sans l'autorisation formelle du juge de police.

Tout industriel de ce genre devait porter chaque soir, entre huit et neuf heures, au premier syndic ou, à son défaut, à l'un des autres, la consigne des étrangers qu'il avait à loger. Aucun ne devait vendre du vin après onze heures du soir, sauf aux étrangers arrivés après cette heure.

Enfin, outre qu'il était absolument défendu d'excéder la taxe fixée par le même juge de police, ainsi que de mélanger le vin blanc au rouge et le vin vieux au nouveau, il était prohibé d'introduire et de vendre dans la ville et ses dépendances, sous quel prétexte que ce fût, aucun vin étranger et aucune liqueur forte, que ces substances n'aient été auparavant vérifiées et approuvées.

*
* *

La confrérie de Saint-Yves avait aussi, comme la précédente, sa chapelle dans l'église paroissiale de Sainte-Marie. Elle comprenait les avocats, les procureurs, les notaires ainsi que les praticiens de ces divers arts. Outre les offices solennels qu'elle faisait célébrer le jour de sa fête patronale (19 mai), elle ordonnait un service funèbre, à chaque décès de quelqu'un de ses membres, pour le repos de l'âme du défunt.

Pour tout revenu, elle n'avait que les cotisations annuelles des confrères, dont le produit servait aux frais des services religieux et de l'entretien de la chapelle [1].

[1] *Archives du Sénat* (Etat général des hôpitaux, confréries, aumônes et œuvres pies de la province de Tarentaise).

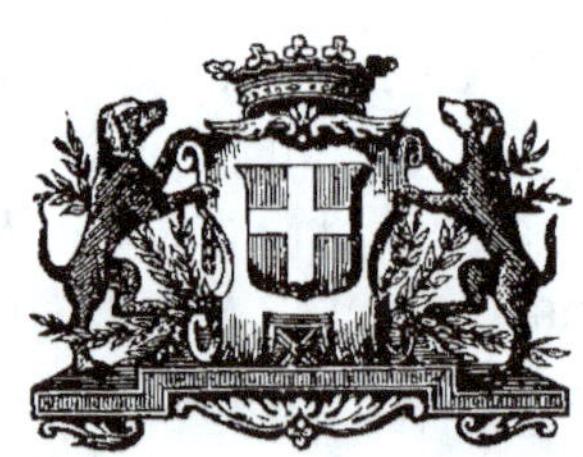

CONCLUSION

Les statuts des différentes corporations ouvrières de
Chambéry, d'Annecy et de Moûtiers, qu'on vient de lire,
sont la confirmation de ce que j'ai rapporté, dans l'introduction de cet ouvrage, sur l'organisation et la vie de ces
sortes de sociétés.

Ce que l'on voyait à Turin, à Milan, à Bologne, à Paris,
à Troyes, en un mot dans les diverses contrées d'Italie et
de France, se retrouvait particulièrement, toute proportion
gardée, en Savoie.

Tout d'abord, c'est le *roi* ou surintendant, puis les
prieurs, les maîtres jurés, les procureurs, qui dirigent les
communautés et veillent à leur bonne tenue, comme à
l'exercice honnête et consciencieux de chaque profession.

Viennent ensuite les simples maîtres artisans, les compagnons et les apprentis, qui reconnaissent la juridiction de
leurs chefs imposés ou élus, et qui, tout en remplissant
fidèlement leurs devoirs, usent librement de leurs droits.

Toutefois, il y a ici une distinction nécessaire à établir
entre les corps de métiers du moyen âge et ceux de l'âge
moderne, principalement du dix-huitième siècle.

Issues d'un état social en décomposition, à la suite de

l'effondrement des empires et des royautés, les corporations ouvrières, comme toutes les institutions de la première de ces époques, étaient fondées sur les rapports mutuels qui existent entre le fort et le faible. Le seigneur promettait protection à son sujet, qui l'assurait, en retour, de son obéissance, et tous deux se prêtaient ainsi réciproquement assistance et fidélité.

C'est à ce double esprit de sollicitude paternelle et de subordination filiale que sont dues particulièrement les ordonnances de quelques nouveaux souverains et l'étonnante multiplicité des sociétés d'artisans qui s'ensuivit.

Cependant, il faut le dire, ces sociétés, bien qu'elles reconnussent déjà chacune quelque saint pour patron, revêtaient, du moins chez nous, dans la première partie de leur existence, plutôt un caractère professionnel qu'un caractère religieux.

Ce ne fut qu'à partir du seizième, et surtout au dix-septième siècle, que le second de ces éléments reçut un accroissement qui le mit presque sur un pied d'égalité avec le premier.

La plupart des compagnies ouvrières qu'on vit alors apparaître à Chambéry et dans les autres localités de Savoie, admirent résolûment ce principe. Devant les nombreux abus qui les avaient fait déchoir de leur ancienne renommée, elles recoururent avec d'autant plus d'empressement à l'esprit religieux qui devait les restaurer. Prenant plus particulièrement le nom de confréries, elles ne craignirent pas d'inscrire à la tête de leurs règlements des pratiques de piété plus détaillées envers Dieu et d'implorer en même temps la bénédiction des papes. Ce sentiment de foi donna lieu aux célébrations de grand'messes, de services funèbres solennels, aux offrandes de pains bénits, aux processions, etc., qu'on a vus décrits plus haut.

Pourtant, contrairement à ce que certains esprits de notre époque pourraient imaginer, ce n'est pas que ces associations chrétiennes d'artisans fussent une réunion d'hommes plus occupés à réciter des patenôtres qu'à exercer convenablement leur art ou leur métier.

A la vérité, ces pieux travailleurs se réclamaient bien haut de leurs saints patrons et faisaient des enseignements de l'Église catholique la règle première de leur conduite. Le bon sens qui les animait, leur montrait que rien ne pouvait leur être davantage profitable, leur donner plus de considération et leur apporter plus de lumière et de force dans les dures fatigues de leur pénible état.

La religion, qui montre dans les hommes autant de frères, resserre les liens professionnels. Elle prescrit le soulagement de ceux qui sont dans la détresse ou le malheur, de même qu'elle ne veut pas qu'on laisse sans honneurs et sans prières les trépassés de cette rude vie. Par elle, l'ouvrier est mis aussi sur le même rang que les hommes les plus élevés de la société ; bien que la distance entre eux et lui se maintienne dans les rapports sociaux, celle-ci disparaît quand l'artisan communie à la même table sainte que son supérieur et qu'il reçoit la même bénédiction du prêtre à l'église. En un mot, l'humble travailleur puise

tout à la fois, dans sa piété envers Dieu, un principe d'élé-
vation et la force qui le fait suivre en toute circonstance,
sans défaillir, les voies de la justice et du devoir. C'est
sous l'inspiration de tels sentiments qu'on a vu la corporation des chirurgiens, entre autres, proclamer Dieu souverain maître de toutes choses et inscrire, en tête de son
règlement, ces mots de la Sainte Écriture : *Initium sapientiæ timor Domini.*

Mais, cette part légitime faite à la religion, les confréries
de Chambéry et des deux autres villes de Savoie, Annecy
et Moûtiers, n'apportaient pas une moindre attention à tout
ce qui pouvait rehausser leur art et valoir à leurs membres la confiance et le respect du public. On n'a aussi, pour
s'en convaincre, qu'à se rappeler les diverses prescriptions
inscrites dans leurs statuts et sanctionnées presque toujours
par de fortes amendes, sur la science professionnelle, sur
la culture intellectuelle, sur la probité, sur le dévouement,
sur la charité et sur toutes les autres vertus qui devaient
distinguer les confrères des autres artisans et du simple
vulgaire.

Tous, avant d'ouvrir boutique, ou autrement dit, avant
d'être admis parmi les maîtres, devaient non seulement
avoir appris et pratiqué leur art pendant cinq ans, comme
apprentis et comme compagnons, mais tous étaient encore
obligés de faire la preuve de leur capacité, devant des
jurés, par un examen sérieux et par l'accomplissement
d'un travail propre à la démontrer pratiquement.

La même obligation s'étendait aux connaissances utiles

de l'esprit ; la plupart des artisans, comme les apothicaires, ne pouvaient même entrer en apprentissage, s'ils ne savaient les principes de la langue.

Dès lors, quiconque manquait à la perfection du travail qu'on était en droit d'attendre de lui, était sévèrement puni. Par exemple, les tailleurs devaient restituer la valeur de l'habit qu'ils avaient mal taillé ou mal confectionné. Bien plus, la peine allait, dans le cas d'une incapacité manifestement établie, jusqu'à la destitution du droit de maîtrise contre les individus inhabiles.

La fraude dans les matières ou dans la confection des travaux n'obtenait pas, de son côté, une plus grande indulgence. Dans cette même société des tailleurs, celui qui avait manqué à la confiance qui lui avait été donnée pour le choix des fournitures, était frappé de fortes peines pécuniaires. Cette sévérité contre les confrères incapables et peu honnêtes se remarquait surtout dans les statuts de certaines confréries d'Annecy.

D'ailleurs, l'aménité et la charité des membres des diverses corporations étaient aussi rigoureusement prescrites dans tous leurs rapports entre eux.

Les confrères pauvres ou malades, et même les simples ouvriers passagers qui se trouvaient dans la détresse, devaient être secourus avec une attention particulière. Chacun des sociétaires, au lieu de se laisser emporter par une basse envie ou par une haine coupable, était tenu, au contraire, de se prêter l'un à l'autre de bons conseils. De même, aucun d'eux ne devait s'oublier jusqu'à proférer jamais, surtout dans les assemblées de la confrérie, la moindre parole injurieuse ou malsonnante contre ses pairs.

Je ne rappellerai pas, enfin, l'obligation que chaque médecin avait de servir gratuitement, pendant les six premiers mois, qui suivaient son admission à la maîtrise, les malades de la Charité. Cette simple énumération des devoirs auxquels étaient astreints les membres des confréries, montre suffisamment le but élevé qu'on poursuivait et l'influence morale qui en découlait sur le reste de la population de nos villes. On peut donc dire que, loin de mériter l'ostracisme dont la Révolution les frappa, il y a cent ans, comme le dédain avec lequel beaucoup de gens peu instruits ou peu judicieux en ont parlé depuis, les jurandes étaient, chez nous, tout autant d'écoles d'habileté professionnelle, de culture intellectuelle, d'honnêteté, de charité, de dévouement au bien public, et qu'en plus d'un point leur exemple pourrait être invoqué pour la meilleure formation de bons citoyens et la plus grande paix de la société actuelle.

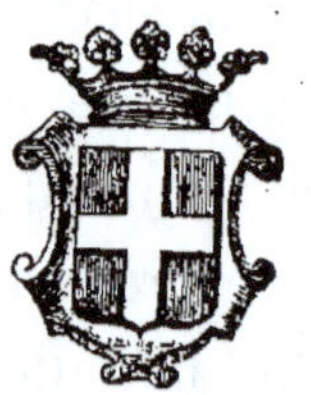

Chambéry. — Imprimerie Savoisienne, 5, rue du Château.

BIBLIOTHEQUE NATIONALE DE FRANCE
3 7502 01476456 9